日本史籍協會編

波山記事　一

東京大學出版會發行

波山記事 一 目次

波山記事 巻一 一
暴徒因源始末 三
波山等騒擾大略調 一四
波山記事 巻二 五七
諸館始末 六一
波山記事 巻三 一一七
日光山参拝始末 一二九
波山記事 巻四 二三九
御諸家討手始末 二四一
波山記事 巻五 三一七
波山集屯始末 三二五

目次

波山記事　巻六　三九七
波山集屯始末　四〇三
波山記事　巻七　四四三
眞鍋町争戦始末　四四九
小金原屯集始末　四六五

波山記事

一

波山記事卷一

暴徒因源始末

第一

水戸樣御家來暴徒因源書

公邊ヘ指出候義ニ付相添候書付寫

當今天下內外御事多ニ而　公邊ニ而日夜　御憂慮被爲　在候折柄水戸家之義ハ無二之親藩ニ罷在ナカラ此ト申議論確乎タル儀モ無之攘夷之義ヲ唱ヒ盜賊ヲ爲候暴徒ヲ養ヒ置候而彌增　公邊之御心配ヲ奉懸候而已ニ而天下之爲ニ攘夷之大功ヲ立候ニモ無之徒ニ四隣ヲ騷擾シ庶民ヲ苦シメ候ヲ水府政府之吏モ取締不行屆之義考察ニ而ハ余リ馬鹿々々敷御次第ニ可被思召我々トテモ當今天下如是御有樣ニ付而者越俎ナガラモ　公邊御政體御作振天下中興之御成業ヲ日夜奉祈念候上者勿論水

戸國內之義等夫々盡力仕不申候而者天下有志之士ニ對シ候而モ差縮之至烈公之神靈ヘ對シテモ不相濟候仕合ト奉存候得共內ヨリハ何分ニモ手之付ケ樣無之此上者　公邊之御所置ニ而其道塗ヲ開キ候ヨリ外ニ工夫モ無之樣見受候事ニ奉存候處不料御尋問ヲ蒙リ候ニ付而者其事情曲折ヲ別紙之通今條ニ分ケ申上隨而手之下シ方等御思慮被下樣仕度奉存候

但別紙者則第二第三第四之ケ條ナリ

烈公之事業　公邊ヘ對シ誠忠ヲ盡シ候義不遑枚擧勿論逝去迄一點不敬之義無之候處烈公之名ヲ表シ公然盜賊ヲ爲シ　公邊ヲ奉煩候而ハ實ニ不屆無此上段ニ奉存候間此段不包申上候事ニ御座候

水戸家之壹人議論家有之攘夷ヲ名トシテ盜賊ヲ爲シ候義勿論申迄茂無之不屆至極ニ付而極刑ニ所シ取締候義當然之理ニ候得共能々考候時ニハ　幕吏因循一日之安ヲ偸全（金カ）甌無欠之　神州ヲシテ洋夷之爲ニ併呑セ

ラレ候ヲ恬然不問ニ差置候故ケ樣之賊モ出候間粉骨シテ取締候ハ　幕吏因循之手傳ヲ爲スニ似タリ尤直ニ攘夷ハ危候得共直々攘夷之事ニ不相成候而ハ迚モ御振作六ケ敷候間彌御振作有之迄ハ構へ不申候方可然構へ候得ハ　幕吏ハ却而舌ヲ出サント申候是モ無故ニアラスト奉存候間一寸申上候愚拙之義ハ右々（ニカ）不拘水戸家政體ヲ悲折角御尋ニ付申上候事ニ有之候也

第二

無頼不法之徒增長之因源

一去ル午年源烈殿愼被　仰付候節種々御次第有之候得共極々內實ハ連枝讃岐守源烈殿ト元來不和ニ而以前水戸國難ヲモ釀シ候事モ有之再ヒ讃州ヨリ井伊侯ニアル事ナキ事樣々讒訴シテ源烈殿ヲ死ニ至ラシメントスルニ至レリ右ニ付水戸家之臣下必死ヲ極メ種々盡力致シ候得共　公邊ヨリ兵力ヲ以源烈殿ヲ拘係モ難計旁水戸表ヨリ警衛人數モ呼寄度候

得共　公邊ヨリ被差止候ニ付無願出府之者追々出來候得共實者政府始承知ニ而權道ヲ以取扱候事ニ候處人々或ハ旅店ニ日ヲ送リ又者外々江突當リ等出來不申候樣ニト仕候ニ者兎角金錢無之候而者屆キ合不申候ニ付役々ニ而夫々扱配當致シ或ハ富豪之者江急變ニ付上金申付其金ヲ配分抔有之處其無願出府仕候者モ微賤之者又ハ厄介等自分宅ニ居候而ハ麁食粉骨經濟困窮仕居候者日々美食或ハ妓ヲ招キ遊ヒ居リ其上ニ右忠臣ト相成候事故遂ニハ子弟其父兄之賊（財カ）ヲ大ニ費シ候事追々有之種々歎息之次第有之所其内源烈殿國元江下候ニ付先一同引取候事ニモ相成候處甚性質正敷者ハ一旦迷ヒ候而モ勿論如以前相成候得共無賴之子弟少年等何分ニモ宿元江歸リ居候事出來不申遂ニ種々之名目ヲ拵ヒ所々江聚集シ候得共其根本ハ次第有之候間夫々緩宥ニ示諭申聞答モ不申付候ニ付遂ニ攘夷スル軍用金ヲ集ルト稱シ押借リ等始候事ニ相成去ル申年酉年水戸南領等之盜賊ト相成候事ニ御坐候右ニ付無據嚴重所置シ或

ハ獄ニ下シ或ハ打取リ候等ニ而追々貳拾人余之死去モ出來平定仕候事ニ御座候處其裁判未タ不殘相濟不申候內去戊年暮　勅命之由ニテ右盜賊迄モ被免候間再發之事ト相成此節之事ニモ至リ申候

第　三

勅命ニ而盜賊ヲ許シ候因源

一源烈殿午年罪ヲ得候儀者外夷之義ニ付　公邊ヘ大計ヲ陳シ候處　主上ニモ右外夷ヲ盡シ御憂慮被遊候間志同シケレハ隨而論モ同シキ道理ニ而樣々之嫌疑ヲ成シ其間ニ讒間（間カ）モ有之事ヨリ起リ候事ニ候得ハ一落憤怒ニ不堪罷在候處ヱ同年八月　勅諚水府ヘ下リ候ヨリ追々議論有之一圖ニ　勅命ヲ奉シ　幕府之奸吏ヲ征討可然ト之論モ有之候處源烈殿ニハ始終宗家之尊敬之主意ニ基キ疎妄之進退無之候ニ付過激之徒源烈殿ヲ老耄致候抔ト迄申候程之事ニ候得キ右ニ付源烈殿之主意ニ基始終道義ヲ守

リ正敷進退仕リ右激論ヲ鎭撫仕候事ヨリ起リ鎭撫〔激カ〕ト相分レ候事ニ相成互ニ圭角ヲ生候姿ヲ爲シ候得者激論之徒者論激烈ニ而尤之樣ニ候得共如何ニモ前後之思慮無之殊ニ麁妄甚敷或者貪欲ニ陷リ遂ニハ罪ヲ得候者モ有之又ハ亡命死去仕候者有之候尤其内ヨリ井伊侯ヲ打取候者モ出來申候事ニ相成候然處右井伊侯ヲ打取候者壯烈ニ而其心情ハ可憐者モ有之候得共又其内ニハ無頼ニ而身之置處無之者モ加リ居候次第ニ而彝綸綱道ヨリ細々論シ候口ニ者純乎タル忠臣ニモ無之處ヨリ水戸表ニ而モ其徒之親子等モ兎角可憐事モ有之候乍去源烈殿在世中ハ夫々所置モ程能候得共逝去後當公ニハ餘リ政事ニ頓著無之激論之徒益被廢殊ニ酉年ニ至リ東禪寺一條ニ寄嚴重取締候ニ付益激論ハ鎭靜ヲ恨ミ遂ニ長州暴激之徒ニ似〔マヽ〕リ京師へ讒訴シ當路之役人皆奸物ニ而攘夷之爲ニ周旋盡力仕候正議ノ者ヲ不殘廢黜致シ置候依之水府ニ而　叡慮遵・〔奉脱カ〕モ出來不中抔申立候樣子ニ而遂ニ三條殿幷因州侯御持參之由ニ而

敕命ニ而當路鎮論之役人ヲ盡シ黜ケ此迄追々入牢等致シ居候者之内殺害强淫押借等ニ而極刑ニ可所者迄モ皆正議之徒トシテ不殘宥赦致候處出獄之翌々日ヨリ又々押借致シ無間モ被捕候者モ有之候得共見逃シ候者モ多ク水府ニ而ハ此ヲ名ケテ

敕許之賊ト申事ニモ至リ申候

右之節被黜候者

水戸大臣中第一ノ才士　白井伊豆守

公正方直可感人物家老　尾岐〔崎カ〕豊後

公正潔白人之所畏若年寄　飯田綱藏

俗物ニテ善良側用人　白井平次兵衛

家老　太田誠左衛門

今井彦右衛門

一旦　敕命ニ而被用公正之論ヲ咄〔吐カ〕キ飯田尾〔マヽ〕張岐ヲ救ヒ候ニ付又々　敕命ニ而被黜候

右之外ニモ物頭等迄有之候得共略ス
右之節被用候者
頑愚　大場一眞齋
名ヲ好ミ實ニ乏シ　武田耕雲齋
善良微力　岡田信濃守
未タ若輩　岡田新太郎
右之外下々迄追々所置有之候處其罪ヲ得候者罪名ト事情何レモ相違全ク誣罔之所業一二之事ニハ無之候間一々不申上候

第四

此節盜賊再發之因源
一前文之通リ鎮激ト二論ニ分レ居候處
敕命ニ而激論出候得共其中大場一眞齋義ハ頑大夫ト此上申候位ニ而源烈殿在世中申候ニハ大臣ニ可然人物モ無之候間我等一眞齋ヲ遣ヒ候得

共兎角頑固ニ而義理ヲ不辨候間中納言ニ而是ヲ用ヒ候得者必ス害ヲ生シ候間我等死後者用不申候樣ニト源烈殿之直書モ有之事ニ候武田耕雲齋者名ヲ好ミ候間此上ニ其名高ク且進退周旋立派ニ而殊ニ人物ハ庸俗ヨリハ出居候得共思慮ハ至而乏敷事ヲ所置スル時ニ至而ハ小兒之如キ事モ有之位之人物ニ候右何レモ被用江戸表ニ參リ候處武田者何事モ出來不申候依而大場事例之頑固ヲ以中納言殿ヲ要シ無理ニ夫々黜陟ヲ致シ役筋ヘ其黨ヲ入レ鎭論ヲハ不殘廢シ目論見之處其目論見少々被行候內上京被　仰付候ニ付暴激之徒一同供ヲ致シ參リ候ニ付三月上旬祇園之殺害同中旬三條河原之梟首皆其徒之所爲ニ候其頃水戸表靜謐ニ候處歸府後去秋頃ニ至リ追々諸方ニ押借等有之趣相聞候得北先甚敷義モ無之候處右鎭論激論之事兎角六ケ敷相成其節鮎澤伊太夫義毛利家ヨリ歸候後政府之吏ニ撰任被致候處此ハ才幹氣力モ有之人物ニ候得共不正之義先年ヨリ有之殊ニ私之好惡甚敷先年ヨリ衆論モ有之政府ヘ被用候時

ハ必ス害ヲ爲スト申候處右政府ヘ入候ト直々議論シテ大ニ鎮論ヲ退ケ我黨ヲ擧ントスレ共人物正敷藝術出來候者ハ皆鎮論ナレハ思フヨウニ出來不申候ニ付又々右暴徒ヲ催促シテ嘯聚ヲ始メ某ヲ黜ケ不申候內者靜リ不申抔ト申立上ヲ要シ一時ニ其旨ヲ達セント致候迄之所業ニ候且一ニハ中納言殿ニハ幼年ヨリ國ノ多難ニ苦シミ候故ニモ候哉近年政年〔事カ〕ニ余リ頓著不致勢ニテ被押付候時ハ許シ間敷事迄許シ或ハ時之拍子ニ而何事モ許容致シ候間其模樣ヲ知リ又自ラ位ヲ堅シ候タメ之策ニ候處無賴不法之徒者思フ所之幸ヒナレハ遂々以前之通大ニ嘯集致シ候事ニモ相成扨武田耕雲齋者鎮撫トシテ下リ候處其見込ハ金ヲ以テ喩シ甘ク取鎮メ候樣子故右ヲ知リ候人者決シテ取締出來不申ト申居候處果シテ取締ハ不致金子ヲ散シ示喩致シ而已ニ候扨右之通內實ハ右ヲ不殘鎮靜セシメ候テハ事ヲ仕出シ候本年無之相成候ニ付沼崎村江堡障取立表向ハ先ツ纏メ置候而喩スト力申內實ハ惜キ物故養ヒ置候ト申事ニ相成リ

又其極々內實者右ニ而始終事ヲ成スノ權ヲ得候種々致シ居候義此節之
模樣ニ候得共詰リハ眞ノ博徒盜賊追々加リ不可制樣之事ニモ至リ可申
義ト奉存候事
其因源右之通ニ候間右取締方外ニ工夫モ仕方モ入リ不申政府當時之吏
ヲ黜ケ眞ニ取締ヲ致可申方正公直之者ヲ任用ニ而第一法度ヲ正敷シ早
々取締致候得者不日ニシテ治リ候ハ指見ニ候得共右取締致可申者ハ皆
被黜盜賊ト同意之者政事ヲ取リ居リ候故取締ハ出來不申候尤江戸水戸
役人不殘右ゝ同意ト申ニハ無之候得共少ニテモ才幹有之候者ハ鎮論ト
テ被黜候激論之外ハ微力善　ニ而何モ出來不申人而已要路ニ居候間同
類ト申譯ニモ無之候得共取締出來不申譯ニ御座候依而ハ外ニ致方モ無
之　公邊ヨリ御內沙汰ニ而一昨年　敕命ニ而被黜候者皆其罪ニ無
之段ヲ以再用相成候得者夫ニ而直々取締之義者運ヒ合候事眼前之道理
ニ御坐候尤彌左樣ニ相成候日ニハ拾人位ハ無謀之死ヲ致シ候者ハ可有

之候得共此等之事ニ恐レ姑息之義ニ而ハトテモ取締方ハ決シテ有之間敷奉存候且又右取締ハ兎モ角モ右之事情ニ付昨年ヨリ水戸家之政體盡紊亂法度ト申者更ニ無之源烈殿多年之勤勞ニ而世話致候弘道館ヲ始メ武備等ニ至ル迄盡ク衰微荒廢仕リ殘念至極ニ奉存候處此節天下大切之御場合故右被懸候公正方直ニ而源烈殿深ク委任致候眞正有志之徒ヲ用ヒ候樣御所置無之候而ハ水戸家之事致方無之事ニ罷成歎息之至リ奉存候

波山等騷擾大略調

第一

昨冬ヨリ當九月迄大略調

一昨暮ヨリ近邊最寄雄士之眞僞者相分兼候得共當春ニ至リ同樣金策致候時々相聞有福之人別而恐怖罷在候處府中宿ニ前々ヨリ多人數出入致シ右宿夫々金策致シ候者之内山田一郎組之者多人數有之府中ニ屯集之内

イツレ右浮浪之所業ニ可有之候片野村之穀屋ト申者ヲ三月十四日加天誅市川村榜示杭ヘ梟木ニ掛綿木綿糸等〆買致シ人民ヲ苦候罪狀ヲ懸札致シ夫ヨリ少々日ヲ追而府中大金策ヲ相立同月廿七日同所出立筑波山江集リ七八里四方ヘ山田一郎之名印之差紙又同山内名主八木下鎌八泉村神主義一郎ト申兩人名印ニ而差紙ヲ出シ殊之外大金策相立候内白木之御與具武器相拵水藩稻之右衛門初貳百人余山田モ共ニ四月三日筑波山出立大平山江趣候途中ハ勿論筑山發途之砌者武具美々敷相揃警蹕之聲ヲ懸ケ實ニ飛鳥モ落スカコトシ夫ニ而筑波最寄モ先々安堵ニ可相成ト存居候處同月十三日大平山ヨリ筑波山ヘ立戻リ右役所其外旅店ヘ相詰嚴重ニ日々見張ヲ出シ又々以前之如ク金策ヲ相立候内山田一郎ト申者ハ自分組之者七八人引連五月十日筑波ヲ出立御府内江罷出自訴致シ候風聞而已ニ而未碇ト行衛不相知殘リ居候田丸稻右衛門組姓名左ニ

田丸稻右衛門　　岩谷敬一郎

姓名本ノマ
校訂者識

竹内百太郎
服部本意
藤田小四郎
中山某
黒澤新四郎
大久保七郎左衛門
中島眞介
伊藤某
千種太郎
千種昇
内藤新平
飯田軍藏
後藤周吾

小林幸八
朝倉晉四郎
畑筑山
松崎熊之助
栗田源左衛門
高橋上總之介
佐々木啓藏
小柳澤十郎
長谷川庄七
根本庄平
須藤啓之允
大畑太一郎（改外記）
昌木晴雄

宇都宮左衛門　　林　宗七郎
西岡國之助　　蓮田七郎
熊谷四郎　　平尾桃嚴齋
原田作平　　田中愿藏
東　直三郎　　喬木隼藏
水野主馬　是ハ結城家ノ家老

右之者共何レ頭分其外名前不知者迄總人數五百人余
右樣屯集致シ居權威日々增近邊農民ヲヲビヤカシ財寶掠取北條抔者格
別之害モ不致候得共日夜筑波ヨリ下リ酒食ニ耽リ歸リ之節ハ馬駕ハ不
及申人夫ヲ費候事夥敷殆差支罷在候處右性名之內田中愿藏組百七八十
人位ニ而始而六月七日北條村エ罷越一泊致シ右之者行裝ハ一戰ニ向ヒ
候勢ニ而金鼓ヲ鳴シ旗差物ヲ飄シ八日四ツ時頃北條村出立神部村普門
寺ヘ繰込然處日夜四五度ツヽ拾五人位ニ而付火繩鐵砲拔身之鎗相携北

條村內ヲ徘徊致シ何レニモ恐ナシ此上如何成行候哉人馬等モ日々費シ里正共モ差配差支行末村方動搖モ難計存候ニ付土屋侯ゟ爲取締出役相成候樣願出候處六月九日俄ニ土屋侯人數繰出シ小田村ヘ貳百人余對陣之上浮浪朝倉晉四郎ヘ懸合候處以來土浦領內ヘ決シ而這入不申事ニ應接相濟小田村モ引拂其後以前之如ク又々浪士共村方ヘ立入候ニ付其旨相屆候處六月十四日土浦人數繰出シ小田村ゟ半隊北條村ヘ半隊ツヽ對陣罷在候處同月廿一日早朝ニ浮浪共彼〔波カ〕山ヨリ出陣ニ及既ニ北條村ニ於テ一戰ニ相成候樣子ニ相見得村內騷キ一方ナラス彼是致シ候內又々應援ニ相成互ニ人數引取小田北條之固メ無之猶以北條之商家農家ニ不拘廿一日ヨリ何レモ野場ヘ假小屋等相建只々恐ヲナシ居候處野州地ゟ幕府御繰出シ人數下妻ヘ七月六日著陣ニ相成高道祖村林ニヲイテ一戰斃馬三疋卽死怪我人有之浪人共敗北之處八日夜波山ヨリ潜ニ三百人餘繰出シ右高道祖村ゟ放火致シ拾三軒燒失寺壹ケ寺燒亡浪人共貳手ニ相成

一隊ハ小具（貝カ）川ヲ渡リ下妻ヘ押寄セ途中ニ而幕軍御使番壹人討死一隊ハ具（マヽ）越之船場ヲ歩渡ニ致シ下妻裏手ヨリ押寄永見様陳（マヽ）所多寶院ヘ火ヲ懸ケ夫ヨリ右市中坂本町三拾軒田町拾五軒燒失火烟之中鐵炮打合一時ニ大合戰ニ相成死人手負數ヲ不知下妻侯家來討死之者左ニ

酒井源八郎　鈴木三八郎
深水牛造　大津辨之允

但シ幕軍ノ性（マヽ）名御承知ニ可有之事故略申候

右俄之戰爭ニ而幕軍敗北之風聞ニ御座候然處小出樣中鹿原ヘ引取候ニ付下妻家老今村勘左衛門ヨリ援兵相賴候處早速承引モ無之哉右家老始一家中存寄モ有之自ラ陣營ヲ大砲ニ而燒打ニ致シ十日朝府内立退申候事

右一戰ニ乘シ浮浪共日增ニ致增長追々加入之者有之凡人數七百人位迄ニ相成旁北條村者共六月廿一日田中愿藏組ニ而眞鍋村中貫村貳ケ所燒

拂候ニ恐ヲナシ居旁村方動搖言語同斷只々日夜ヲ營居候迄ニ而土藏ヲ目途ヲナシ一同立退日業ヲ忘悲歎ニ沈ミ居候處七月廿一日夜浮浪之內千種太郎始貳百人余波山ヨリ俄ニ繰出シ北條村ヘ罷越金五百兩程夫々之者ヨリ被奪取候右樣之義難捨置義ニ候ヘ共右人數之者イツレモ甲冑著用軍器多分携金鼓ヲ相鳴シ權威ニ申付ラレ右之金子差出不申候ハヽ村方放火ニ相見得無據差出シ翌廿二日四ツ過頃稻吉宿ヘ向出立候途中ニ而土屋侯之人數ニ而永非村ニヲイテ差留彼是及議論彌以領內通行相成兼小ノ越山通ニ而浪士共片野村邊ヘ向候處後ヨリ發砲イタシ三人生捕荷物之內長持壹棹柳行李之類四ツ五ツ奪取ラレ浪人トモ追々ニ逃退申候事

一七月廿二日北條村出立之前同士之者及異論ニ小關隼之進ト申者ヲ西岡國之助昌木晴雄宇都宮左衛門三人之家來ニ而打果シ村方實安寺境內ヘ埋候葬手當其外村方差出シ候金子左ニ

一金五両　寺江上ル
一金五両　石塔并人足料
一金五両　村役人ヘ被遣候
一金五両　宿源平ヘ被下
〆金貳拾両也
右源平ト申者江被遣候金子之義ハ同人宅ヘ相休及異論打果シ殊ニ同人地元ヲ穢シ候ニ付被遣候事
一右千種組貳百人余小ノ越通ニ而府中宿ヘ屯致シ居候處潮來館屯之貳百人余同宿ヘ罷越府中大混雜罷在宿役人何分差配方指支退身候故彼是世話方致候者無之候間浮浪人屯集不得止事波山之方モ矢張引續金策相立居候處　官軍彌以右爲御追討近邊江出陣相成候風聞ニ恐ヲナシ候事ニモ有之候哉自然ニ壹人モ筑波山ニ不罷在田丸稻之右衛門者小川館ヘ繰込其餘者府中宿ニ罷在候處其近在并水戸領小郷邊在之農民之家財奪

取候ハ勿論日々惡業可憂事ニ有之眞家村源左衞門方ゟ金策同樣難題申懸候處右地頭山口侯へ訴出候處人數百人余眞家村へ御差出シ夫々組村之者相集固居候處ゟ千種太郎組百人余押寄一戰ニ相成右千種鐵炮ニテ被打殺組之者死人多分ニ有之散々逃去旁追々浪士共相迫居候得共大炊頭殿罷下リ是非加入致シ猶又得勢候事

一柿岡村合五拾三ヶ村徒黨致シ浪士防手立ニ而農事捨置候事

一右村ニ而浪士壹人打殺田沼樣ヨリ爲御褒美結城町ニ而靑銅三拾貫文被下

一水戶書生組追々戰爭ニ相成候義有增左ニ

一大炊頭殿幷左ニ相記候三拾貳人之者凡八百人程下向ニ付水戶書生方ニ而道中ヲ拒通路相成兼左衞門佐樣御神位モ府中宿ニ八月四日ヨリ四日之間滯留大炊頭殿者片倉驛ニ滯留之處旣ニ水戶城下之內臺町迄同所ニ而合戰ニ相成大炊頭殿方敗北致シ然處八月七日右之人數吉田明神社內

臺町藥王院安樂寺常性院三ヶ寺ヘ對陣水戸若年寄天野伊内鈴木茂右衞門ト申者頭取大炊頭殿ヘ應接ニ及ヒ猶又戰ニ相成若年寄方敗北十一日又々一戰ニ大炊頭方打負十二日大炊頭武田始末明ニ磯ノ濱祝町之方ヘ引退候處同日汐ヶ崎村長福寺ニ而打合武田方敗北夫ヨリ十五日湊小川口ヨリ武田始トシテ繰込祝町之内岩船山願入寺ヘ放火致シ書生ヲ差置候遺憾ニ而右住主ヲ打果シ十六日直様那珂湊ヘ放火イタシ書生ト畑中之大合戰此時書生敗北ト申風聞夫ヨリ水戸下町神勢館ト申鐵砲場ヘ武田組押入八月廿三日ヨリ三日之間大合戰之上大炊頭殿者松川陣屋ヘ引取武田組者平磯ノ濱湊邊所々ニ屯集之事

右之戰ニ而城下モ多分ニ人家燒失ニ相成候

一水戸書生組官軍寄來ヲ相待必死ト城ヲ固メ居候事

一水戸樣御領內只今ハ一同ニ書生組ヘ同意致シ天印シ追討之心組ニ相成既ニ八月五日磯ノ濱獵師共ニ而鹿島浦ヨリ乗來候浪士打取左ニ

齋藤正木入道眞源孫官
同　鎭源雄言
村楷　易王丸
猶又十六日夕鯉淵村百姓ト田中愿藏組打合田中方首壹ツ打取荷物貳拾駄程奪取其外天印郡奉行荒井源八ト申者首壹ツ打取リ右之外少々宛之合戰ハ日々之樣水戶近在ニ在之由
一浮浪人滯留致殊ニ世話致候宿怨ニ而府中宿百姓ト從黨（徒カ）致シ右宿之內住家打破ラレ候者左ニ
九月二日夜騷動
一新地町　八軒
一旅籠屋渡世　拾軒
一天印ニ組候者　拾軒
一金丸町組頭　貳軒

一タチヤ丸ゼン　大惣　玉川屋

一カチヤ　四軒

但カチヤハ鎗其外武器打遣候恨

一市川村百姓徒黨致シ前同斷之始末右村遊女屋五軒五日夜之事

一八月二日追々官軍攻寄鋒（鉾カ）田村ニ而浪賊貳百人余伐殺サレ外ニ武具類積置候船貳艘奪取土浦カシヘ入津ニ相成候湊ニ而百人余生捕候由武田ハ討死之由次第ニ浮浪勢敗北ニ風聞御座候

（原）武田討死大ニ誤後至十二月降加州侯

一水藩之内ニ而大炊頭殿ヘ組シ居候者左ニ

姓名ハ本ノマヽ　校訂者識

一八百石　加藤八郎太夫

一七百石　鳥井瀬兵衛

一九百石　岡田新太郎

一貳百石　立原朴二郎

一六百石　白井左太郎

一貳百石　林　忠左衛門
一五百石　武田伊賀守
一　武田彦右衛門
一　武　田　魁　介
一八百石　谷　鉄　藏
一貳百石　村島萬四郎
一八百石　大田原傳内
一百　石　山中新左衛門
一五百石　大久保甚五左衛門
一貳百石　三　木　源　八
一七百石　三木左太夫
一八百石　榊原新左衛門
一貳百石　長谷川道之介

一五百石　中山民部
一七百石　門奈三左衛門
一貳百石　林五郎三郎
一三百石　富田三保介
一三百石　飯田総藏
一百　石　梶清次衛門
一三百石　谷彌二郎
一貳百石　里見四郎左衛門
一貳百五拾石　三木孫太夫
一七百石　此人可疑 庄司喜太
一貳百石　三好衛門太
一貳百石　小池源左衛門
一貳百石　山岡喜八郎

一貳百石　松本平左衞門

〆三拾貳人

外ニ　田丸稻之右衞門

藤田小四郎

右之外百石以下幷家來ニ至迄凡貳千人餘之内筑波黨迄込居候義ト存候

一官軍之内水戸城内弘道館其外城下江繰込且小川館燒拂ニ相成玉造玉里邊海老澤水戸領内へ押寄候ニ付近々追討終ニ相成可申候事

一白沙五平ト申ハ水戸領内壹番之穢多ニ而富家ニ有之右之者同類相集四五百人位之人數ニ而書生方へ加勢致シ折々天印ニ打合中々勇軍之評判ニ御座候事

一水戸道中モ府中ヨリ北之方別而騷敷片倉驛ヨリ先々イツレ天印ト書生

ト兩方之放火ニ逢皆百姓共逃去幕之兵粮物等運送モ殊之外日間トリ候由ニ御座候事

右者能々荒増之分入貴覽候委曲申上度候得共何分急使殊ニ六月上旬ヨリ寢食モ安ク相成兼地頭人數八月十五日ヨリ小田北條ゟ出陣ニ相成漸ク昨六日朝北條之分ハ引拂申候得共此間ヨリ宗道河岸揚之兵粮物府中宿へ繼送ルニ米六百俵位其外之物有之何分混雜罷在記間モ無之候得共一通リ之書取偸閑相記シ指上申候何レ靜謐次第所々之記錄物相集諸事書拔奉入御覽候間左樣御承引可被下候以上

九月七日

第　二

當三月ヨリ同十月迄大略調

前車之クツカイルヲ見テ後車之イマシメト成トカヤ治世ヲ亂サントスル事蟷螂カ斧ヲ以龍車ニ迎ガゴトシ寛永之天草シマハラ一揆慶安之正

雪カ謀叛成就セシ事ナシ頃ハ元治元甲子年三月上旬ヨリ常州筑波山ニ賊徒トモ屯集米金ヲ貪リ民町ヲ放火シ諸民ヲ苦シメ又ハ殺害ニヲヨヒ非常之振舞ヲナス此事　公邊へ聞へ夫々取鎭トシテ下野日光下總結城常州下館へ役々ヲ差向ラレ御目付永見貞之丞大砲方萬年新太郎小筒頭深津彌左衞門歩兵頭藤澤讃岐守北條新太郎組共召連官府ヲ出發日ナ（ヲ脫カ）スシテ敵ニ相對シテ下妻洞下等ニテ戰爭ニヲヨブイ（ヘカ）ヒトモ名ニシヲフ強賊ニテ或ハ打破リ或ハ敗シ果シナケレハ　公邊ヨリ爲追討御目代遠州相良田沼玄蕃頭御目付設樂彈正井高木宮内小出順之助日根野藤之助牧野總太郎大番頭神保山城守御書院番頭織田伊賀守御小性組番頭井上越中守御持筒頭和田傳右衞門御先手頭土屋鉤之丞御徒頭遠山三郎右衞門小十人頭竹内日向守別手頭多賀外記大久保新五左衞門歩兵頭城織部河津三郎太郎大砲方兼松平左衞門兵粮奉行立田主水正病氣ニ付途中ヨリ歸ル代リ屋代增之助同警衞大岡主膳正家來共官軍合貳萬五千余人官府

出發千住宿ヨリ下總國古河ニ至ル道々陣押之行粧如何ナル鬼神モ討果スヘキ勢ヒナリ古河宿著之上暫ク人馬之足ヲ休メ夫々攻口之號令アリ諸侯方加勢之面々ハ奥州日（ママ）本松丹羽左京大夫野州壬生鳥居丹波守常州下館石川若狹守同土浦土屋釆女正同笠間牧野越中守野州宇都宮戸田保（ママ）之助奥州福島板倉内膳正下總關宿久世鎌（ママ）吉奥州岩城安藤對馬守官軍ニハ別手組頭取多賀外記大久保五左衛門歩兵頭並平岡四郎兵衛著到攻口臼井口歩兵隊板倉内膳正沼田口歩兵隊戸田保之助洞下口鳥居丹波守石田口石川若狹守小田口土屋釆女正十三塚井鳳冏峠邊丹羽左京大夫牧野越中守眞壁口井上越中守土屋鉤之丞組共八月十日ヨリ十四日迄之出張日割ニ候處賊徒共筑波山退散水戸表屯集之趣早馬ヲ以注進有之候ニ付模様替リ松戸大足ヨリ水府ヘ繰込モ有又笠間ヨリ小原長岡街道江行モアリ水府之陣所ハ上町下町好文亭弘道館江役々陣取諸家之人數モ上下町ヘ陣取リ好文亭ハ詩文章歌俳諧園碁將（棊脱カ）・雙六庭ハ四季ノ草花ヲ植盡シ

花ノ絶間ナシ弘道館ハ大手前ニ凡四五町四方土手ヲ構ヒ内ニ大成殿十哲ノ宮碑（牌カ）三ヶ所建具天保年中源烈公之製造梅樹數千本アリ水戸老臣朝比奈彌太郎戰爭之次第ヲ見テ水城ハ東南行程二里ニヲヨンテ祝町那珂川ニ望ミ絶景イハン方ナシ同所ニ一向宗岩舟山願入寺最初諸生方繰込陣取賊徒放火ス續テ西南拾八丁ニシテ磯濱アリ東ハ那珂川湊トイフ町家ナリ此所賊徒貳千五百人屯集又下町本町九町目丑寅之間ニ五六町隔リテ小山ナリ是ヲ五町矢場ト號シ傍ニ神勢館アリ此處福地政次郎ヲ大將トシテ凡五百人余モ堅固ニ楯籠大砲小筒兵粮三ヶ年位ハアリ然ルニ水府家老市川三左衞門ヲ大將トシテ八月廿一日大砲打掛及戰爭ニ候處勝敗分ラス廿二日太刀打ニ相成敵五拾人討取此時敵方ノ大將分立原木次郎ヲ討取味方討死三人手負六人ナリ尤神勢館ハ大砲小筒ノ稽古場ニ而四方三町アリ前ハ筑山土手續キ籾藏三ヶ所幅貳百間余リノ那珂川ナリ戰爭ノ次第ハ七月廿四日江戸ヨリ松平大炊頭水府公御目代トシテ歸

國ニ相成候途中臺町トイフ所ニ書生方天野伊豆其外拾貳人出迎ニ罷出候處武田伊賀守計略ニテ敵對致シ天野ハ其場ヲ落去其餘ハ討死ニヲヨヒ尤書生ヨリモ大砲打掛攻立候ニ付賊徒浮足ニ相成候處ヲ附入戰ヒ火花ヲ散シテ攻立ラレ叶ハストヤヲモイケン吉田明神山ヘト引退猶モ息ヲモツカス攻立大砲小筒雨ノコトク音者千雷一時ニ落カヽル如ク夜丑滿ル頃千波池ノ方ヨリ鯨波ノ聲大ニ作テ攻入シカハ賊トモコラヒカネテ馬具ヲ打捨敗走ス關戸ノ渡ヨリ湊ヘ乘入ラントスルニ水車峯ノ山反射爐固ノ諸生方ノ加勢ノ百姓ヨリ嚴敷大砲打出シシカハ此所ヲ引拂鹽ケ崎通鴻田村ヘ打掛リ祝町ヨリ湊ニ乘込ントセシニ此所固ノ書生シハシ相防戰爭ニヲヨヒトイヒドモ賊徒大勢四方ヨリ取固メ防禦叶ヒ難川上拾次郎拾匁筒ニテ賊數多打取相働ト雖トモ多勢ニ無勢終ニ討死ス拾四五人賊ヲ討取賊徒トモ祝町ヘ楯籠候處湊固ノ書生方加勢ノ獵師百姓モ湊ノ御殿反射爐小川出張大筒小筒打出シ三日三夜相防トイヒトモ書

生方所々ノ手配行屆兼翌十六日雨ノ夜祝町ヨリ小川ト中所乘取ラレ終燒立ラレ其外所々ヘ放火ス故ニ小勢ノ書生方此所ヲ引拂味方討死四拾人賊ハ若干打取トイヒドモ死骸相隱シ此時祝町願入寺小川革藏院館山淨光寺不殘放火燒失ス賊徒トモ湊ニ二日休息シ松平大炊頭ヲ大將トシテ神勢館ヘ繰入水城ヲ乘取ラント戰爭・（ニ脱カ）ヲヨビ然ル所ゝ官軍御勢ニ鍬付鐵砲被打立終ニ打負手負死人數シレス賊徒湊ヘ逃戾ル夫ヨリ八月廿五日官軍ハ弘道館ヨリ繰出ス先陣ハ市川三左衛門ノ勢貳百人貳陣ハ松平左衛門三陣者西丸下歩兵大將城ヽ織部後陣ハ小出順之助明六ツ時大筒打掛戰爭三日三夜（廿六日ヨリ廿八日マデ）打合白晝ニ篠ヲ亂ニ異ナラス神勢館ヨリ打出ス大砲本町九丁目ノ角或ハ田ノ中ヘ落ルコト雨アラレノコトク扨廿九日ノ合戰ニハ賊徒打負神勢館ヲ失ヒ或ハ敗レ或ハ走ルアワテフタメク所ヲ透サス攻打ケレハ叶ハストヤ思ヒケン福地政次郎兼而用意ノ渡舟ニテ枝川宿ヲ打越湊ノ方ヘ落行タリ子勝右衛門ハ其場ニテ打死分

捕ニハ籾藏三ヶ所大砲七挺玉藥武具諸道具數シレス賊ヲ打取事數多ナリ夫ヨリ二本松勢枝川宿ヲ固候處北條街道ヲ鎭メン爲メ此所ヲ引拂竹川ノ砦ニ楯籠山野邊主水正ノ虚實ヲ伺ント進發ナリ

神勢館軍最中書生方伊藤辰次郎枝川ニテ賊徒共ノ兵粮所ヘ押入雜兵バラヲ追チラシ釜ヲ不殘打破リ引取リヌ其翌日ニ小山小四郎加勢ノ百姓六百人不意ニ枝川宿ヘ押入鐵砲烈敷打掛雙方太刀打ニ相成賊ヲ打取速ニ引候處賊徒トモ青柳村迄押來リ所々放火ス神勢近邊細谷軒町邊迄燒立ル

扨賊徒トモ湊ヨリ押出シ奥州街道大田宿ヲ乘取ラント數百人ニテ道々放火ス亂妨ヲ働キ野州宇都宮戸田保之助軍勢千七百人押出シ額田宮ニテ水府書生ト打交リ戰爭三度ニヲヨビ賊徒ヲ追拂田彦村ヘ引歸リ兵粮認ル折柄賊徒共謀事ヲ構ヒ前後ヨリ火ヲ放チ攻入味方ノ陣中周章シテ手負數多有之先陣ヨリ小林周之助當年十九歲兩刀ヲ打振リ賊兵五人ヲ相手

ニシテ大ニ戰ヒ賊脇合ヨリアヤマタス小林脇腹ヲ打拔レ最期ヲ遂シヲ
シムヘシ夫ヨリ宇都宮勢引上ニ相成神勢館ノ軍終テ八月晦日ヨリ九月
八日マテ水城ニハ口々ヲ固メ人馬ノ息ヲ休メアリケル所百姓壹人早馬
ニテ駈來リ賊徒トモ所々ヽ臺場ヲ築キ防禦ノ手配致シ湊平磯有福之者
ノ土藏家財ヲ打破リ金銀衣類ヲ盜ミ取リ亂妨致候趣注進ニ付弘道館ヨ
リ官軍繰出シ勝倉舟渡シ野陣シテ十日ニ引返リニ相成水戶殿城下下町
泊リ十一日出陣鹽ケ崎村本陣ナリ然處向フニ森アリ是ヽ大砲打懸ケ候
得共何事モナク其日暮テ十二日十三日ノ八ツ時頃浪人共押來リ其場所
ハ鴻田村明神ノ森ニテ陣鐘陣太鼓ヲ打鳴シトキノ聲ヲ上ケテ押來リ味
方モ大筒ボンヘンヲ打懸ケ右明神ノ森ヘ打込シヨリ敵ハ浮足ニ相成逃
出ス所ヲ步兵方押行小筒ヲ討音ハ山海ニ響キ百千ノ雷壹度ニ落ルカコ
トシ敵ハ彌々圖ヲ失ヒ討ルヽ者數シレス賊徒トモバラ〳〵ニ相成引揚
ル明レハ十四日十五日長福寺ヽ出陣イタシ勝倉村ヘ參リ一宿イタシ十

六日逗留十七日三反村名主本陣ニ相成十八日三番町北條新太郎歩兵方引連レ後詰ニ來ル是ニヨツテ大砲方并西丸下歩兵方柳澤村へ押出ス又市川三左衞門中根村へ陣所構鹽ケ崎村之方ハ水戸殿書生方　御公義ノ御軍勢水戸領鯉淵村宍戸川根ノ百姓千人余押出シ大貫ノ方ヨリ松平周防守堀田備中守兩勢合三千人又大海沖ノ方ヨリ乘船三艘ニテ御固メ大筒敵方へ打出シ松平周防守堀田備中守兩將ニテ大貫磯ノ濱合戰ニ打勝祝町ヲ燒立賊徒ヲ湊へ追込候

此合戰柳澤村へ本陣ヲ相構ヒ大筒小筒ヲ嚴敷打懸中根村ノ方鳥居勢市川書生方歩兵湊建山武田勢へ攻懸ケ數度合戰ス平磯邊田野村前濱柳澤水車近邊峯山近邊不殘燒失ニナル

此時市川三左衞門書生方中根村ヨリ押出シ鳥居勢部田野原ヘ押行先陣ニハ伊藤辰次郎組下引連レ平磯村へ浪人共籠居候家々ヘ火ヲカケ関ノ聲ヲ作リ鐵砲嚴敷打出シ候處浪人共不思寄故騷動イタシ備ヲ立兼討ル

者數シレス追々味方ノ歩兵銃付鐵砲嚴敷打出シ候處敵ハ浮足ニ相成候處敵方ヨリ助勢數百人押來リ味方モ大筒小筒打合終ニ大刀打勝負ニ相成候處敵間道ヨリ貳拾人程廻リ部田野村ヲ燒立候處日モ夕陽ニ相成候ニ付雙方引取ニ相成候然處柳澤村本陣固メノ御軍勢押トシテ浪人共水車近邊不殘燒立此所ニ楯籠候

此水車ト申ハ反射爐ト申テ大砲製造有之候ヲ錐ニテ穴ヲ崩シ候地ナリ都而四方ニ土手アリ是ヲ臺場トシ浪人共相籠リ候ヲ歩兵忍入放火シ敵ヲ追拂此所ヲ乘取ル

賊等水車ヨリ大砲打出ス味方ヨリモ大筒ボンヘン打掛水車燒カントスレハ玉前後ニ落其日合戰勝負相分ラス十九日朝歩兵壹人水車ヲ忍入火ヲ懸ケ來ル浪人共大ニウロタヘ早々峯ノ山へ引籠ル然ル處官軍別手組魁大將多賀外記御組合ニ相成リ御軍威盛ニシテ夜ハ數百ノ篝火ヲタキ時々怠ヲ改メ御備嚴重ニシテ峯ノ山反射爐ヲ乘取ントノ軍議ニ御座候

水車落テ松平大炊頭家來引連降參ニ成ル此時浪人白井榊原鳥居大田原等ヘ降參ナリ然處十月五日中根鹽ケ崎柳澤村ヨリ總攻メノ御軍議ニテ御使番往復シ宵ヨリ用意一々相整候ニ付其日未明ニ押出シ柳澤村ヨリハ神保山城守久世鎌吉多賀外記撒兵歩兵方書生方合三千人水車ヘ繰入峯ノ山ヘ攻入ラント其手配ニ候處敵ノ方ヨリ大砲打掛ラレ此玉土手ヲカスリ味方ノ内卽死貳人手負六人有之候ニ付味方之勢辟易シテ進ミ兼候處ヲ魁大將多賀外記勇將ニシテ大刀拔カサシ鯉淵勢引連レ味方ヲ勵シ下知烈敷是アリ候テ此勢ヒニ峯ノ山ヲ乘取ラント進ミ水車ヨリ峯ノ山之間ニ川有之此所ニ七間余ノ土橋アリ御作事方宵ヨリ假橋ヲ相掛此所ヨリ進ム體ナシ川下ヨリ用意ノ假橋ヲ急速ニ相揃味方不殘押渡リ烈風ノ如ク攻寄峯ノ山近邊ヲ放火シ鐵砲烈敷打出シ候處浪人共大筒小筒打立候得共味方ノ大軍ニ恐怖シ反射爐ノ方ヘ逃行候處賊等篠藪ニ隱レ居不意ニ起リ立槍長刀ニテ味方ヘ切込候ニ付大刀打勝負ニ相成敵ハ數

十八打取候得共死骸相隱シ分リ不申候此戰相圖相違イタシ中根村ヨリ御軍勢北條新太郎戶田保之助鳥居勢水府書生之面々出張相後レ候ニ付柳澤村ヨリノ官軍相進ミ候內三拾貳人卽死怪我有之候乍然峯ノ山ヲ乘取分捕ニハ大砲四挺兵粮武具等不殘打捨敵逃行候ニ付軍ハ大勝利ニテ夫々御褒詞被下置候然處御目代田沼玄蕃頭御陣廻リノ裝束ハ裏金ノ御陣笠白綾ノ陣羽織七曜ノ定紋付陣刀ハ熊ノ皮投鞘馬ハ太ク逞シキ駿足ニテ金フクリシノ鞍ヲ置厚房ノ尻カヒニ燃立計ノ尻網〔綱カ〕ヲ掛ケ白磨ノ轡ニ段々筋ノ手綱ヲ取リ銀ノ采配ヲ腰ノ上帶ニサシ悠然タル有樣舍人貳人ヲ左右ニ立家來組下ノ軍勢數千八小具足ニ身ヲ堅メ槍長刀白日ニ映シ先陣ハ鐵砲組貳陣者打物旗馬印ハ西山ノ風ニ飜リ皆々夫々ニ美ヲ盡シ御備次第不亂御行列ニ候恐多クモ　征夷大將軍ノ御威光四方ニ輝キ御目代ノ御威光諸人ノ目ヲ驚ス計リニ候其後十一日湊ヘ攻入ラント御軍勢中根村ヨリ押出ス先陣ハ市川三左衞門寛小山彼是合七百人外ニ鯉

淵勢六百人次ニ鳥居戸田板倉撒兵貳千五百余人歩兵千貳百人繰出シ候處敵如何シテ悟リ候哉脊ヨリ山中ニ伏勢打構候而鯉淵勢三人程立歸ノ候而裏切ニ相廻リ候趣注進有之候處敵ノ臺場ヨリ大砲打出候ニ付味方ヨリモ大筒小筒ヲ打出シ敵間近ク相進ミ候處又々味方早馬ニ而伏勢ノ趣注進ニ付御使番ヲ以一先繰返シ候樣子ニ候處敵岩城街道馬渡村ニ火ヲ掛ケ押來リ山ノ半途ヨリ貳百人程味方ノ體ヲナシ敵ヘ空砲打掛ケ合戰ノ體ヲナシ味方ヘ切入候ニ付板倉勢猶以敵ヲ引受必死ト成リテ合戰シ敵四十人程打取休息有之候處後ノ山ヨリ敵不意ニ起立鐵砲烈敷被打出陣中騷立備亂レ立候處一手ノ大將内藤某兄弟此時打死ノ覺悟ト相見得家來に申樣之趣ハ國ヘ歸リタラハ我最期之爲體ヲ談シ候樣且兜ヲ悴に筐ニ致シ持參致シ候樣申付十文字槍ヲ以敵陣ヘ突入リ敵數十人ニ渡リ必死ノ槍先稲妻ノコトク敵六人ヲ突伏セ候處重テ大軍終ニ兄弟討死此合戰内藤家來槍持主人討死迄見屆嘶ニ御座候

田沼玄蕃頭殿柳澤村御陣廻リニテ陣取ノ諸大將御一同御臺場ヨリ遠目鏡ヲ以建山武田ノ陣ヲ御一覽有之候處敵方ヨリ大砲ヲ以打玉飛來リ候ニ付臺場ニテ此玉ヲ除ケ危難ヽ（ヲカ）ノカセ（レカ）給ヒシト云此玉四五間モ先落テ土五丈モ吹上ケハツ（レ）レ（ツカ）玉ニテ七八間四方ヘ散亂イタシ其翌日歩兵方壹人臺場ヘ相詰罷在候處敵方ヨリハツ（マ）レヽ玉飛來リ此玉頭上ニ當リミヂンニ碎ケ卽死イタシ候

諸大名御旗下御軍勢諸勇士ノ御功名多ク有之候得トモ此書ニ相洩レ候間追々別書ニ而入御覽候

鳥居戸田軍勢鐵砲烈敷打出シ賊徒數百人討取味方モ討死有之候市川始諸生方必死ト働キ面々敵ヲ引受血戰シ敵ヲ追退ケ此時市川鐵砲ニテ肩先ヲ打レ落馬致候得共名ヲ得タ勇將歩行立ニ相成味方ヲ勵シシツ〳〵ト中根村ヘ引取候處敵勝ニ乘リ部田野村ヘ押來リ鐵砲烈敷打出シ候處部田野村前日燒失イタシ候者共山中ニ小屋掛ケ居候者迄賊共火ヲ掛ケ

焼立候ニ付老若ヲ肩ニカケ東西へ走リ南北へサマヨイ其周章大方ナラズ誠ニ哀レノ次第ナリ此時ノ合戰勝利無之敵百人余討取候得共味方モ討死手負合貳百人餘モ有之候由然處神勢館合戰ノ節分取被致候大筒數多分捕致シ候其外大筒（尺貳間半口九寸指渡壹尺八寸尻八寸）水戸ヨリ水戸殿御雇人足井大砲方ノ人足合百人余ニテ日々仕掛ヲ以十日ヨリ引出シ十六日ニ柳澤村御臺場江引附十七日ノ戰ニ武田勢ノ臺場ヲ目懸ケ打掛ケ候處敵六十人打倒シ大軍四方へ散亂ストイフ十七日十八日ノ合戰ハ味方大ニ勝利此戰祝町ヨリ火矢ヲ以テ湊ヲ焼立分捕ニハ鞍置馬大砲五六挺其外武器類味方へ引取リ然處祝町御固メハ松平右京亮五百人戸田保之助七百人堀田備中守千人鹽ケ崎ヨリハ安藤對馬守五百人久世鎌吉八百人御旗本ノ御軍勢多賀外記歩兵方其外合貳千五百人余廿三日未タ東雲ノ頃ヨリ御相圖ノ狼煙ヲ揚兩所ノ御軍勢一同ニ數艘ノ船ニテ那珂川ヲ渡シ湊へ押上ル味方ノ大軍所々八方ニ打分レ火ヲカケ鯨波ヲ大ニ作リ大筒小筒ヲ打

放シ候得共此響キニ山海モ崩ル丶計賊徒大ニ油斷シテ騷動周章大方ナラス武具兵具迄打捨狼狽東西へ走リ南北ニサマヨフ計リナリ賊徒建山湊御殿反射爐三ケ所ニ陣ヲ構此所ヨリ大砲打出シ合戰防禦イタシト雖トモ叶ヒ難ク又味方一手ハ中根村ヨリノ軍勢建山武田ノ陣へ攻懸リ數度ノ合戰利ナクシテ賊徒共大半ハ建山ノ陣所へ相詰候得共此所防クト雖トモ防禦叶ヒ難ク又反射爐ニハ大軍押上ケ火ヲカケ燒立候得ハ賊徒鄕民無宿惡徒トモ地上へ平伏シテ降參ヲ願出候ニ付御軍勢格別ノ御賢慮ヲ以先ツ穩便ノ御沙汰ニテ降參ノ賊徒其外ノ者トモ御殿ヨリ文武館井錢坐此所へ幕張致シ引籠ラセ候尤此内ニハ夫々ノ浪人トモコレアリ奥ノ方へ相扣罷在候此騷動以前在々ヨリ浪人組ニ相成候族何方ヨリ相集トモナク數千人皆家宅不殘打破リ引取候妻子ハ盡ク逃行湊へ相籠候處女童御威光ニ驚キ只泣明ス計ニ候男女合八百八拾三人余ト申候但シ姓名書取調候得者千百八拾六人ナリ乍併賊徒槍長刀帶刀ニ罷在候ニ付

此所御固メニハ松平右京亮千五百人宇都宮ノ城主戸田保之助千七百人關宿ノ城主久世鎌吉九百人陣所ヲ構ヒ敵方ヘ大砲小筒ヲ差向ケ御備嚴重ニ候此日迄湊ニ罷在候浪人共ノ小遣致居候男女合百人余繩ヲ懸ケ柳澤村陣所書生方ノ糺明ニテ禁獄ニ相成候然處反射爐湊御殿落テ味方ノ勢固メニ相成此所ヨリ武田カ陣ヲ目懸ケ大砲小筒ヲ打掛ケ候得ハ武田陣大ニ騷動致シ候處ヘ諸家ノ軍勢撒兵歩兵方押行雨アラレノ如ク打懸候得者終ニ防禦叶難ク前濱部田野村馬渡シ三ケ村亂妨イタシ衣類米其外馬貳疋余盗取リ武具兵粮ヲ附大將分ハ馬ニ乘テ籏馬印ヲ押立澤原ヘ落行此所ニテ勢揃ヒシテ奥州街道ヘ落行候ニ付追討トシテ柳澤村陣所ヨリ大砲組小筒組中根村陣所ヨリ市川三左衞門其外大名方歩兵方一同繰出シ賊徒トモ追討トシテ魏々堂々トシテ押行候

第三

水戸樣御家來

御家へ差出候書付寫

四月中御家老岡部忠藏義中納言様ヨリ召書ニテ早速小石川ヘ罷登候様御達ニ相成早々罷登リ其節一同罷登リ居候得共中納言様忠藏義被遊御召候義ハ余之義ニハ無之京地ヘ早速罷登候而鎖港之義ニ付御役家一橋様初ヘ中納言様御存意申上候様ニトノ御達ニ而早々上京仕リイロ〳〵其筋ヘ中納言様思召申達候而京地其筋一橋様初ヨリイロ〳〵御達ニ而六月初罷下リ其節御國表岩舟山ヘ數人集リ居種々惡事評定之上市川三左衞門佐藤圖書朝比奈彌太郎等頭ニ而書生一同罷登候歟之由其節小石川御重役御國表御重役等モ薄々存居候得共松戸御關所千住御關所所印鑑等モ無之事故出府仕候トノ惡事計ニ而人氣相タテ候歟ト存居候處水府印鑑等ハ相濟不申如何仕候歟ト存居候處　公邊御役家ヘ前日ヨリ取入居候而　公邊御印鑑ニ而兩御關所多人數通行仕罷登リ中納言様ヘ申上候段小事之義ハ種々有之候得共第一恐ナカラ　天朝　公邊ヘ御忠

孝之思召ニ而鎖港之義御申達ニ相成候而ハ不可宜交易御論ハ御申上被遊候樣ニト重々申上候事中納言樣萬一御聞取リ不被遊候得者中納言樣ヲ殺害申上候トノ由薄々承リ候事故實ニ驚キ早々御國表ヘ罷下リ根本等(篤カ)ト承リ度同志之者ヘ聞合候處御國表ニ而モ右之含ニ而奸人共罷在候事故同志一同誠ニ驚キ御家中ハ勿論百姓町人ニ至迄中納言樣萬一奸人共申上候義御取受被遊候樣ニ而ハ御上京之節誠ニ難有思召ニ而
御天盃眞之御太刀御拜領被遊候節
天朝ヨリモ鎖港之義盡力仕候樣ニトノ
敕命ヲ受ヲ受(衍誤カ)ケ被遊　公邊之御爲御先祖御代々樣烈公樣ヘモ御忠孝之御場合ト奉存候間臣子之身ニ而ハ難有精々文武修行仕候程ニ一同存詰罷在候所ヘ奸人共前文之通リ申上中納言樣奉爲御迷　天朝　公邊御代々樣ヘモ如何ト奉存候間臣家(下カ)之身實ニ以苦心仕六月十九日ヨリ晝夜百姓町人ニ至迄存詰候者罷登リ小金井驛ヘモ多人數罷出居候所ヘ木村

ト申者穩密ニ參リ居候間取押色々吟味仕候處市川三左衞門佐藤圖書朝比奈彌太郎三人ヨリ被賴候而此度之義萬一中納言様ニテ御開受不被遊候ヘハ積々惡事相顯候間中納言様ヲ奉殺害候トノ評議ニテ此度之義十分ニ參リ候得者夫々引立可申事ニ付同意仕候由當人申立候間右ニ付木村自筆ニ而書付取置早々其御役人筋へ差出シ外々ニモ惡事積（續カ）々相顯レ候ニ付而者中納言様　天朝　公邊御代々様烈公様ヘモ如何ト思召ト（衍）思召（誤カ）早速御家老鈴木縫殿其外兩三人鎖港御中上候義ニ付罷登候様御達ニ相成夫ニ付佐藤朝比奈愼隱居ニ而御國元へ御下シニ相成市川三左衞門義ハ常野筑波大平山へ集リ居候諸浪人追討御用ニ而出張先古河邊ゟ罷出居候間追討御用御見合ニ相成御國表へ罷下リ候様御達ニ御座候間市川三左衞門義佐藤朝比奈同斷ニ相成候歟ト存詰田沼玄蕃頭殿其外御役人ゟ賴入御用書取請不申御國元ゟ罷下リ候間中納言様ニ而モ　公邊へ御伺之上早々御國表へ御下向之上奸人共取鎮メ被遊候思召ニ而　公

邊ェ御申達ニ相成候處京地始不容易御場合故松平大炊頭樣ェ御目代御
達ニ相成早々御下リ被遊御國表内奸拂取鎭候樣ニト之中納言樣ヨリ御
達ニ相成　公邊ヨリモ大炊頭樣へ水戸殿御國元へ御下向御伺ニ相成候
處此節柄故御目代ニ而早々罷下リ候樣ニト御達ニ相成右ニ付而者左衞
門尉樣御神主モ此度御差下シニ付出府仕居候族一同御供ニ而罷下リ候
樣御達ニ御座候間一同ヨリ
天朝之義奉伺候處必心配無之御家老ニ而鈴木縫殿其外早々上京申付候
間一同安心ニ而罷下リ御國表取鎭メ文武精々修行仕候樣御達故誠ニ難
有一同御供ニ而罷下リ候得者道中臺町ヨリ古田明神前ニ御先供參リ候
得者七軒町荒神社内へ多人數集リ居大炊頭始御入城ヲ相留候存意ニ而
大砲小砲ニ而備居候事故藥王院ニ御立寄被遊居御國表御役人御呼出シ
ニ相成候處若年寄天野伊内罷出候ニ付如何之心意ニ而御目代大炊頭樣
御入城ヲ差留候哉ト色々議論仕候處伊内實ニ恐入早々右之段市川三左

衛門等ヘ申聞候様可仕旨御受仕退出後荒神社内ヨリ大砲打懸藤柄町兩軒下ヲ六十人程弓槍小砲ニ而打懸ケ押參リ候間吉田明神山ヨリ者高聲ニ而只今モ天野伊内へ御達ニ相成候御目代大炊頭様ゟ砲發仕候義如何之心得違ト度々申述候得共聞入不申詰合候間此方ニ而モ不得止事小砲二三發打懸ケ候得者引取リ其内天野伊内者逃候而見得不申其夜俄ニ下町上町御城内迄嚴重相備候様子故一同評議仕候ニ者此場所ヨリ早々押破リ候義者安キ事ナカラ御目代且ハ臣家之身ニ而御城内へ向破(砲カ)發仕候事ニ而ハ末々迄臣下之道ニ相欠ケ候間一同心配仕色々評議仕候處兩三日留リ居候間兵粮等モ手薄ニ相成常々ニ有之候得者右様之事モ無之候得共御國表御役人ヨリ相達度御目代大炊頭様始一同之世話仕候モノハ後日嚴重ニ申付候トノ義ニ付人足迄モ居不申左衛門尉様御神主始御供惣人數三千人余モ御座候間此場所ニ居候ヨリ湊御殿ニ有之候得者大炊頭様御・(神脱カ)主様始メ御出被遊候處宜敷湊御殿へ御出張之上如何ト歟掛合可

申評議ニ相成御供仕候處又々湊御殿反射爐ヨリ大砲打掛ケタル（マヽ）鹽ケ崎長福寺ヘ大炊頭樣御立寄被遊居磯濱御陣屋ヨリ大砲打懸ケ候處磯濱之義者道近之事ニ御座候間早々一戰仕候而御陣屋ヘ御出張ニ相成居前文之通リ奸人役家ヨリ達置候得共同斷ニ御座候間湊御殿ニ居リ候石川竹之介ェ逐一掛合ニ及度候得共渡舟留置湊御殿ヨリモ同夜大砲打掛夫故八月十六日湊ェ貳百人計ニ而一戰ニ及候處先方ニ而逃候節町中御殿江火ヲ懸ケ逃候ニ付一同集リ御殿火防仕候得共折惡敷風甚敷事故防兼早速假御殿ヲ補理御目代御神主樣初御出ニ相成居城下江掛ケ合ニ及候處御目代樣御神主始メ御入城ヲ差留候トノ義ニ付此度ハ枝川通ニ而神勢館ヘ御立寄ニ相成居大番頭飯田總藏渡邊半助兩人先方掛合罷出候處總藏義者返シ不申半助義者ハ此方ヘ不參其內所々江手配リ仕候上大砲小砲打懸此方ニ而モ幾重ニ而モ道ヲ以懸合及候處先方ニ而余リ無道之事柄故一同殘念ニ存候得者城下模樣承リ候處奸人共集リ居候場所評定所

鈴木石見守屋敷院會所ニ集リ居候事故御城内之義者前文之通一同心得居候間御城ヲ除キ七日七夜砲戰仕居候處折惡敷大水神勢館ハ水地之場合故大炊頭樣之義者一同心配仕又々湊御殿へ御出張ニ相成居候處磯濱一戰之節奸諸生ト存シ壹人士取押罷在候間承リ候處外藩ニ而同志之內ニ而此迄面晤仕候人物故積々咄シ合仕候處野州大平山ニ集リ居候諸浪人追討之命ニ而出張仕候者故左衞門尉樣御目代大炊頭樣御本藩之義必追討申上候義者無之右ニ付而者是非御目付戶田五介殿へ逐一咄シ合ヒ大炊頭樣初メ御本藩之義御入城相成候樣精々五介殿へ物語仕候ト之義ニ付至極當人道ト存シ御目付五介殿へ懸合ニ及候處戶田五介殿義モ其筋へ申達道ナル事故御役御免ニ相成而モ筋道ニ御座候間是非ニ盡力仕候樣申田沼玄蕃頭殿ニ伺候處早々大炊頭樣御入城ニ相成候樣取扱可申旨五介殿ヨリ懸合ニ相成大炊頭樣御少人數ニ而御入城被遊候樣ニト之義ニ付一同心配仕申上候ニハ敵地ニハ有之且者奸人役家故御少人數ニ

而如何之義歟有之而ハ相濟不申候間御供仕度旨申上候處御申聞ニハ先方ヨリ少人數ニ而入城之懸合ニ有之候得ハ萬一之事有之候而モ御目代ニ而罷下リ是迄入城延引仕居且者大切之御家來三千人余モ右樣之義ニ而ハ中納言樣御先代樣ヘモ相濟不申候間一命捨候而モ是非善惡明ニ仕度ト之思召ニ而御出ニ相成戸田五介殿申事ニハ大炊頭樣御入城之上事柄相分候迄者此方ヨリ砲發不仕候樣相達置候間承知仕候樣ニ約定之所又々祝町御臺場ヨリ砲門五六ヶ所切拔柳澤村邊・野〔田脫カ〕村三方ヨリ砲發候間此方ヨリ矢文ニ而如何之譯歟承候處行違ト申砲發相止居候得共柳澤村ヨリ者日夜砲發有之館山横ヨリ人數押集リ砲發之節者湊御殿ヘ玉著候而ハ一同指支候間此方ヨリモ人數罷出一戰仕候　公邊御人數ト見受候節者受砲而已ニ而深戰不申市川三左衞門其外奸書生人數ニ有之候得者中納言樣ヨリモ罷下リ候節內奸拂取靜メ候樣ニトノ思召モ有之候間一同必死ニ相成戰申候其節抔モ　公邊御人數之內見違打取リ候得者一同

之存意元來之處ヲ申聞厚介抱仕先方陣屋近所駕籠ニ而送リ申候程ニ公邊ヲ尊敬仕居候者共且者　天朝　公邊御先祖御代々樣烈公樣ゟ中納言樣御忠孝御盡被遊候場合ト奉存候臣子之道苦心仕罷登リ候積大炊頭樣義ハ中納言樣　公邊ヨリ御目代ニ而御下向被遊候御立場柄初メ一通之御吟味モ無之御家來末々迄一命取リ被遊候義者　公邊御政事ハ勿論水府ハ御先代樣ヨリ御定有之重キ父母殺顯レ居候而モ數度御吟味ニ相成當人得ト陷候上ニ無之候而ハ一命取リ候義ハ無之御定ニ相成居候處此度之義ハ黑白之違前文之通奸人共惡事顯レ候間壹人モ壽命仕居候樣ニ而者後日奸人共差支候間乍恐積々中納言樣ゟ惡計申上候而奉爲御迷御國表へ永操院樣貞芳院樣御出被遊候處中納言樣へ不申上御父子之御中ヲ奉離間御國表ヨリ善惡等御文通無之樣御側女中末々迄引替候樣惡計仕候程之御役人共ニ而者此先如何之義出來候歟苦心仕候尙又　公邊御役人ゟ取入リ野州諸浪人同體ニ申達御家老山野邊主水正榊原新左

衞門初メ末々迄數百人諸大名へ御預ニ相成居候族野州諸浪人同體ニ御見込ニ相成候而ハ　公邊ハ勿論御先祖様烈公様中納言様ヘモ不相濟一同甚殘念奉存居陣將義モ度々善惡明ニ仕度咄シ合有之候ニ付御使番役相勤居候間一命捨候トモ一同之存意相貫度存詰敵陣ヲ押貫城下に罷出候處大炊頭様而已ナラス御父子之御中迄前文之通ニ而者此度御國家之御安危ニ抱〔拘カ〕リ候間乍恐奉苦心之余リ申上候恐筆之義御見察之上御考宜敷御取扱御盡力之程偏ニ奉願候以上

元治元年子十二月

水府士御使番役

岡見龍之介

波山記事卷一終

波山記事

波山記事卷二

一諸館始末
第　一
一諸館大略調
第　二
一浪士ヨリ差出候檄文寫
第　三
一浪士中ヨリ極密願之筋有之趣ヲ以江戸水戸様御屋敷ヽ罷登候一條
大略調寫
第　四
一神武館ヨリ鹿島郡村々ヽ相廻候誡諭書寫

第　五

一浪士不法之筋如何心得可然哉云々内田主殿頭殿御家來ヨリ指出候伺書寫

第　六

一浪士强借之義ニ付常州平潟書簡抄

第　七

一浪士共水戸樣御人數ニ而御召捕之義ニ付探索書寫

第　八

一浪士御召捕之義ニ付探索書寫

第　九

一浪士共鹿島根本寺佛祖之像燒捨又者獄門ニ掛候一條ニ付東禪寺指出候屆書寫

第　拾

一浪士某ヨリ益勢ヲ得候義ニ付御家某ヘ相贈候書簡寫

第拾壹

一水戸御家中久貝悅之進逢殺害候義ニ付同家中書簡抄

第拾貳

一同斷風說

第拾三

一同斷

第拾四

一潮來小川館等之浪士蜂起之義ニ付水戸樣御家中書簡抄

第拾五

一小川館浪士共ヘ水戸樣ヨリ御賄等被下且浪士共同志之者始末振等之義ニ付探索書寫

第拾六

一同斷

第拾七

一浪士共筑波大御堂へ集會等之義ニ付水戸樣御家中書簡抄

第拾八

一同斷

第拾九

一同斷之義ニ付探索書寫

第貳拾

一浪士共金策强談之義ニ付關東御取締役探索書寫

第二十壹

一同斷之義ニ付井上伊豫守殿被差出候御屆書寫

第二十貳

一同斷ニ付金子指出候者共名前調寫

波山記事卷貳

諸館始末

第壹

諸館大略調

水府浪人所々ニ屯仕居候ケ所館ト相唱候館所左之通

一小川館　　一筑波町 小川館ヨリ出張仕居候由

一潮來館　　一神領館

一玉造館　　一新開館

一湊　館

一小川館

右者長岡在ニ而館所ヘ至誠ト申旗ヲ相立諸館ニ勝レ盛ニ御座候由人數之義者五百人或者八百人ト申候浪人トハ乍申百姓ヘ帯刀被免農兵

ト相唱候者ニ而進退ヲ被揚又者扶持被放候樣之浪人ニハ無御座八百人之内三十四人ツヽ廿日三十日ト申樣館所ヘ相詰申候由同所隊將樣之者者武(竹カ)内百太郎太齋(宰カ)二助其他諸役々夫々全備仕居候由御座候事

一筑波町

浪徒共此所集屯之義ハ去亥年暮同所地役人々ヨリ小川館ヘ罷越筑波取締トシテ時々出張相成候樣賴込候ニ付右山内不動院ト申空寺ヘ小川館出張ト相認メ板札懸ケ引續五七人位詰居小川表ヨリ四五日間之交代ニ相見見(得カ)申候然處浮浪之内宍戸館ト唱候モノ内亥十二月十四日千種太郎阿久津小太郎前川榮太郎ト唱候者三人北條中町名主方ヘ罷越同所筑波追分之杭之際ニ建札致度申込有之無據夫々差配致シ相建候札文云左ニ

當今　神州危急到來既ニ

神州之御政事向モ相緩居候ニ付天下浪人白盜之類水戸疑名ヲ飾リ

亂妨押借所々分散金策致居候趣相聞候處水戸雄士之内ニ而亂妨押借致候者壹人モ無之處天下浪人白盜之類疑名ヲ飾リ水戸國體者勿論雄士之名ヲ穢且萬民ヲ苦シメ實ニ　神州之御國賊夷人ニ等シ其儘捨置候得者奉對　神州諸社　天照大神奉恐入候間水戸雄士誠道ヲ以見付次第加天誅者也

亥十二月　　水戸雄士中

右之通建札被致候ニ付北條里正ヨリ地頭土屋侯へ早速相届候處十二月廿四日右藩御先手小頭壹人郷目付壹人代官手付壹人出役ノ上取放シニ相成候事

右之通最初者兩三人モ出張之處追々相集多人數ニ罷成町内却而迷惑仕候段ニ相至リ尤出張所置晝夜共葵之御紋付之幕張通シ罷在候由

一潮來館

右ハ此節城郭構之普請仕居候由ニ付一見之心得ニ而過ル七日土浦ヨ

リ出船仕候處已ニ行詰風樣相變翌日ハ風樣相直リ候得共歸府日限へ相障リ候ニ付罷越不申候處何ニ仕候哉普請者無相違候得共館ニ仕候義ニハ全ク無御座由追々承及申候事

但同所モ中々盛ニ而食料ヲ始メ日用之諸品迄悉富貴之體ニ御座候事

一神領館

右者鹿島神領ニ而

太神武官報國正義隊當分屯之

右ヲ大文字ニ杭ニ相認葵之御紋付幕ヲ張リ館之門ヨリ館迄是又幕ヲ張通シ日夜威義嚴重ニ相構居候先達而中浪人之擬名ヲ申立銚子湊物持へ亂入金貳千兩ヲ掠取右流布ヲ承リ候卽右館ヨリ纔ニ三四人出張擬浪人ヨリ取戻シ其儘金主方へ相戻候由之處千兩ヲ謝義ニ館中へ持參之由理ニ於テ可申受筋ニ無之旨申立不受取無據酒貳駄醬油壹駄マ

グロ壹駄指出候得者無余義申受候由且又館所壹里計相隔候寺へ罷越本尊之銅佛武器ニ致候ニ付相渡可申出家へ申立候由之所出家只管ニ申詫候得者　神國へ生ナカラ佛ヲ信シ候ハ甚以心得違之由理解仕候得者出家申ニハ本尊へ縄ヲ掛崩候ハヽ私ヲ先ト尙又謙遜仕候得者出家心底ヲ感入左候ハヽ其方ニ免シ可申ト申候而引取候即直樣出家釋迦大明神ト申額ヲ懸候由之處神號ヲ直シ候得者用捨被致候由ニ而其近所大黑モ不動モ如來モト申樣大明神ト相成又ハ鳥居ヲ建候由又ハ三才之小兒ト而モ浪人ニハ土下坐之由之處小兒へハ菓子ヲ與ヒ辭ヲ懸ヶ至而丁寧之由然ニ武田耕雲齋之裁斷ヲ以同所ハ四月初旬頃引拂相成候由ニ御座候同所隊將ハ鈴木敬之助柴田忠次郎楠谷元次郎右ハ水府浪士帶刀御免倉川三郎ト申者之由右之外ハ寄々之浪人之由ニ御座候事

一玉造館

右ハ元來小館ニ而此節明館ニ相成跡邊主税介ト申者留主居罷在候由水府ヨリ南ニ當リ候處之由ニ御座候事

一新開館

右ハ九十九里之内新開村ト申所之由品有之　公邊御人數ヘ佐倉福島御人數相加リ去年中打拂相成候由隊之内松平熊太郎三浦帶刀楠音次郎右三人之内被召捕候者被打殺候者モ有之由同所邊ニ福島御領分御座候由之事

一湊館

右ハ那珂湊ニ御座候隊長井芳之助則健助ト申者之由巨細之樣子承リ不申候事

第二

浪士共差出候檄文寫

尊　王攘夷者　神州之大典ナル事今更申迄モ無之候得共　神州開闢以

來
皇統御一姓　天日嗣ヲ受嗣セラレ四海ニ君臨マシマシ威稜之盛ナル實
ニ萬國ニ卓絶シ後世ニ至迄モ北條相州之蒙古ヲ鏖ニシ豐太閤之朝鮮ヲ
征スル皆　天祖以來之明訓ヲ奉セシ志ニシテ實ニ感スルニ餘アリ
東照宮大猷公ニモ別シテ深ク心ヲ被爲盡數百年大平之基ヲ御開被　遊
候モ畢竟尊
王攘夷之大義ニ基カレ候義ニ而德川家之大典尊　王攘夷ヨリ重キハ無
之樣相成候ハ實ニ由々敷事ナラスヤ然ニ方今夷狄之害者一日々々ニ甚
敷人心ハ目前之安ヲ偷ニ是ニ加ニ姦邪勢ニ乘シ柔懦權ヲ弄シ內憂外患
日增ニ切迫致シ
叡慮者貫徹之程モ無覺束　祖宗之大訓振張之期モ無之實ニ　神州汚辱
危急今日ヨリ甚敷ハ無之假初ニモ　神州之地ニ生　神州之恩ニ浴スル
モノヲメ〳〵ト忍ハンヤ僕等幸ニ　神州之地ニ生レ又幸ニ危難之際ニ

・シ（處脫カ）候上者不及ナカラ一死ヲ以國家ヲ裨補シ鴻恩之萬分・（一脫カ）ニ報可申ト覺悟
仕候依而熟考イタシ候處必死之疾ハ固ヨリ尋常藥石之療スル所ニアラ
ス非常之事ヲナサヽレハ決シテ非常ノ功ヲ立ル事ヲ得ス況哉今日ニ當
リ上者　宸襟ヲ奉慰下者　幕府之武斷ヲ助ケ從來之大汚辱ヲ一洗ス
ルニヲイテヲヤ是ニヲイテ痛憤難默止同志士相共ニ　東照宮神輿ヲ奉
シ日光山ニ相會シ其志誓而　東照宮之遺訓ヲ奉シ姦邪誤國之罪ヲ正シ
醜夷外窺之侮ヲ禦キ　天朝　幕府之鴻恩ニ報セント欲スルニアリ嗚
呼今日之急ニ臨ミ誰歟・（報カ）效之念ナカランヤ又誰歟夷狄之鼻息ヲ仰キ彼カ
正朔ヲ奉スルニ忍ハンヤ既ニ報效之志ヲ抱キ又夷狄之狡謀ヲ憤リナカ
ラヲメ〳〵トシテ因循姑息ニ日ヲ送リ徒ニ神風ヲ待候義實ニ
神州男子ノ恥ナラスヤ冀クハ諸國忠憤ノ士早ク進退去就ヲ決シ同心戮
力シ上者
天朝ニ報シ奉リ下ハ　幕府ヲ輔翼シ

神州之威稜萬國ニ輝候樣致度我徒之素願全ク此事ニアリ　東照宮在天下(ママ)之靈御照覽可被　遊夫將何ヲカ陣(陳カ)セン

第　三

浪士中ヨリ極密願之筋有之趣ヲ以江戸水戸樣御屋敷ニ罷登候一條大略調寫

何頃ニ候哉水府館之内人撰ニ而三拾九人極密願之筋有之趣ヲ以小石川御屋敷ヘ罷出候得共御門ヘ入不申候ニ付裏之方先頃出火後板塀ニ相成候處打破リ這入強而願候趣意ハ先年小石川御館ヘ　勅書三通御下シ相成候内只今以一通尊　王攘夷之　勅書御受之儘水戸表ニ納リ居候處前中納言樣御死去其後御捨置ニ相成候而ハ御違　勅ニ相違モ無之且又諸館モ其儘ニ而御扶持無之左候而者忠勤モ不行屆御遺言相背其上御違　勅之段者恐多ク何卒　勅命ヲ遵奉仕度此義偏御下知願候旨申立如何樣御教諭被成候而モ承伏不致且諸家浪人共義只今ニ相成盟

約異變難仕無據候旨申立攘夷御許容モ無之被差置候諸館ハ御扶持無之
左候而者居ナカラ餓死ニヲヨビ候外無他事依而諸館之人數ヲ以異人征
伐仕候旨相届引取夫ヨリ今般之次第相成候趣風聞之由

第　四

神武館ヨリ鹿島郡村々ヽ相廻シ候誡諭書寫

急以廻狀得貴意候然者大神武館ヘ今般左之通御達ニ付寫取相廻申候間
一村限リ受書御認被成小組合大小惣代ヽ早々御差出可被成候則御達之
趣

大神武館長者誡諭

先達廻村使ヽ申達候處今以博奕徒致徘徊等其術ヲ施行之趣相聞候右ニ
携リ候者ハ良民タリ共日光樣御初政之通可所重罪者也

甲子正月九日　糺彈

役　所

大神郡
大舟津　汲上　鉾田
右惣代中
御請證文之事
今九日被仰達候御趣意一同承知奉畏小前末々迄不洩樣私共ヨリ申諭候
依之御受書差上申候處如件
常州鹿島郡
村々
甲子正月　名主
大神武館御糺彈所御役所
前書之通御達有御座候間小前末々迄申諭受書早々御認御差出可被成候
此廻狀村名下致印形刻付ヲ以早々順達留村ヨリ返却可被成候以上
三十三ケ村寄場汲上

甲子正月　村役人

第五

浪士不法之節如何心得可然哉云々內田主殿頭殿御家來ヨリ差出候伺書寫

主殿頭領分下總國香取郡小見川ニ而旅人宿忠五郎ト申者方へ去ル十一日ヨリ左之名前之者共

藤田秀之丞　中野彌之助

村島與四郎　名前不知者壹人

止宿致居候右者領分水戸殿御家來當時浪人不法ケ間敷事共相働候趣右ニ付而者尙又心配罷在候由此上自然不法ケ間敷始末モ有之節者如何相心得候而可然哉右之趣在所詰役人共ヨリ申越候間兼而心得罷在申度候此段各樣迄御內慮奉伺上候以上

內田主殿頭內

正月廿五日　額田大五郎

第六

浪士強借之義ニ付常州平潟

書簡抄

前略然ニ水戸天狗組共去冬中ヨリ所々在々富家ヘ罷越押借致候風説罷在候處過ル十三日平潟御石宿菊池半兵衛方ゟ六人罷越相談之趣者横濱交易被相免候義天下爲ナラス追々夷賊ニ我國ヲ被奪取候義疑無之天朝ヨリ之御沙汰モ有之萬民塗炭之・（苦脱カ）ヲ救之爲我々同志之者兩三年心勞致シ諸藩中同志之者數多相出不日ニシテ横濱ゟ切入候積リ然ニ一兩年浪人同樣早速金石ニ難澁致候間金貳百兩借受申度我等討死不申候ハヽ元利返納可致ト申掛ケ有之候處半兵衛義ハ他邦之者故先々領主用金サヘモ差滯居候仕合御・（無脱カ）余義御相談トハ存候得共即坐御受可仕樣無之先々大津村ゟ御引取被下度明後十五日朝迄ニ御挨拶可仕ト相斷候故右半兵

衞方引取同所淸水屋朝左衞門ト申宿屋ヘ參リ一寸坐敷借受度申入無據坐敷ヘ通シ候得者妓女等呼取十三四日モ居流レ十五日ニ至リ半兵衞ヨリ挨拶ヲ待受候處中々貳百兩之金子差出兼候由取扱人ヲ以申遣候ニ付夫ナラハ今日一同半兵衞方ヘ罷越手詰ニ相談可然駈出シ途中ニヲイテ慮外者有之打果シ候ニ付右之趣役元ヘ御屆致置樣大津村ヘ引取平潟ニヲイテハ大騷キ津奉行ヨリ早飛脚ヲ以棚倉表ヘ注進同十八日夜郡奉行代官手勢廿人程同廿日武頭其外足輕貳三拾人出張當時迄嚴重罷在候處天狗共ハ過ル十七日大津出立水戶那珂湊ヘ舟ニ而罷越候追々稲吉宿ニ而被召捕候由ニ相聞得申候是等ハ木葉天狗共ニ有之櫻田一件之餘黨者大天狗ト相唱申候當時ハ面々宅ニ罷在候事ニ相聞得中之天狗ハ潮來邊ニ集會罷在候事ニ相聞得何レニ少々ハヲモハクモ可有之哉爰元ヘ參來之者共申分ニモ最早命ハ近頃ニ止リ候由申聞候事ニ相聞得併大望之有之者ハ口外ヘハ顯シ申間敷是等之說モ取受不被申罷在申候

正月廿九日

第七

浪士共水戸様御人數ニ而御召捕之義ニ付探索書寫

水戸様元御家來當時浪人常州之内玉造小川右兩所へ百五六拾人程屯致シ居近村所々へ無心等申入又者亂妨等致シ候ニ付水戸様ヨリ御人數御差出シ明十日ヨリ三十日程之間ニ御召捕被成度由　公邊ゟ御達有之候ニ付而ハ御代官ゟ被仰渡候ニ者此度水戸様ヨリ右屯致居候者御召捕人數差出候處萬一手餘リ候歟又ハ地(他カ)領ゟ罷出候節時宜ニ寄近村之領主ヨリ人數差出候様被仰渡候右ニ付而者千住ヨリ松戸邊渡シ場其外村々往來等悉御改侍體之者ハ村送リニ致シ何方迄參リ候由承屆江戸迄モ八州廻リ手先之者見得隱レニ見屆候由ニ御座候外ニ替義モ無御座候

二月九日

第八

浪士共鹿島根本寺佛祖之像燒捨又者獄門ニ掛候一條ニ付東禪寺ヨリ
指出シ候届書寫

常州鹿島根本寺ゟ昨冬ヨリ强留之浪士共去ル二月十四日晝七ツ時佛祖之像拾三體燒捨申候尤本尊　金(今カ)上皇帝祝壽之御尊牌　將軍家御代々樣御尊牌者手早ク相隱置候故無別條御座候木像拾三體之內九體之首往來へ出シ三日獄門ニ掛立札之文言

右之者共西戎之醜類ニ而入朝以來庶民狂感(惑カ)奸僧ヲシテ煖衣飽食嬉逸セシム依攘夷之手始ニ先加天誅者也

至四日目外津宮家歡照院幷下役ニ申付右木首九紋(級)燒捨申候實不堪悲歎長大息仕候御承知之通拙寺義ハ　推古天王(皇カ)御宗依勅命扶桑鬼門除ニ御建立被爲　在候　聖德太子御自作之靈像安置之處右樣ニ被致實ニ歎ヶ敷奉存候右之通二月十六日付之書面昨十八日夕到來仕候ニ付不取敢此段御届申上候以上

二月十九日　　　　　　　　　　　　　　　　　　芝　東　禪　寺

右之通申立候ニ付爲心得之御勘定奉行江モ申達此段申上置候以上

二月　　　　　　　　　　　　　　　　　　　　　本　多　能　登　守

右本多殿當時寺社奉行之由

第　九

浪士御召捕之義ニ付探索書寫

一頃日關東近在所々エ浪人又ハ無宿體之者共徘徊致シ無心ヶ間敷事共申懸ヶ及不法ニ候者捕押方之義ニ付　公義御觸出シ有之候由右御觸書相見得不申略

一過ル十二日關東御取締出役等ヨリ水戸浪人共右之輩旅宿ヘ逆寄打拂之用意相聞候ニ付御人數御加勢之義御家御領地瀧ヶ崎江申來候ニ付御足輕組頭壹人町横目付壹人並組拾人御手配ニ相成候由

二月

第拾

浪人共ヨリ益勢ヲ得候義ニ付
御家某ヘ相贈候書簡寫

一刻千秋之時ニ當リ縷々相托シ申上候去歳於　幕府不背（肯）之野生被召出
新徴組世話役被　仰付乍不及七月迄勤仕罷在候處聊軒（斬カ）奸抔之嫌忌ニ而
酒井繁之允（丞カ）殿於邸中禁錮被申付同志拾壹人共々囚ニ相成是ニハ秘密之
趣旨有之十九日ニ及ヒ御免ニ相成候得共於　幕府赤心相貫候義モ及兼
徒ニ碌々都而素餐者難免水國御軍師兼御目付山國喜八郎今兵部先生相
談之上同志之者廿人引纒メ水國ヘ罷下其節再發ニ付小事トイヒトモ軒（奸カ）
商抔之所業ニ而猶モ罷下水國厄介ヲ得同志中深慮内談モ有之國中同志
相募候處不經三日小川館水門館潮來館集會之有志三千人ニ及ヒ候其外
野生小川驛天聖寺寓居ニ而外有志七拾人ニ及候其外野生縷々千變萬化
有之候得共大意之失候義秋毫モ無之候舊臘大切迫ニ至候得共大機不至

姓名本ノマヽ
校訂者識

正月元日水戸野生寓居出發兩野州ヘ有故而徘徊

藤田小四郎　山田一郎
山口正一郎　猿田愿藏
小林幸八　田島幾彌
後藤良二　飯田郡三
大和田外記　朝倉友信
畑彌兵衛　鈴木保之助
中村保太郎　石田壯介
內藤文七郎　天野準二
千葉貫三郎　渡邊金吾
橫田藤四郎　川連虎一郎
鎌田才四郎

右人數出張先見之義有之ニ付徘徊同月十九日水戸ヘ相戻藤田小四郎石

田壯介兩人者小川館水門館潮來館ェ祕密有之出張山口正二郞猿田愿藏野生三人ニ而水戶城下ヘ出發山口猿田兩氏者直々東都山國先生へ祕密有之出發野生者於御城下水國太夫武田耕雲齋先生其外同志中相談ニ而五六日滯留二月朔日筑波山ヘ浮浪士亂妨有之ニ付水戶へ願出出張

小川館隊長宮本主馬之介幷御城下藤田小四郞等同志士卄人御目付方飯村俊藏畑彌兵衞出張召捕人八人

有故而筑波山へ近々集會他國爲周旋落髮ニ相成候分三人

畑　彌兵衞　改名　筑山

是者水戶御目付御勤仕中落髮直々東都ヘ陰ニ出發

久野健之助　改名　落齋

是者外藩筑波周旋

野生　改名　阿部震齋

日光野州周旋且探索小山驛迄藤田小四郞同行同人者直々東都行何レ

モ來ル十二日十三日筑波ヱ集會義徒大凡三千人

尤東都周旋者山國先生引連申候固ヨリ成否ハ天ニ任セ候得共如何ニモ島津三郎惡烟ニ被蔽實ニ　皇朝之危難切迫ニ及候天下卓識之所見嘸兒戲之所業モ可有之哉筆紙ニ難顯累卵之危機ニ相成不得止事企候義全大和先轍モ有之候得共實ニ練膽之上他事ニ目的無御座候ニ付周旋仕候義尤不殘一發ニ者無御座先發之成否ニ而沈動浮墜相決候實ニ日々奸策被行兎角憤發之上微衷不貫奸計ニ陷リ候次第哀痛之形勢此度從　幕府於水國四方館集會不殘一發爲致夫々御手當被下關八州取締リ被仰付候樣被仰出實ニ奸謀逞事ニ奉存候右樣仕候得者憤發致候者無御座亦憤發之士モ是ニ而挫ケ大平之士ト可致之深謀右ニ付實者尋常之有志腰折之景色大議論有之有志有馬藩於潮來切腹仕候

一武田耕雲齋先生右引纒一條於　幕府被命水國ヘ罷下リ一昨日頃到著之所府中ト申所ヘ小川館有志出張迚モ此一國集會之人數御指揮被成　幕

府ヘ奉勸攘夷候樣可被成若シ　幕府應シ不申候ハヽ水國一手ヲ以夷虜洒攘可被成樣被申談武田太夫モ不得止事立戻候次第實ニ水國隆盛愉快々々兎角野生抔モ昨年交易人斬殺旁　幕府之嫌忌難立行處水國ニ潜匿此機ニ至候段御汲察可被下候萬縷佐藤兄ヘ相托候間御聞取可被下候大急ニ候故早々恐々頓首

二月五日認

武田耕雲齋　鮎澤伊太夫
林五郎三郎　林忠左衛門

右此度從　幕府被仰付水戸領潮來驛ヨリ外有志爲引纒新館造建ニ付懸リ出張

竹内春齋　宮本主馬之介
大齋清右衛門　藤谷敬一郎

右者小川館隊長大凡八百人

長井芳之助　　前野鍵助

右者水門館隊長大凡五百人程

野生同志

外有志貳拾四人

水國同志

姓名本ノマヽ校訂者識

東潮（湖カ）先生悴
藤田大三郎　　同　藤田小四郎

山口正二郎　　小山兼太郎

猿田愿藏　　小林孝八

內藤文七郎　　石田壯介

住谷扁之助

在江戸

大場一心齋　　山國喜八郎

鮎澤伊太夫　　下野准二郎

在水國他國周旋ニ付落髮之姓名

畑　彌兵衛 筑山　　山田一郎 阿部震齋

久野健之助 久野落齋

幕府周旋

猿田愿藏　　山口正二郎

後藤良治　　住谷肩之介

第拾一

水戸樣御家中久具（貝カ）悅之進逢殺害候義ニ付同御家中書簡抄

前略久具（マヽ）悅之進一件扠々大變ナリ御同役樣之事委細御承知ト別段不申上候乍併此方滯留中ヨリ餘程戒心有之尙此節柄間柄ヲ以旅行ヲ押候處廿日程逗留歸府候樣被仰付候ニ付是非罷登候迚出立候故三人程土浦迄ハ送リ最早苦勞モアルマシトテ別レ來候由何レ始終被付候事ト相見得候得共間柄懇意等者何歟心當リモ可有哉實ニ御流儀師範ト申久具（マヽ）一家

之次第ニ無之一藩之大恥且ツ君公之御恥辱ト相成候義不堪憤怒事ナリ
廟算如何御評議相成候哉水府流一統何歟願差出候由也如何御評議候歟

第十二

同断風説

久具(貝カ)悦之進ト申者御小納戸相勤候處劍術家ニ而國元へ罷越傳法相受候様當中納言様ヨリ被仰付去月上旬頃ニモ候哉罷下傳法ヲ受歸府之砌彼嘯聚之者探索之爲罷下候哉ト疑感(惑カ)途中(藤代驛也)ニ而殺害致候由外ニ若黨等兩人モ同様之由相聞得申候(日限ハ聢ト相分不申候)

第拾三

同断

一水府御藩中久具(貝カ)悦之進年四十余同人若黨山田平之丞右悦之進二月廿六日又ハ三月六日水府へ下リ此度出府之由去月晦日山口長次郎殿御領分牛久驛河内屋ト申へ立入晝之餜(ママ)仕同所庥屋ト申へ相應之支度仕浪人體

之者六人罷越酒飯ヲ注文先以酒ヲ用ヒ飯モ出來ト申候得者其頃悅之進麻屋之前ヘ通リ懸リ然ルニ右浪人共用事出來ニ付飯ハ用辨之上食シ候由ニ而共ニ出立同所出放レ天神坂之下ヘ參リ六人之內貳人悅之進先ニ相成辭ヲ掛ケ雙方丁寧ニ禮義ヲ述候郎後ヨリ悅之進ヘ切掛夫々ニ押戰遂ニ相果若黨ニモ頗ル差働キ候得共被打果候由ニ承リ候處追々承リ候得ハ悉ク狼狽仕リ其邊欠廻リ候ヲ浪人共是モ序ト申候ト兩手ヲ捕ヒ打果候由モ申候事

一右悅之進ヲ打果候趣意之義ハ同人先年櫻田一件ヘ加入其後浪人之上立候者ニ相成居追々召返中小性ヨリ此度御小納ニ被相擧浪人ノ所置之不宜ヲ取調此度出府仕候得者館ヲ被相揚候事ニ付如此始末ニ相及候由又ハ足輕之內兩三人惡敷者有之是迄申宥置候テ此度追放ニ被相行右遺恩ヲ被報候由モ申候事

一右浪人共六人之內三人ハ怪我仕牛久ヘ戻リ酒飯之上燒酎又ハ木綿ヲ調

疵所手當其內壹人喉ニ突疵有之食事相成兼候由悅之進ニモ喉疵有之由
是ハ合突之疵之由夫ヨリ細川玄蕃頭殿御領尤城下ニ而矢田部ト申ヘ罷
越一宿ヲ申入不常體ニ付斷候得共强而怪我人モ有之上者是非共ト申入
候ニ付止宿仕候上其段領主ヘ相屆止宿之上其儘ニ差置早々爲出立可申
出立不申候節者搦取御用意可仕差圖之所早々出立多分者小川館ヘ引取
候半之唱之由御座候事

一牛久ニ而死骸散亂仕候所所々ヘ杭ニ而印ヲ付死骸ハ一所ヘ相片付候所
ヘ士壹人參リ死骸一見仕度由申入候者有之是ハ館中ヨリ見聞之者ニ可
有之由申候事

一右ニ付過ル三日江戸ヨリ水府御目付佐野半藏外ニ御歩目付役々下々迄
三拾五人出役檢使(視カ)之上死骸引受長持貳棹ニ相入手付者者多分槍ヲ爲持
同四日一同龍登小金松戸之間ニ而拙者出逢申候事

第拾四

潮來小川館等之浪士蜂起之義ニ付水戸樣御家中書簡抄

前略扨何之譯ニ候哉此間中ヨリ小川館等ヨリ小川館ト申候烈公小川村ト申所ヘ學問所相建置候ヲイフ南方ヘ押出シ南方者江戸ヲ指ス騷キ有之候由ニ而別紙姓名之輩昨日出立ニ而昨夕貴地ヘ罷登申候右大學シテ嘯聚共押登リ可申ト之趣意未突留リ不申種々說アリ其一ハフロイセンノ船何方ト歟入津セシ所ヲハツテーラニ而浮浪共集リ打候處忽被敗其殘兵筑波邊ヽ嘯聚夫ヽ猪股勢井小川勢ニ應シテ猪俣ト申ハ藤田小四郎之名改ニテ藤田市之助三男之由年二十二歲再擧シテ橫濱ヘ亂入是ハ取ニ不足說ナリ其二ニ二毛邊之赤城籠城ノ浪士ナリ嘯聚共追々府中邊ヘ落重リ加ルニ新徵組之流レ大勢來會右ヘ猪俣小川等應シテ一ト先筑波邊ヘ嘯聚夫ヨリ事ヲ擧候ト目論見ト云フ其三者右目論見先達而中ヨリ久敷痕跡有之臍腐ニ而政府之異名也色々ト探索遂ニ堀付候ニ付田丸等町奉行田丸稻右衞門ヲ差ナリ臍腐之手之廻ラヌ內ト存シ一昨廿六日自發田村ハ組三人連候由此時檜山長太郎根本新平等モ同斷之由幕人ニモ內應スルモノ有之高橋某ト歟イフ者之由講武所邊之人之由高橋伊勢守ナラン右三說

之内第三ハ臍腐之説ニ而相聞得申候（魁鮎澤伊太夫奥御右筆統取ニナリ斯クイフナラン）抔此度之事ハ知ラヌ事ニ而前日ヨリ手配致シ右樣ニ騒キニ不爲至樣鎮撫スル積ニ而盡力シタルニ行届不申ケ樣ニ相成甚心配ナリト知ラヌ體ニ爲見懸候由併シトコカラ見候而モ謀主タル事ハ免レ不申由鼎（晁カ）錯（長谷川作十郎）ナリ者トウヨリ潮來ニ出居今以歸リ不申由何レ打合候モノト相見得且江南（江戸ナリ）ニモ何レニカ應合之者有之者必定ナリ一體彼之徒之策イツモ同一轍虚喝ト要ト之二ツニ不出所論千變一律ニ而別機軸ヲ出シ候事曾テ無之尤此度之所意者如何樣之事歟分兼候得共攘夷之義是非々々速ニ御決シ候樣之事ニモ候歟夫等ヲ以〇〇（君公ナリ）ヲ要シ幕ヲ虚喝シ主支（京師ヲ指ス）之勢ヲ引返シ長之全盛之時ニ復シ度ト之計ニモ可有之哉岡參（參政岡田新太郎）三木（三木左太夫）等登者嘯聚等登ラヌ内ニ先廻リ致シ御國中盡ク切迫之事情言上幕府ニモ申立攘夷等之義周旋スルトカ申事ニ而併例之通リ詰リハ龍頭蛇尾文法内奸ヲ除ク抔ト之事ニ陷リ可申歟

一小川モ未大勢押出候ニモ無之歟之由（押出人數相分不申候）潮來モ十日程前十人計盜（姦カ）ヲ替南發之由ニ其後幾人程押出候哉分リ不申候今晩ヨリ立原扑次郎抔自發之由齋左次抔同行ナラントイフ（齋藤左次衛門）幾人連歟不分一兩日中跡部小藤太（武田耕雲齋之三男）貳拾人計國分新太貳拾人程押出候由追々鹽合有之段々ト出發ト見得申候乍去一說ニハ眞直ニ江南ヨリ押行候ニハ無之一先

一同府中邊ヘ集リ候上評定シテ筑波邊ヘ嘯聚横濱燒打ト歟何ト歟事ヲ擧候トイフ何レ士農共ニ彼黨ノミ押出候事ニ至リ可申候得共士者勿論稀少農民モ少ク以前之通國ヲ擧而押出候勢抔トハ思モヨラヌ事ナリ併シ謀主抔者仕舞ニ者鎭撫ト歟申候而後殿ヲ致スナルヘシ

一甲ヨリ（武田耕雲齋ナリ）兼テ申立候平定云々眞カ僞カ幕モ此度ハ分リ可申候大樹公御留主御委任之御家ヨリ右之如ク騷擾致シ候而宜歟者ニ可有之哉其太夫タル者之職是ニ而相濟可申哉幕モ見ル處如何

一二葉ヲカラサレハ必斧斤ヲ用ルニナルヘシト申事ハ毎々申上候通ニ御

座候處果シテ如此事ニ至リ申候併シ幕ニ而モ二葉ニ而ハ餘リ手輕過キ面白カラス候故斧斤ヲ用ル程ニ養置候歟御好ト相見得候得者御好通リニ參リ申候間得意ナルヘシサレハ勿論虛喝抔ニハ恐不申ナルヘケレハ何卒斧斤ハ用ヒ有之樣存候（事カ發シソフナレハソフ存モ有之所）最早直々發候譯ナリ彼之徒之口氣矢張今度モ虛喝カ聽シト輕侮致候樣子ニ相違ナク相見得申候乍去如何ニ虛喝スレハトテ一ツモ不足恐是ヲ平定センコト一擧手一投足之勞ニ過サルヘシ其易キ耳貴意如何

一右之通之內情故貴地ニ於テモ篤ト御入說一擧手一投足勞ヲ惜ミ不申樣御周旋可被下眞ニ好機會ナルヘシ

一猪俣謀主ト申說者政府論ナリ是ハ例之通猪俣ヘ罪ヲ歸スルナリ田丸抔猪俣謀主ニ而ハ何程賢明市尹ナリ共押出シ可申哉右ヲ以テモ不振譯者知レ申候

一此間中小川等ニ而羽二重抔之衣類所々ニ而拵ヒタル事夥シ又刀劍甲冑

等モ頻ニ出來候由何事歟仕出候目算ト被察候併シ前々モ申上候通幕ニ而是非共大切ニシテ培養被成置大禍ヲ醸シヲ御好候故是迄ハ致方モ無之候得共最早今度者醉眼モ覺メソウナモノニ御坐候半抔ハ（半藩音通）益恐縮スルカモ知レ不申候得共兼而申上置候通嘯聚幾百人幾千人ト聲音者致シ候得共正味之賊者至而寡少皆々暴威ヲ以脅從セラレ無余義加入致候ナレハ（小川八百人ト申候處眞賊ハ四十人ニ過不申ヨシ）一夕ニ斷シテ之ヲ所置スルニ至リ而者槁葉ヲ振フカコトク返々モ右内情詳明御說得下一御英斷之所御周旋國之爲メ天下之爲奉至願候云々

三月念八燈下認

三月廿七日江南ゟ罷登候輩

一若年寄　岡田新太夫（郎カ）

一御目付屬　菊池直助

一番頭ニ而潮來館取締役　三木左太夫

姓名本ノマヽ
校訂者識

一御目付　梶　又左衛門
一馬廻リ　森　三次郎
一小十人　梅澤鉄次郎
一　丹羽恵介
一馬廻　岡部藤助
一大番　金子勇次郎
一奥右筆　照沼平三郎
一番頭下役　川瀬專藏

右之通御座候以上

第十五

小川館浪士共へ水戸樣ヨリ御賄等被下且浪士共同志之者始末振等之義ニ付探索書

武田耕雲齋此節水戸ニ罷在申候處世上之浮説ニハ浪人共ニ被迫攘夷ヲ

仕候ニハ第一因循之幕府ヲ不亡候而者攘夷難成ト申事ニ而此節專其企ニ御座候抔申事ニ相唱候得共事情ヲ以察候ニ武田者如何ニモ攘夷黨ニハ御座候得共頗老練時事ニ相達候者ニ承リ居候間右樣麁率輕動之振舞者仕申間敷併諸浪人ヲ館舍ヲ設ケ養置候事ハ專當人與而有力哉ト相聞得申候間是ハ如何ニモ深謀之有之事ニ可有之併當時朋黨分爭衆議不一縱令如何樣之企有御座候トモ當時之風ニ而者中々事ヲ擧候事抔者相出來申間敷ト被存申候

一水戸館舍ヲ設浪人ヲ差置候處湊ニハ盡水戸浪人計凡六十人以上ト申事ニ御座候鹿島ニ者諸國集勢八百人計ト申候得共百人前後ニモ可有御座哉次潮來是ハ水人計次ニ小川是モ集勢ト相聞申候外天正寺其他寺院ニ差置候者モ不少ト申事ニ御座候得共惣人數貳三百人ニハ過申間敷皆水戸候ヨリ夫々役人附被下御賄被下候折ニハ酒蕎麥抔モ被下候由盡館々之長有之毎朝螺貝ヲ鳴シ候ト皆々稽古道具ヲ著シ館前ヘ四散稽古仕タ

方ニ相成候得者又螺貝ヲ鳴シ相止申候由御座候
一過ル三日浪人共互ニ爭論卽死四五人手負八九人有之候哉ト而大ニ騷キ候由ニ御座候其故湊館ニ罷在候者者皆自國之浪人ニ而就中節義ヲ重候者之由然ニ他之浪人共之中時々地方豪家ヘ押入無理ニ押借等仕或妓樓ヘ相登終ニハ難題等申カケ無勘定等ニ而走去候族モ不少右樣之振舞ニ而者浪人之名義相立不申ト申事ニ而湊館ヨリカクシ目付樣之者ヲ此節諸方ヘ差出置候處折節湊向ニ當候所祝町ト申所ヘ四五人妓ヲ揚ケ相遊居候處追々故障ヲ申カケ無勘定ニ可致ト仕候處湊之カクシ目付行當押捕打擲仕夫ヨリ大喧嘩ト相成追々雙方ヨリカケ集リ大サワキト相成右之次第ニ相及候由ニ御座候只今ニ右之モツレ相片付不申湊ト鹿島ト爭論ニ相成雙方ヨリ人數差出シ近々之內鹿島原ニ而一戰ヲ相決候ト申事ニ御座候併湊館人數六十人鹿島之方者諸國集人數八百人ト申候得共全唱計ニ而實ハ百人計モ御座候哉因而湊館ヨリ潮來ヘ援兵ヲ乞候ト申事

ニ御座候鹿島邊土民抔者戰カ初ルトテ家財等持出シ騒キ候者モ不少風ニ相聞得申候併段々日ヲ期シ相延候ヲ以テ考候得ハ必取扱ニ而モ相入事濟可申ト被存申候

三月十五日

第十六

同斷

水戸浪人之由ニ而同御領小川邊ヲ始筑波山邊等ニ人數擧而所々徘徊シ居候義并右浪人共追々御府內へモ入込候樣子ニ可有之哉地元々々へ罷下リ委曲承扱可相達旨被仰渡奉承知過ル五日即刻出立水戸御領等へ罷下承配候處當時天狗組之面々者差當リ同御領分之內中湊ニハ湊館ト相唱候同所海邊ヲ見ヲロシ候場所へ御殿被相建置右脇へ文武館ト申ヲ前中納言樣御在世中被相建置候由之處右文武館ニハ天狗組ニ而雨宮左京主頭マヽ表人ニ而三拾人程外二三男鄉士共ニ惣人數百八拾人余居館文武之

（原朱）仙右衛門竹内百太郎ノヿナリ

修行罷在去年夏中迄ハ諸國へ浪人致居同八月頃同所へ歸館同十月頃ヨリ御扶持方被下候由ニ而同所近鄕而已へハ折々相出候得共近國へハ出張不仕由相聞得申候同所ヨリ西南ニ當道法九里程引隔小川ト申所是ニモ御殿被相建置同所ニハ天狗組之随一安食積村鄕士ニ而分限之由安食積仙右衛門ト申者統取ニテ惣人數五百人程住館罷在日々晝頃迄ハ書學晝過ヨリ武藝稽古罷在月三ヶ度八ノ日調練小筒へ大砲五挺入交稽古仕居是ヲ小川館ト相唱去月八日之由甲冑ニ而人數相揃右調練仕候由何モ清心組ト號シ居近國在々ニ水戸浪人之由ニ而押入金錢ヲ借受候者搦捕候由ニ而筑波山下二藏寺へ百人余出張罷在右人數之内同所西町東町旅籠屋ニモ旅宿致居近國在々へ押入候浪人召捕小川館へ相送リ同所ニ而夫々何（マヽ）ヲ中付右出張人數者一ヶ月置位多分交代致居候由相聞得右小川館惣人數へモ水戸樣ヨリ去年十月頃ヨリ御扶持方被下置候由其外松平大學頭樣御始松平播磨守樣本堂内膳樣牧野越中守樣ヨリ村々立廻候浪

人惡黨共爲取締之玄米取合八百俵程密々爲御手當被相送候由モ相聞得
諸國ヘ相廻居候天狗組同所ヘ相集リ彌々大勢ニ相成右人數千人余ニ相
成候得者被召出候由御内意有之哉ニ相聞得當節共御府内ヘハ拾四五人
ツヽ折々罷登リ徘徊シ居候由御關所等通判ハ水戸様ヨリ被相出右通判
浪人取締役ヘ被相渡置候事ニ相聞得共他同御領小川天照寺ト申所ニ新
徵組ト相唱右寺ニ居候者ハ何レモ他國浪人ニ而百貳拾人程居候由喜連
川出生之由ニモ唱相馬ヨリ相出候浪人トモ兩様ニ唱山田一郎ト名乘持
流ハ二刀流ニ而一刀流之仕方モ上手ニ而拾人懸リ爲致候由唱ニ有之候
ニ付實事見聞仕候得ハ五六人位迄ハ惣掛リ爲致日々稽古致居天狗組ト
貳ツニハ相分レ居候得共右浪人共迚モ小川館ニ而取扱兼水戸様ヨリ諸
役人見廻リ有之隨分御世話相成居候由其外石川館ト唱候浪人ハ水戸御
城下上町出生之由高橋新助ト申者主頭ニ而多分神官農兵或者道樂者博
奕打抔之類文武ヘ志有之者共之由百五拾人前後有之鹿島館トモ唱右之

者共者村々ヘ入込押借等業ヒト成シ候方ヨリ去年十二月十五日夜府中驛ニ旅宿致居候右新助首ヲ被取同驛出放レ松木ヘ結付二日程晒候由右者小川館之仕置之由相唱其後右組者放レ々々ニ相成鹿島邊ニ居候由相聞得且龍ヶ崎隣國下總相馬郡小門間付之内戸臺之深兵衞ト申者分限ニ有之由ニ候處過ル六日之夜浪人五六人連ニ而押入鐵砲三挺相懸小家ヘ火ヲ附燒失ニ爲至金子盜取逃去候由相聞得是等ハ定而石川館之者共仕業之由ニモ可有之哉過ル九日小川館ヨリ出張鹿島ニ而貳拾人程被搦捕候由相聞得申候御領地龍ヶ崎ニ者浪人之類此節一圓立廻不申御靜謐之由相聞得申候村々立廻リ浪人之由申立押借等仕候者共ハ小川館ニ而屹度仕置致シ右館之義者淸心組ト唱居一方之備ヲ相立置天狗組鄉士分限ヨリ金錢等續ケ置飯米ハ水戸樣ヨリ被下置前書之通御近國ヨリ浪人惡黨防方御賴ニ而玄米數拾俵被進何無不足相續罷在歷々之方々之次三男迄小川館ヘ相入候由相聞得右館ヨリ拾四五人前後代リニ御府內ヘ罷登

候由相聞得候得共何ソ取企大勢舉而御府内へ相入候樣子ニハ相聞得不申候羽州邊へ浪人共立越候由之義承配候處小川天照寺ニ居候新徵組ヨリ三拾人程小川館ヨリ筑波へ出張人數之内ニ而拾人程何ト申事ナク相出候由ニ候得共是者五月上旬迄歸館仕候約定有之由相聞得候處右人數ニ而モ羽州邊へ相越候哉行先之義實事相聞得不申候

三月

第拾七

浪士共筑波大御堂へ集會等之義水戸樣御家中書簡抄

前略 片野村元穀屋傳吉ナルモノヲ浪人大勢押込逃出候處ヲ切殺シ市川へ梟シ立札ハ三月十五日之日附ナリ矢張糸綿等交易云々文義ナリモツトモ府中ニモ五人程同罪ニ所スヘキ者アリトノ文義モコレアルナリ且府中陣屋ニハ三人ニ而槍箱等立派ナル出立ニ而仕掛參リ此度攘夷ニ付金子入用故御無心申度處差付御無心申モ彼是面倒ニ候間府中驛ニ我々ヨリ直々用金申付故此段御斷申置候トノ事ニ而夫ヨリ府中者勿論右近

邊ヨリ筑波最寄柿岡眞鍋等ヲ始メ所々ニ呼出ヲ付（都而糸綿等商ヒ候者チ市中へ呼出ナリ）皆
々元穀屋之如クセラレン事ヲ恐レ早速能出金子差出罪ヲ謝シ內濟セシ
ナリ其購金凡ソ貳千ニ及フトイフ柿岡ニモ三人被呼出貳百金歟償金ヲ
出シ相濟候由其外府中陣屋ヨリモ三百金指出候トノ說モ相聞得申候又
府中某屋（三月十日之事ナリ）四人歟三人押込三百金ト六拾貫ヲ奪ヒ去候由佐原ニ
モ近來四五百金夜中押込被取候モノ有之由浪人等府中ニ而所々ヨリ呼
出對談所ハ妓樓之由也而シテ府中ニ參居候徒六十人余（猪股之黨ト見ユ）其外府
中小川ヨリ出張所ト號シ是迄筑波ニ一ケ所有之追々二毛井新徵組之類
集リ來リ（猪股黨三百人計ト云未不詳）又小川ニ居候山田一郎一手へ者長州亡命大勢相
加リ居候由カクテ廿六七日頃府中ヨリハ六十余人一統之支度白袴ニ而
出立山田一郎之手井小川潮來之內猪股ト山田へ屬シ候モノ共出立山田
ニ緋羅紗之陣羽織著用爲致候ト云廿七日一日ニ柿岡ヲ通リタル計（晝計通之）
分百五十人余或ハ槍加ヾ籠或ハ甲冑ヲ爲持候モアリ様々之行裝ニ而晝夜

引モ不切通行致候由當時眞壁ニ梟首三ツ有之由定而彼邊余程之金子掠取ラレ候ナラントノ説ナリ先達而中齋左野州邊暫ク奔走致シ參候トノ沙汰ナリ田丸ト一同ニ出候ヨシ扨右出發之徒者難計何百人程ニ候哉不詳候處當時ハ不殘筑波ヲフヒ（マヽ）堂ニ參リ居候由（田丸等モ此中ニアリトイフ）其議スル所如何ナル論カ不分候得共一説ニハ攘夷鎖港一橋公御人數ニモ正議ヲ御取リ被遊候處開國盛ンニシテ勢ムツカシク依而京ヘ押出シ一橋公ヲ御助申上攘夷御決斷ニ相成候樣周旋スル云々又日光ヘ楯籠リ攘夷之擧ヲナスニヲイテハ　神廟之地兵ヲ向ケ候事ハ出來申間敷ト之説モ有之由ナリ小川潮來井大宮ヘ嘯聚（百人余）一旦ハ廿九日方爲引拂ニ相成候歟之由之分昨今動キ出シ右筑波ヘ合シ候模樣之由今程如何相成候哉何レ郷中ハ動搖スルコトヽ見得申候森ハ一向何之兎（マヽ）モ見得不申猪股ト沼久悴（同斷歟）兩人ニ途中ニ而逢候者有之候得共筑波行之節ナルヘシ大宮ヘ集居候內巨魁之由山方村之頭大津彥四郎トイフモノ廿三日七人連ニ而旅店

ニ居リ一同墓所ヘ參リ外之連ハ歸來候得共彥四郎壹人不歸然處五六日過墓所下溜池之內ニ被殺被打込居脊ヨリ腹ヘ突疵一ヶ所咽ニ止メ有之由何者之仕業カ不分併仲間喰ニモ候哉甚可疑ナリ夜中白刄ヲ以行人ヲ刧威スルコト日々ニ益甚シ追々行人絶スルニ至ルヘシ

子四月四日

第拾八

同斷

前略四日付書拜誦云々扠筑波山大御堂者虛無僧寺ヲ屯所トナシ右ニ集リ居候ハ貳百人位之由（昨今之說ニ者筑波ニノミ集リ居候ニハ無之所々ニ散在ノヨシ）傳眼大將（田丸ノヿ）幷齋輔翼（ニ可藤ノヿ）等者日光ヘ趣キ候トノ說傳眼ハ麾ヲ持參ニ而宅ヲ出候ヨシナリ

一五日野參藍片書記綿引中監川崎小監小川ニ出張セシ處六百人程居合出發之模樣ニ而三ヶ條之申立有之一者京ヘ押出シ云々二者戶鞉ヲ打云々三者不分右ヲ幾日何時迄トカ返答スヘキト事之由ニ而六日ニ歸來（野參等ナリ）

如何評議中哉承リ不申

一水門ハ國分社ヨリ申來不殘若柴邊ゟ押出シ候由手筈之由（水門へ出入之者申候由ナレ共如何カ實否不分）

一傳眼大將等職官志別紙入御覽候右ニ而形勢御推考可被下候

一小川等ゟ者圭ヨリ往復頻繁ニ而眞情モヨク分リ候由ナレハ應接者餘程有之事ト見得タリ

一貴地有志家之見云々右被仰下候處ニ而其沈ナルモノヲ視ル事塞ト異ナルコトナシ曾而尊攘之大義抔申者夢ニモ不知モノト見通シ置候様被察候夫ニ而者成程ト申モノモ無之一モ二モナキ譯ニ御座候乍然自ラ天下之公論ト申モノ有之如斯四海困究ニ至候モ海内紛亂ヲ生シ候モ皆是夷賊ヲ親近セシヨリ致ス所ニ候得者神州ニ生ルモノ壹人モ心アラハ虜ニ切歯セサルモノハ有之間敷一日モ早ク掃攘セント誰迚モ冀望スル處ナレトタトへ何事ヲ爲サンニモ前後緩急之差別有之内憂ヲ平クルコト能

ハスシテ外患ヲ退攘スルモノハ未曾聞所ニ御座候先事ヲ譬ヒテ申候ハ右之見ナラハ去八月長之事彼是ト御制ニモ不及ヤハリ彼之所爲ニマカセ置攘夷專一ニ被成候方可然サレト内地人心一致上下一體上令下從ニアラサレハ何事モナシ難ク況攘夷ニヲイテハ猶更之事故
朝廷ニ而モ　幕ニ而モ御配慮モ有之事ニ奉察候處内憂ハ如何樣成行候共非所顧只外患ヲ攘除スヘシト云ハ前後緩急之序ニヲキテ如何可有之哉不可解事也凡事其本ヲ治メスシテ其末ノ紛亂ニ至リ候ヲ平ケントスルハ難事トイフヘシ近來　幕府之ナス所都而如此既ニ油沸底之令抔ニ至リ候而モ第一本ヲ治メ交易之德ヲ扣ヘ候ハヽ自然ト沸底ニモ至ルヘカラス其本ヲ扣ヘスシテ只〻諸國ヨリ江戸ヘ積廻セト計申候間江戸者油多分ニ成候共國々ヨリ彌以沸底ニ至ルヘシ竟畢萬事ニ付威權衰頽シテ制壓スルノ力ナキ故彼是ト言ヲ正義ニ托シ己カボロヲ掩フニハ無之哉ト被思候貴意如何

一圭ニ而モ江戸ニ而モ諸方手入云々井池田屋止宿將律ニモ出候云々等ヲ以推考候得者其說ニ誑惑セラレルト虛喝ニ畏縮スルトノ合病ニ而有司モ見ヲ替來候歟授前文此度一擧ハ御推考之通ナルヘシ其眼目トスル所中々內奸ヲ除ク位之事ニハ有之間敷京ハ勿論　幕ヲ虛喝シ長ト東西相應シ天下之大勢ヲシテ長ク全盛之舊ニ復セントスルコト大眼目ニ而モヤ除寒云々モ其虛ニ乘シ餘事ニ致候一ケ條ナルヘシ乍併圭モ麥モ其虛喝ニ恐怖定而渠之所欲ニ從フヘキ勢ナルヘケレト前々モ申候通渠之虛喝述ル所之名之美ナルニ歎羨シ其實之大ニ違フヲ不知之ヲ制壓スルコト不能ノミナラス却而培長シテ所欲ヲ遂ケシムルハ如何ニ恐怖心ヨリ出候モノニモセヨ扨モ々々可憐事ニ而內地之擾亂ヨリ終ニ天下虜有ニ歸シ候樣可相成不堪痛憤事ナリ去レト被仰下候形勢ニ而迚モ制壓ハ出來申間敷此度モ所謂漢土衰末之世ニ有之招撫ト歟何ト歟申位之事ニ候ハヽ頻リニ渠ニ被乘候事ニナルヘシ左アラン日ニハ最早論モ何モ入ラ

ス事ニ成候ワケ也貴考如何然レ共此言可與君言不可與他人言也
一岡參二日幕ニ出候模様幷一公御後見御免意味明詳御示教奉仰望候早々
申上候以上
　　四月九日
　第十九
　同斷之義ニ付探索書寫
一府中ニ而集會仕候嘯聚勢去月廿六日筑波阿彌陀堂ニ（大御堂ノ事ナラン）引取候由
其節田丸稻之右衞門鐵砲六挺持參其內二挺ハ緋羅紗之袋入之由槍五拾
本小荷駄ハ六駄計何レモ武器類ト相見得候由
一嘯聚之者ニ相與シ候重役之面々ハ先年嘯聚之者ヨリ內々金子等借受候
者ニ而今更不得止相與シ候者ニ而內實ハ此度之所爲實之正議トハ相心
得不申由ニ相見得申候此段ニ至リ而者慨歎之至ニ御座候
　　四月四日

第貳拾

浪士共金策强談之義ニ付關東御取締役探索書寫

昨三日御用狀ヲ以一應御屆奉申上置候村方利兵衞代親類文右衞門外貳人一同昨夕歸村仕候ニ付篤ト承糺シ出先始末幷最寄之樣子探索之趣左ニ奉申上候

一利兵衞代親類文右衞門嘉兵衞代召仕藤助源四郎代悴文七ゟ傳兵衞長七治助ト申者附添當月朔日筑波町ェ罷越吉田屋長五郎方ェ止宿浪人五島秀吾取次ヲ以隊長山田一郎ゟ面會致シ候處軍用金入用ニ付嘉兵衞ェ金五百兩利兵衞へ金三百兩源四郎へ金百兩差出可申若違背之義モ有之者早々歸村可致左候ハヽ此方ヨリ直ニ大勢其地へ差越可申旨ヲ以殊之外强談被申聞一同恐怖無余義宿長五郎其外之者共ヨリ折入テ減金之義申入利兵衞ヨリ金貳百七拾兩嘉兵衞ヨリ金貳百七拾兩源四郎ヨリ六拾兩合金六百兩差出昨三日夕七ツ時頃一同歸村仕候

一筑波町ニ浪人共人數凡四百人余モ相詰總頭ハ田丸稻之右衛門ト申者之由（年齢凡六十才位之由）此モノ結束武右衛門方へ止宿隊長山田一郎（年齢三十才余ザンギリ髮）藤田小四郎等ハ瀨尾伴右衛門方へ止宿其餘之者共ハ神田屋稻葉屋其外旅籠屋へ手分止宿致シ尤田丸稻之右衛門宿所へハ御紋付紫之幕ヲ張同樣高張ヲ立具足其外之武器銘々宿所へ飾リ乘馬等モ數疋用意威儀嚴然ト相備罷在山田一郎席前にハ金數千兩積置且筑波町へ入江之村々に者浪人トモ貳拾人位ツヽ相詰見張罷在往來通路之モノ悉相改候由然處昨三日曉七ツ時前白幣ヲ輿ニ乘セ警衛イタシ大勢筑波町ヲ出立仕候（荷物ハ筑波町人足相對賃錢ニ而雇三町目町ヨリ凡壹里半隔候大島村迄繼立候由夫ヨリ先々何方へ向候哉行衛相知不申候由）尤末人數殘リ居候哉モ難計奉存候右ハ常州小川館ニ屯罷在候浪人之内攘夷議論區々ニ而此度貳ツニ分レ壹手散亂致シ筑波町へ罷越候由風聞ニ御座候

一最寄村々筑波町へ被呼出金子被借取候者共名前左ニ

金五拾兩具足壹輛〔領カ〕被借取候由　下總國本宗道村　名主　新三郎

金五拾兩　同村　綱屋　仁兵衛

金高難相知　同國新宗ヽ村　質屋　源七

金貳百兩　常州下妻町　柏屋　長兵衛

金高難相知　瀨田　孫左衛門

同斷　天滿屋　與惣右衛門

下總國新石下村　名主　近江屋　平右衛門

兩人ニ而金三百兩　日野屋　茂右衛門

金貳百兩

金高難相知

同斷

同斷

同斷

金七拾兩

常州横根村
忠右衛門

下總國加養村
將（マヽ）油造渡世 吉左衛門

同國栗野村
油屋 與右衛門

同國川尻村
忠藏

常州高道祖村
藤右衛門
善右衛門

同州鬼ケ窪村
名主 仁兵衛

右之外筑波最寄村々身許宜敷者共幷常州府中宿土浦町其外金子被借受候者共多人數御座候由ニ候得共名前等難相分候

子四月四日

第二十壹

同斷之義ニ付井上伊豫守殿被指出候御屆書寫

私在所常州眞壁郡下妻陣屋詰家來之者ヨリ申越候ハ同所筑波町へ水戸小川館詰遊士之者之由出張罷在右之者共ヨリ去月晦日陣屋下城廻村年寄長兵衞同與之右衞門西當鄉村孫右衞門へ申談度義有之候間役人指添筑波町迄可罷出旨同所町役人共ヨリ書付差越候ニ付城廻村年寄七兵衞差添右三人之者煩ニ付代之者三人罷出候處同二日朝歸村申出候ハ筑波町旅宿八軒程へ遊士共凡百人余モ罷在候樣子ニ而幕打殊之外嚴重之場所へ三人之者被呼遊士共申聞候橫濱表交易追々增長致シ右ニ付昨今年者別而在々綿抔多分作付場所ニ寄畑地へ桑ヲ仕立自然ト日本國之穀物

出來方薄相成國恩ヲ思ヒ難見捨事ニ付萬人ヲ救之タメ我等共身命ヲ打捨近々横濱ヘ押出シ外國人ヲ打拂候筈ニ付有德之者ハ金子ヲ以骨折可申依之壹人ニ付金千兩ッヽ翌二日朝迄ニ差出可申若相背候ハヽ卽座ニ一命可申受卽答可致旨申威候ニ付種々談判仕候得共不行屆無余義夫々當人共へ可申聞旨申立候處聞入無之不屆ニ付引立首刎可申趣ニ而既ニ引立候ニ付無據金子可差出候得共大金之義ニ付日延申談候處其義不相成勘辨ヲ以金七百兩ッヽ可指出旨申聞其場ハ退座仕候而筑波町役人共ヲ以相歎漸々壹人ニ付金百兩ッヽ可指出旨申聞其通約定仕差添罷越候七兵衞幷孫右衞門代之者前條遊士共方に引止置出金延引候ハヽ直樣銘々宅へ多人數指向可申旨申聞候間無據義ニ付夫々出金仕候段跡兩人代リ之者歸村在所役場へ申出候趣申越候然處遊士ト唱候者ハ何者之所業ニ候哉聢ト相分兼殊ニ在所近邊之義不取敢兼而申付置候有合之人數ニ而夫々手配仕候得共此節御役場モ被　仰付家來共追々御當地に呼寄置

彼地至而手薄ニモ相成候間前文之通多人數相集罷在候趣ニ付此上ハ如
何樣之義出來可申モ難計奉存候就而ハ若此後領分ヘ罷越亂妨之所業モ
御座候ハヽ召捕ヒ若手餘リ候ハヽ打捨又飛道具等相用候心得ニ御座候
右ハ此節柄之義ニモ御座候間先此段御屆申上候以上

四月六日

第二十二

同斷ニ付金子指出候者共名前調

筑波町ヘ旅宿致居候浪人共ヨリ差紙ヲ以旅宿ヘ呼取押借申付調辨相成
候分左ニ

一下總國豊田郡三津海道ト唱候村町場御旗元日下何某長田何某渡邊何
某ト三人合給之町場

一金三拾兩　綿屋渡世一統ヨリ

一同貳百七拾兩　鍵屋利兵衞

一同貳百七拾兩　同　嘉兵衛
一同　六拾兩　釜屋源四郎
右者三月末差出候由
一近江屋武兵衛　一慶長半左衛門
一鍵屋安兵衛　一釜屋利兵衛
一荒本屋源兵衛　一鍋屋藤兵衛
一穀屋喜右衛門　一八百屋市三郎
一釜屋久兵衛　一五木田宗右衛門
一金子屋　某
右拾壹人ゟ三千兩申懸七百兩ニ而相濟候由
一金百貳拾兩　常州新治郡栗原村百姓共七人ニ而差出候事
一同貳拾兩　彥右衛門
右ハ常州新治郡國元村堀伊賀守殿知行所地代官之由

同村百姓
半左衛門
一金貳拾兩
右三口四月廿五日ナリ
一大岡木村御合給米津伊勢守殿百姓
穀屋忠兵衛
一金五兩
右五兩ト申居候得共貳拾五兩程差出候事ニ相聞申候
染屋六郎右衛門
一金三兩
右兩人御合給ニ而
御家之御高モ所持仕居候者共ハ右ハ四月廿六日差出候由ニ御座候事
一府中在綿屋源七ト申者綿ヲ交易仕候タメ首ヲ打取長岡府中之合之宿ヘ晒候由御座候事
一下總佐原之者品有之先達而中潮來館ヨリ被召捕佐原ヽ立磔ニ可行由之所其所之者愁訴ニ付一等ヲ許斬罪ニ仕相晒候由之事

波山記事

波山記事卷三

目次

一日光山參拜始末
　第一
一浪士共筑波出發道中人馬先觸等差出候義ニ付御代官衆等屆書寫
　第二
一浪士共石橋宿著之節行列大略調
　第三
一浪士共多人數通行之義ニ付下野御代官衆屆書大略寫
　第四
一四月五日浪人等宇都宮宿割調
　第五

一浪士蒼海九郎等先觸寫
　第　六
一浪士共宇都宮泊ニ付夫々應接等仕候義ニ付戸田越前守殿御屆書寫
　第　七
一同所泊之義ニ付宿役人注進書寫
　第　八
一宇都宮書簡抄
　第　九
一同斷
　第　拾
一浪士山國兵部等先觸寫
　第拾一
一浪徒ヨリ御老中板倉周防守殿ヘ差出候書付寫

第拾貳

一浪士共日光參拜之義ニ付風說寫

第拾三

一浪士共日光道中休泊大略調

第拾四

一浪士共例幣使ヘ御供仕日光山ヘ罷越度相願候義ニ付某ヨリ注進狀寫

第拾五

一浪士共大平山權現參拜之節宿割調

第拾六

一浪士道中筋之義ニ付探索書寫

第拾七

一浪士杉戸宿戸田越前守殿御旅館ヘ罷出拜謁仕候義ニ付風說寫

第拾八

一浪士共宇都宮止宿中調物仕候義ニ付戸田越前守殿御家來屆書寫

第拾九

一浪士共へ人馬繼立候義ニ付水野日向守殿御屆書寫

第二十

一浪士日光參拜之義ニ付風說寫

一大平山集屯始末

第一

一浪士共大平山集屯金策强談仕候義ニ付井伊掃部頭殿御家來屆書寫

第二

一强談之金子浪士共指戾候義ニ付井伊掃部頭殿御家來屆書寫

第三

一大平山集屯之浪士栃木町へ止宿品々註文等仕候義ニ付探索書寫

第四
一浪士共大平山權現社内ヨリ取出候品物調書寫
第五
一大平山集屯之浪士共種々之所業仕候義ニ付風說書
第六
一同斷浪士居館等之義ニ付探索書寫
第七
一同斷浪士陣立之内先手組大略調
第八
一同斷浪士栃木町ヘ註文之品物調
第九
一同斷浪士共强談之上人足等日々爲指出且其近所寺院强借仕候義ニ
付并上伊豫守殿御家來屆書寫

第拾

一同斷浪士共足利町へ罷越强借亂妨仕候義ニ付酒井大學頭殿御屆書寫

第拾壹

一同斷浪士强借等之義ニ付探索書寫

第拾貳

一同斷浪士之內江戶表へ罷越候ニ付人馬繼立候申屆書寫

第拾三

一戶田越前守殿御家來浪士瀧本主殿外壹人へ應接之節止宿等之義相斷候口上書寫

第拾四

一大平山集屯之浪士上州高崎町へ罷越候等之義ニ付風說寫

第拾五

一同斷浪士之内酒食ニ溺候罪ニ依テ死刑ニ行候罪狀書寫

第拾六

一同斷浪士山田一郎義老中衆ヘ自訴仕候義ニ付大略調

第拾七

一浪士御鎭靜之タメ御出張美濃部又五郎殿等大平山ヨリ筑波山迄御出立之義ニ付栃木町問屋ヨリ注進書寫

第拾八

一浪士大平山ヨリ歸國之義ニ付戸田長門守殿御届書寫

第拾九

一浪士益亂妨之所業相見得候間此上者速ニ御追討之御所置御專要云々之義ニ付御代官衆相達候書付寫

第二拾

一浪士共結城御城下ヘ罷越御重役ニ面會仕候義ニ付水野日向守殿御

屆書寫

第二拾壹

一同斷御城下市中不殘燒拂可申品々難題申出候義ニ付御屆書寫

第二十二

一浪士生捕其外追取品之義ニ付水野日向守殿御屆書寫

第二十三

一浪士妻之由御召捕之義ニ付水野日向守殿御屆書寫

第二十四

一浪士結城領亂妨之義ニ付探索書寫

第二十五

一浪士警衞御人數御差出方御諸家等遲緩之義ニ付其(某カ)氏書簡抄

第二十六

一常州下館表浪士多人數相越難題申掛候義ニ付石川若狹守殿御家來

差出候書付被相添御代官衆被差出候御屆書寫

第二十七

一同斷又々難題申掛候義ニ付石川若狹守殿御屆書寫

第二十八

一常州下館表ヘ浪士立入候ニ付和田倉御門番御免相成候義ニ付江戸御暇被成下度段石川若狹守殿被相願候書付寫

第二十九

一大平山屯集之浪士退散所々暴行仕候義ニ付其（某カ）ヨリ屆書寫

第三十

一同斷之義ニ付探索書寫

第三十一

一同斷浪士共栃木町御陣屋ヘ罷越亂妨放火等仕候義ニ付有馬兵庫頭殿御屆書寫

第三十二

一浪士共日光山ヘ押寄可申モ難計候ニ付人數被差出候由秋元但馬守殿御屆書寫

第三十三

一浪士共栃木町ヒ立戻殊之外及暴行候上ハ此後如何樣之變事出來モ難計云々之義ニ付有馬兵庫頭殿御家來屆書寫

第三十四

一浪士共栃木亂妨之義ニ付關東御取締役ヨリ差出候書付寫

第三十五

一同斷之義ニ付某ヨリ之書簡抄

第三十六

一同斷書簡抄

第三十七

一栃木町川邊屋某ト申者浪士共ヨリ禮金ヲ請露顯ニ及候義ニ付探索書寫

第三十八

一栃木町亂妨其外戶田越前守殿御家來縣勇記等之義ニ付探索書寫

第三十九

一浪士共筑波山ゟ退去仕候義ニ付某ヨリ之書簡抄

第四拾

一浪士共小山宿ヨリ諸川町通行之先觸申來候ニ付關宿邊ヨリ注進狀寫

第四拾一

一同斷之義ニ付久世鎌吉殿御屆書寫

第四拾二

一浪士共散亂宇都宮御城下其外江戶街道筋ヘ多人數相集居候義ニ付

戸田越前守殿御家來屆書寫

第四十三

一浪士生捕其外武器類等取上候義ニ付戸田越前守殿御家來屆書寫

第四十四

一小山宿等ニ而浪士等召捕候義ニ付某氏ヨリ之書簡抄

波山記事巻三

日光山參拜始末

第一

浪士共筑波出發道中人馬先觸等差出候義ニ付御代官衆等届書

一私御代官所都賀郡石橋宿役人惣代本陣問屋儀十郎届出ニ者去ル四日水戸源烈公靈輿之由右へ田丸稻之右衛門其外附添同日同宿ゟ著止宿翌五日朝出立雀宮宿ゟ繼立致シ候段別紙之通届出候間則届書相添不取敢此段申上候以上

子四月八日　　福田所左衛門

別紙届書

乍恐書付ヲ以御届奉申上候

野州都賀郡石橋宿本陣問屋儀十郎奉申上候

當月四日宿内ニ而變義御座候ニ付左之通奉申上候
水戸烈公樣神與〔輿カ〕之由當日當宿泊左之通

先觸寫

覺

一引戸駕籠壹挺　此人足八人
一垂駕籠　三挺　此人足九人
一宿駕籠　壹挺　此人足貳人

外ニ

一人足　貳拾五人
一馬　拾　貳疋

右者主人義明四日曉七ツ時小栗村出立喜連川迄致通行候條前書之人馬無相違指出繼立可給候以上

子四月三日

水戸田丸稻之右衞門内
川崎忠兵衞

谷田休　長田晝　宇都宮泊

右役人中

右之通先觸四日九ツ半時頃本紙ニ者無之寫ヲ以多切宿ヨリ繼來申候右先觸追觸左之通

一主人義其筋通行ニ付先觸相達候處休泊左之通繰替ニ相成候間其旨可相心得候以上

四月四日　水戸田丸稻之右衞門内
川崎忠兵衞

前同斷

右役人中

右追觸不相見得略

右之通申來宿役人彼是ト申内先番之由本陣宿可致旨申候條受致シ御本陣向キ坐敷割左ニ

覺

先番七人程著何レモ著込等著用馬乗袴或者純子之野袴

下札 御本陣坐敷割左之通

御神與(輿カ)

大將
齋藤左治右衛門
御附屬衆

御使番其外之由

下ケ札ナシ

輜重方

小荷駄懸リ之由

下ケ札ナシ

奥上段

奥次ノ間三ノ間
上壹人　同壹人
次七人

次上段

次ノ間九人

三ノ間是ハ拂方

四ノ間

右兩樣ニテ〆拾人

總裁府

須藤敬之進
同組

書記府

須藤敬之進
旅宿同組

神輿
田丸稻之右衞門
旅宿同近習
輔翼方總裁
書記小荷駄

雖新坐敷
上三人次五人
裏二階上段
上壹人次七人
表二階
貳間七人
右二枚下ケ札ハ四ノ間
外鴨居ニ張出申候

下御本陣附人數ヨリ御下宿

一山田一郎上下拾三人

一木村久之允上下拾八人

一監察旅宿
上下拾七人

一使番衆旅宿
上下七人

一根本新平同組
上下拾貳人

一三橋半六同組
上下拾五人

年寄 半　藏方へ泊

年寄 同　人方江泊

年寄 多左衞門方へ泊

問屋名主 新左衞門方へ泊

旅宿屋 平　六方へ泊

同　人方へ泊

一馬宿乘馬三疋　同　善八方へ泊
　口之者三人　年寄同　庄三郎方へ泊
一名前不知三人是ハ夜ニ入跡著
右者宿割之義見計夫々宿札打何レモ強勢ニ而出見セハ風損繰替ニ相成
申候
　〆惣人數八拾人
　但旅宿代壹人前銀貳匁五分ツヽ相拂申候晝辨當ムスヒ三ツヽ銀八
分ツヽ
右代者都而何買物致シ候共銘々受取ハ嚴敷取申候旅宿代者銘々ヨリ受
取書持參爲致前書輜重府ト有之所ニ而拂方致シ候尤旅籠者翌朝拂ニ御
座候且年寄伴藏方へ止宿之山田一郎者茶代其外左ニ
一金貳百疋宿主人ヱ一同壹歩勝手遣之者

年寄多左衛門善左衛門兩人機嫌聞ニ參候處人馬配リ方談有之金壹歩山田一郎殿ヨリ直々呉遣申候

一石橋宿出立喜連川迄雀宮宇都宮晝白澤泊ト云先觸相出シ翌五日五ッ半時頃出立

一四日夜中本陣ヨリ他方ヘ書狀三通差出申候

千住宿貳丁目
槌屋淺次郎殿小泉豐
是ハ無賃宿繼

城内村
田上藤太様

石橋旅宿ヨリ仕立飛脚相對賃錢拂
田神彌三郎

割出村
野口伴藏様横田藤四郎

本文藤四郎野州眞岡町無宿ニ御座候

一神輿者白木ニ而前ヘ羽二重ヘ書付左之通

従三位大納言源烈公神輿

右之通認有之尤人足ニ白丁ヲ爲著昇セ申候前書之通ニ御座候處無別條出立相濟候得共先觸面ヨリ人馬過分被遣其外都而强勢ニ而宿方一同恐縮致候

右者宿方役人ヨリ申越候義ニ無御座候得共私悴問屋見習喜藏ヨリ用向有之飛脚到著致候處本文之次第相認有之候間不取敢此段御屆奉申上候

元治元子年

野州都賀郡石橋宿

四月八日

本陣問屋 儀 十 郎

福田所左衞門様

御役所ヘ

第 二

浪士共石橋宿著之節行列大略調

一石橋宿ニ而水戸邊之浪士筑波ヨリ押出候由ニ而百五拾人計何樣品柄不

分ニ候處行列左之通

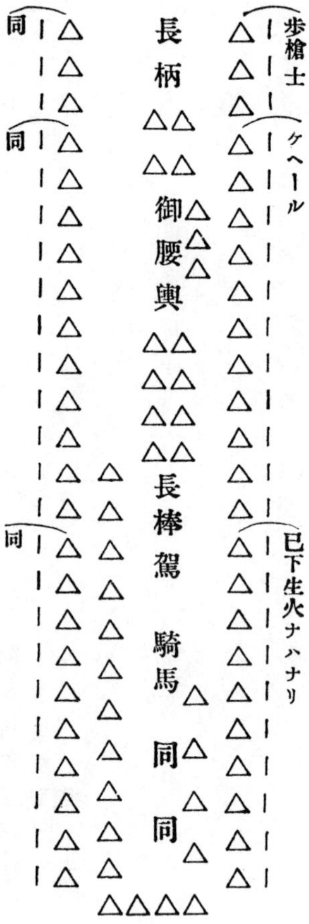

先ヘ長柄右白キ袋ヲ懸ケ輿ハ宿人足ニ而舁キ内ニ木像ニ候哉入置候由
右四人白丁ヲ著鎗士ハ黒羽二重ヘ紋大ク付白小倉小袴一統同様長棒大
將サン切髮之由馬上三人跡締リト見得候由槍士者筋金入鉢卷締ル

四月四日

第三

浪士共多人數通行之義ニ付下野御代官屆書大略寫

一前略四月三日夜下野眞岡町江水戸田丸稲之右衛門内川崎忠兵衛ト申名前ニ而人足四拾人馬拾貳疋先觸常州小栗村ヨリ繼來右田丸四日朝同村出立喜連川ヘ罷越候由眞岡桑島宇都宮泊之由右眞岡通行俄ニ見合野州谷田日下町ヘ繼立候同日石橋宿ヘ寓候由騎馬之者八騎但貳騎者手馬六騎者馬具而已持參ニ而繼場之賃馬相雇同勢之中央從二位贈大納言源烈公ト正面ニ認メ白木之輿人足ヘ白丁爲著守護之者割羽織下ケ袴紺脚半一統形裝垂駕籠三四人右ノ外脊負具足三ツ鐵砲拾貳挺鑓貳拾本余ニ長持壹棹兩掛拾荷駄荷物四駄幕高張提灯壹荷帶刀之者百五六十人ナリ

子四月　山内源七郎

右本文人數小栗村江泊之節者各旅館ヘ遊軍總轄隊又者鑑察惣裁書記小荷駄抔ト認候宿札ヲ打候由下略

第四

四月五日浪人等宇都宮〔宿脱カ〕割調

一田丸稲之右衛門
外拾五人
都合拾七人御本陣上野新右衛門方止宿
一藤田小四郎
一岩谷桂一郎
一五藤良之進
外拾八人
都合廿三人丸屋小兵衛方止宿
一山田一郎
一天野順治
一西山健之助
一田島貞吉
一小林幸八

一齋藤佐治右衛門
一竹内百太郎
一本郡久之丞
一戸田彈正
一川崎健之助
一渡邊金五郎
一林徳藏
一朝倉祐吉

一織田熊太郎　一梅村眞一郎
外壹人
都合拾三人手塚屋五郎兵衛方止宿之由
一三橋半六　一大畑外記
一須藤祐（敬カ）之進　一横田孫四郎
外貳拾人
都合貳拾四人稲屋庄兵衛方止宿
一根本新平　一服部熊太郎
一寶町武三郎　一鈴木猛
一柳生國之助
外拾六人
都合廿壹人米屋五左衛門方止宿
外拾六人

（行間ニ名ノ脱アルカ）
都合拾八人富木屋治右衞門方止宿
一長谷川庄七　一長谷川勝一郎
一服部平治　一關口啓藏
一大友啓助
外五人
都合拾人成田屋吉右衞門方止宿
一馬　三疋　一口付二人
右小國屋長作方止宿
一粂山順三郎　一岡崎良助
一庭岡卯之四郎　一中村新之助
外壹人
都合五人加登屋利助方止宿

第五

浪士蒼海九郎等先觸寫

一具足櫃　壹荷　　一長持　貳棹
一籠長持　壹棹

右主用有之候間明六日明六半時常州府中發足宇都宮迄罷越候間前書之人足驛々無遲滯繼立可給候以上

子四月五日

水戸
蒼海九郎
高山五郎
西山三藏

驛々
問屋中

第六

浪士共宇都宮泊ニ付夫々應接等仕候義ニ付戸田越前守殿御屆書寫

昨五日水戶殿町奉行之由田丸稻之右衞門ト申者私在所野州宇都宮晝休ニ而白澤泊之由先觸參著候處道筋筑波邊ヨリ小栗村ト申ヘ出四日夜日光道中石橋宿泊ニ而私城下ヨリ喜連川ヘ通行相成不順之繼立故不審ニ存候內石橋宿役人共ヨリ城下貫目改所ヘ別紙寫之通申越候趣其筋役人共申出候間益不審之義ニ付役人共見屆仕直樣申達置候處其內右同勢一同著ニ相成水戶源烈公殿之神主ヲ載候輿ヲ先ヘ立白丁著ニ爲舁槍鐵砲ニ而人數百五六拾人程城下傳馬町本陣ヘ著右近邊五軒ヘ族宿相定候趣右筋役人爲應對遣先方齋藤佐治右衞門ト申者應接仕通行子細相尋候處右ハ水戶小川館ト申所ヘ相集リ候者ニ而今般決死之上攘夷之志願ニ而多人數相集候由相聞候間水戶町奉行田丸稻之右衞門齋藤佐治右衞門ト申者右取靜之タメ出張致シ申喩相宥候得共一同不相用押出候故是非共引留度存候得共何分氣込猛烈ニ而不心モ是迄附添罷越候由猶喜連川ヘ通行之先觸差出シ候得共實ハ何方ヘ罷越候義モ當定無之喜連川家ハ源

烈公殿之公子之續合有之候間不取敢無據同所へ先觸差出候事ニ而實ニ恥入候始末氣之毒ニ存候由申聞候右之次第故同夜白澤宿泊ト相定候得共城下一泊之義頼申聞候由然ル上ハ疎暴之所業等爲致世話相懸申間敷候精々沈靜方可致由猶一同死ヲ決激烈之者共何分ニモ盡力沈靜候間氣遣致間敷ト申聞且有志之者兩三人重役へ謁度申出候得共其義者先差留候由是又佐治右衞門申聞候右同勢所々ニ而武器多買求候由相聞候段在所役人共ヨリ申越候右之始末御坐候故不慮之義無心元夫々手配精々申付置候得共以後如何樣之義出來可致哉難計御座候猶逐々可申上候得共先此段御屆申上候以上

四月七日　戸田越前守

第七

同斷之義ニ付宿役人注進書寫

乍恐縮繼ヲ以御注進奉申上候

戸田越前守領分日光道中宇都宮宿役人惣代問屋新左衛門年寄喜三郎奉申上候今般水戸樣御家老田丸稻之右衛門殿常州眞壁郡小栗村當四日出立人足五拾人馬拾貳疋喜連川宿迄之先觸差出同日當道中石橋泊ニ而翌五日當宿泊ニ相成候處從二位前大納言源烈公神輿ト紙ニ認候御輿ヘ附添右田丸稻之右衛門殿外同勢百貳拾人餘槍鐵砲騎馬八疋ニ而致守護著仕翌日逗留之所同七日晝八ツ時過俄ニ日光參拜之先觸差出人足百三拾人余馬貳拾貳疋中德二郎宿ヘ纒（繼カ）立仕候依之此段乍恐以宿繼御注進奉申上候以上

戸田越前守領分
日光道中宇都宮宿
役人惣代
年寄　喜三郎
問屋　新右衛門

元治元子年四月十日

道中御奉行所様

御役所

第八

宇都宮書簡抄

從二位前大納言源烈公神輿ト認候白木ト手鎗鐵砲等ニ而守護イタシ長棒引戸駕籠等ニ而附添或者騎馬等嚴重先ヲ拂宇都宮著之上本陣へ紫一御紋付之幕ヲ張晝休永引泊ニ相成候尤喜連川迄右御持參被致候趣之觸出ニ而白澤氏家人馬ヲ集居候所翌六日宇都宮侯へ申立修道館戸田公平縣半之丞同勇記出張浪人藤田小四郎齋藤佐治右衞門宿役人案内致シ出會相成翌七日晝後俄ニ日光へ登山致シ候由七ッ時頃德次郎宿泊ニ不殘出立イタシ候事

一關屋へ泊ニ相成候田中愿藏其外當所ニ殘居金談懸合種々宿役人ヨリ御用達中へ呼狀ニ而成田屋へ相越候樣御達有之貳百兩指出候領主ヨリ被

相糺候事

四月

第九

同斷

當月十一日兼而逗留罷在候水戸様御家來田中愿藏殿千葉小太郎殿宿内日野町荒物屋新右衛門杉原町戸室屋太助へ承リ度義有之趣宿役人中へ申談尤右御兩人申事者此方ヨリ呼ニ遣候而者先方之者共心配可致ニ付宿役人ヨリ呼呉候樣申聞勿論用向者昨年中同志之者共ヨリ新右衛門太助へ申談候義有之由何樣之義ヲ内談致候哉承リ度趣ニ付前書兩人呼寄止宿ゟ同道致シ年寄善兵衛文右衛門爲立會右御兩人へ面會致シ候處最初之申談トハ相違イタシ先方申聞候者異人渡來横濱開港以來諸品高直ニ相成萬民追々難澁ニ陷リ既ニ當今之行成歎ケ敷依而同志一同多人數決心致シ親ヲ捨妻子ニ分レ家財道具賣拂拋身命ヲ元之日本ニ相直シ太

平ニ致シ度心底故何レモ其心ヲ察シ何程ニ而モ多人數ヘ惠貸吳候樣談シヲ受候處何レモ代人ニ付其段主人ヱ可申聞旨挨拶致シ一同引取然處同夜日野町奈良屋與兵衛寺町佐野屋好助佐野屋寅之助茂波町岡本屋卯之吉杉原町植木屋伊兵衛鐵砲町佐野屋久左衛門上河原町菊屋利兵衛宿續今泉村菊屋源藏右八人ヘモ同談之趣ニ付一同罷越尙亦兩人立合承候處前同樣ノ內談ニ付善兵衛文右衛門ヨリ金談等ニ而ハ此節柄迚モ出來兼候趣相斷引取申候然處與兵衛外七人之者ヘ其後直談有之一同ヨリ達而相斷候處元ヨリ內談ニ候間其筋抔ヘ申立候ニ不及銘々心ニ不叶者無余義次第ニ候得共併シ不取用者ハ夷狄同然ト申聞候ニ付一旦引取相談仕候處旣ニ一兩年以前ヨリ京都幷御府內市中ニヲキテモ數度ノ變事有之誠ニ眼前之義ニ付實ニ後難ヲ恐レ主人之外代人之分ハ銘々主人ヲ思ヒ自身存奇ヲ以內談取極前書九人ニ而金百八拾兩差出受取書取之金子相渡候趣尤荒物屋新右衛門者當所ニ而モ別段商等手廣之趣殊ニ有福ニ

付金百兩惠貸呉候樣申聞候得共同人代召仕安兵衞壹人取計ヲ以金五拾兩差出新右衞門外九人都合貳百三拾兩相渡候何レモ領主ヨリ數度之用金旁心懸ニ而差支申立漸相斷一切不差出勘辨相成候趣申出一同引取申候然處同志出立後領主目付役之者ヨリ嚴重被相糾候ニ付包兼實事申立候ニ付猶又支配役場ヘ前書十人之者呼出シ當時調中ニ御座候右之者共領主用聞之者ニ御座候前以金策等之義有之哉モ難計其節ニ至リ差出候而者不相成急度相斷可申若承知不致候ハヽ領主役人ヨリ及懸合候旨兼而達シモ有之義ニ付內分タリトモ差出候義不相濟始末書差出候樣被申付候義ニ御座候
右之通書取ヲ以奉申上候
四月

第拾

浪士山國兵部等先觸書寫

一具足　壹荷　貳人
一引戸駕籠壹挺　三人
一兩掛　四荷　八人
一合羽籠　貳荷　貳人
右山岡（國カ）兵部上下七人井片岡爲之丞沼田準次郎上下四人明十日曉七ッ時江戸小石川發足ニ而日光迄御用有之罷越候條前書之人馬驛々無遲滯可被差・（出脱カ）候以上

水戸御目付役

子四月九日

高鹽宗左衛門
梅原鉄五郎
赤津平藏
古江卯五郎

寓付

十日　粉（粕カ）壁　十一日　小山　十二日　宇都宮
右之通先觸ニ而當十二日御側御用人美濃部又五郎殿御目付山國兵部殿小十人目付朝倉彌五郎殿上下拾九人合宿ニ而池上町加登屋利右衞門へ宿申付候處翌十三日夕方鹿沼宿へ俄ニ出立致シ候

第十一

浪徒ヨリ御老中板倉周防守殿へ指出候書付寫

某等謹而松山侯閣下ニ奉上言候閣下御賢明ニ被爲渡候段兼々崇慕罷在候處一昨年　幕府御大政ニ御預被遊候以來御中興之御新政モ追々被仰出我々共ニ至迄實ニ大旱之雨ヲ得候心地ニ而　祖宗以來尊攘之大典ヲ振興シ夷狄積年之大汚辱ヲ洗雪仕候機會到來致シ候得者乍不及身命ヲ抛　神州之御爲ハ勿論　幕府之御爲身分丈之御奉公可仕奉存候處其後次第ニ時勢之變革モ有之一昨年復古之御事業モ半途ニシテ相止候姿ニ相成候ノミナラス却而一層之大害ヲ生シ世之所謂四奸ト唱候越前家

保科家伊達春山島津三郎等宮家堂上方等ヲ邪謀ニ引入上下ヲ壅閉シ天朝ヲ奉欺罔未外夷ヲ一掃不仕候ニ却而内亂之基ヲ釀シ候大變之又大變ニシテ天下ノ安危徳川家之存亡今日ニ差迫候上假初ニモ　神州ニ生候者一日モ傍觀可仕場合ニ無之況哉天下之御大政ニ御預リ被（遊脱カ）天下國家ト供ニ存亡被遊御立場柄ニ而者猶更之義ト奉存候乍恐既ニ閣下ニハ深ク　東照大猷二公之御明訓御遵奉被遊夫々御恢復之事業御施行ニ相成候譯ニ御座候得者今日ニ至リ空敷沈默被遊候筋ニ決シテ無之候得者全ク時勢不得止義ニ可被爲在哉一體時勢ヲ計ラサレハ功ヲ成就シ難キハ勿論ニ候得共方今危急之場ニ臨ミ時勢ニ而已致懸念尊攘（之脱カ）大義御遵奉不被遊候ハヽ　天朝之　叡慮ニ違ヒ祖宗之大典ヲ破リ眼前ニ天下國家之覆滅ヲ招候義ニ而誤國之罪者御逃レ難被遊筋ニ御座候得者閣下之御賢明ニ而決シテ時勢ニ御泥ミ被遊候義者有之間敷ト奉存候然處只今以一號令一擧動之天下之耳目ヲ一新致シ候御事業不被爲在候段如何之御懷

合ニ有之可申哉彼是苦慮痛心仕候得ハ實ニ骨身ヲ碎ク計ニ而至情難默止同志之者共申合日光山ニ相會申候御法度ニ觸候段ハ幾重ニモ奉恐入候得共斯而御時節ニ候得者最早鎖細之御法度ニハ觸候共　祖宗之御典遵奉仕候而者三千年來之御仁恩ヲ如何可仕哉ト存詰候義ニ而毛頭他念之御座候譯ニ者無之候得者一同山内ニ相愼罷〔在脱カ〕一書ヲ以御程合奉伺候間不日ニ姦邪誤國之罪ヲ御正シ被遊斷然トシテ攘夷之令ヲ布キ　叡慮御奉シ被遊候御事業天下ニ相顯レ候ハヽ我々共如何ナル重科被仰付候共聊御恨不申上候若又右之義御六ケ敷譯ニモ御座候ハヽ不得止　東照宮之神輿ヲ奉シ　東照宮之御遺訓ニ基キ微忠相盡候心得ニ御座候間此段宜敷御披露可被下候恐惶謹言

四月

第十二

浪士共日光山參拜之義ニ付風說書寫

一水府浪士數百人人數聢ト相分不申候日光山ヘ參會過ル九日　神君御廟拜禮仕度段願申出候ニ付直ニ案内拜禮致サセ候由夫々御屆ニ相成候事ニ相聞得申候同所ニヲキテ亂妨仕候義ハ未御屆モ無之先日差出候書付之義ハ何分虛實相分不申候定而虛喝申觸シ候哉モ相知不申候猶又探索申上候樣可仕候事

第十三

浪士共日光道中休寓大略調

附 浪士歸途人馬先觸書寫

一四日筑波ヨリ小栗ト申所ヘカヽリ石橋驛ヘ止宿
一五日宇都宮ヘ止宿
一六日同所止宿
一七日同斷
右浪士滯留中宇都宮旅客止宿不仕夜ニ入候而モ雀宮ケさヽ白澤迄繼立仕候

由ニ御座候
一八日宇都宮出立徳二郎今市兩所へ止宿仕候由
一九日今市御固メ戸田侯秋元侯壬生侯ハ日光山參詣之義相談仕候由
一十日源烈公神輿ヲ先立拜禮相濟候由此日御固之御人數一統兩側へ今市ト鉢石之間御神橋ト申所ヨリ御山迄素鎗生火繩ニヲ嚴重御固メ相成候由
一十一日今市出立鹿沼栃木兩所へ止宿之由
一十二日當所近邊徘徊此日例幣使金崎宿ニ而通行之途中浪士蜂起之義ニ付致畏縮宇都宮侯秋元侯壬生侯御警衞御頼ニ相成嚴重之御固左右へ相付漸々合戰場ト申所ハ止宿之由實見仕候
一十三日浪士小山宿泊之先觸故小山ヨリ同所宿々差支候間寺院止宿被下度態々申遣候處格別急キニモ無之候間明間次第罷越候間其節宿割等之手配頼入候趣申遣今日者大平山權現へ參詣逗留致候由挨拶及候事

一十四日夜四ッ時過迄浪士小山驛ニモ不達宿所邊徘徊之趣ニ御座候
一浪士惣人數貳百人ニ不滿樣子ニ御座候世評ニ者千人程モ居候由唱候得共全ク虚說風評ニ可有御座候

先觸寫

覺

一人足　　四拾人

一馬　　拾五疋

右者此度主人義　日光山參拜相濟今十一日四ッ時今市宿出立水戸表迄罷越候條前書之人馬宿々無遲滯早々繼立可給候以上

四月十一日　　田丸稻之右衛門內
川崎忠兵衛

今市出立

十一日　鹿沼泊

十二日　合戰場泊

十三日　小山泊
十四日　下館泊
筑波迄

第十四

浪士共例幣使ゟ御供仕日光山へ罷越度相願候義ニ付某ヨリ注進狀寫
例幣使昨十三日野州天明宿發輿栃木町通リ鹿沼宿泊ニ候處浪人共一手ツヽニ分レ右栃木町へ先ヲ爭ヒ競出仕候由ニ而俄ニ京方ハ富田宿へ晝休繰替栃木町八ツ時頃通行休之節浪士共六人何レモ割羽織小袴著用罷越右之内五人猿宿屋清藏方へ著壹人ハ山田一郎ト申者ニ而本陣へ相出多ニ人數最寄へ參集致居候ニ付一同日光表へ御供致度旨相願候處斷ニ相成右清藏方へ引取候途中古宿村邊ヨリ立越候モノ七人銘々鉢卷著込小手等ヲ著白地ノ割羽織ヲ著一刀ヲ帶シ異形之族一同ニ相成暫時密談之上立別レ右七人ハ金崎宿之方へ罷越一郎者旅宿清藏方ゟ引取　敕使

者右手間取夕七ツ半頃栃木町發輿道中筋之義者松平右京亮井伊掃部頭秋元但馬守鳥井〔居カ〕丹波守堀田攝津守等ヨリ警固之者凡惣勢貳百人余程差出火繩付鐵砲等携護送致候由浪士殘黨共者未タ金崎宿ニ滯留罷在候哉ニ而同宿ヘ戸田越前守人數警衛致候趣相聞申候此上先々之模樣相分次第追々可申上候先此段入御聽候以上

四月十四日

水戸町奉行
高貳百石役高百石
田丸稻之右衛門
齋藤佐次右衛門
外貳拾人余

第十五

浪人大平山權現參拜之節宿割

右大平山塔中多門院

總裁府頭

藤田小四郎

竹內百太郎

岩谷敬一郎

書記日記附屬

島田帰吉

井川小左衛門

後藤亮二郎

大谷包太郎

淺野善十

服部東英

水田鎌二

岩谷武者

眞家元右衛門

右名主庄藏方へ止宿

右同所山田松之助方ニ止宿

松延忠次郎
石橋榮次郎
横田藤四郎

頭
田中愿藏
外貳拾人余

頭
田村震一郎
根本新平
三橋半六
外三拾人余

右同所東屋新五郎方ニ止宿

頭

内藤文七郎

須藤敬之進

東野直三郎

川又儀十郎

使番役　外拾五人余

右同所松野屋庄兵衞方ニ止宿

頭

服部熊五郎

長谷川庄七

栗田源左衞門

室町稻太郎

小荷駄方外貮拾人余

右同所小松屋清八方ニ止宿

軍使使番兼 山田一郎

外拾五人余

右之者栃木町止宿當時水戸表ヘ罷越居候但此者南部出生ニ而所々徘徊ス其外商人種々之風體ニ而流浪致新徴組ニ入其後不首尾ニ而水浪ニ入候由多才之者ニ而都而懸合等之重立候事ヲ取扱候由

水府御側用人

美濃部又五郎

山國兵部

上下三拾人余

右栃木町新萬屋健次郎方ニ止宿

大目付
立原朴次郎
上下貳拾人余

右同所押田屋彌次郎方ニ止宿

宇都宮藩
松井一郎
小室謙吉
上下三拾人

右同所大和屋半兵衛方ニ止宿罷在候處當廿三日出立

同藩
柳原新十郎
上下三拾人余

右同所角屋甚藏方止宿

水戸藩
畑彌兵衛

千種太郎
兒島邦藏
外六拾人余
右當廿三日栃木町迄著上下大和屋半兵衛方ニ止宿
右大和屋半兵衛方止宿之內
千種太郎 貳拾貳才
畑彌兵衛 三拾四歲
廣岡宇野四郎 貳拾壹歲
右之者共三人相殘此外之人數上下共當廿五日大平山登山

第十六

浪士道中筋之義ニ付探索書寫

道中筋關東宇都宮ヲ始石橋驛邊水戸浪人之由等ニ而徘徊仕居騷動ヶ間敷義承拔候樣被仰渡出立罷登同十九日夜宇都宮へ參著仕水戸天狗組ト

相唱候浪人模樣承拔候處右浪人過ル四日笠間領之内小栗ト申所ヨリ石
橋驛へ行軍押來リ白木ニ而神輿トモ申樣成物へ表札從二位大納言源烈
公ト申札ヲ打左右美々敷相見得田丸稻之右衞門ト申者主頭ニ而山田一
郎木村久之丞等都合人數百六七拾人連ニ而長棒駕籠壹挺切棒同貳挺乘
駕籠壹挺鞍置馬五疋驛繼人足五六拾人前後馬五六疋ニ而右石橋驛ヨリ
雀宮宿迄繼立候樣同人共申談候得者右宿役人之者差急大人馬繼立之義
ニ候得ハ早速ニハ繼立可仕樣無御座手配最中ニハ候得共暫時御猶豫被
成下度段申斷候得者是非モ無之次第之由ニ而本陣へ取移候内日暮ニモ
及自然逗留罷在翌五日同所出立途中ニオイテ喜連川藩中之由荒卷政右
衞門ト申者通行之折右神輿へ不敬仕候ニ付何樣之譯ト右浪人共不審致
喜連川家中ニモ候得者可知居筈ニ候ヲ乘打致候段不屆ト申斷駕籠共ニ
諸持夫等搦捕宇都宮宿迄召連候處右之者共其場ヨリ逃去行衞相知不申
由ニ相聞得是ハ追而聞配候ニハ右浪人之權威ヲ申觸シ候タメ左樣仕候

事ト申唱モ有之候事ニモ相聞申候同五日宇都宮へ參著問屋へ相向ヒ申樣者我等共此度日光へ參拜仕候爲メ罷越候者ニ候得者前書之驛繼人馬差出候樣申斷而已ニ而止宿致旅館ケ間敷體ニ門前へ葵御紋付之幕ヲ張內へ紫等ニ而同貳重ニ張本陣へ右稻之右衛門筆頭ニテ拾七人旅宿罷在山田一郎主頭ニ而拾三人同所旅宿屋手塚屋五郎兵衛宅ニ罷在藤田小四郎筆頭ニ而同丸屋小兵衛宅ニ貳拾三人ニ而罷在三橋半六筆頭貳拾四人ニ而稻屋庄吉宅ニ罷在根本新平同貳拾壹人ニ而米屋五左衛門宅ニ罷在川俣茂太郎同拾八人ニ而富士屋彌右衛門宅ニ罷在長谷川庄七同拾人ニ而成田屋吉右衛門宅ニ罷在粂山順三郎同五人ニ而角屋利右衛門宅ニ罷在外乘馬宿小野屋長作宅ニ飼料罷在前書鞍置候馬ト相見得申候田中正藏蒼ゝ助九郎高田五郎神山三藏右四人之者惣押トシテ同所ニ不拘折々繁華之地へ非義ヲ申懸ケユスリ押借等之義持前トシテ隨分人數之內ニ而壹騎之者ニ候由相唱尤右宇都宮ニヲイテ逗留中手配凡金貳百兩以上モ

手ニ入候唱ニ有之併シ金子差出シ候者何屋誰ト申義ハ其土地ニ於テ相分居候得共見聞ニ而ハ聢ト相分不申押借候義ハ實正之由ニ相聞得申候
同七日宇都宮出立何爲日光道中上下徳次郎ト申所へ參リ候由尤驛繼人馬ヲモ右へ繼立候由ニ相聞得日光山へ是非參拜不仕不叶由等申立筆頭之者五人三人ツヽ參拜仕候樣子ニ相聞得其逗留中江戸表ヨリ御人數騎兵組等數百人被相下被搦捕候由之唱ヲ聞付候方ヨリ同所散亂右宿在々例幣使海道邊井栃木ト申所ニ只今ニ而ハ楯籠居密々五三人ツヽ其近邊徘徊仕居候樣子相聞得申候同廿一日幸手驛ニヲイテ右浪人之内何方ヨリ參候哉右宿へ切棒駕籠貳挺宿駕籠等ニ而松平播磨守樣或ハ大炊頭樣藩中抔ト申僞早駕籠急飛脚之由等申談宿々ヨリ人馬ヲ出サセ罷登候由右之者同日草賀驛へ旅宿罷在候ヲ承配候處全ク右天狗組之内ヨリ散亂ニ而罷越候者之由唱ニ御座候外道中筋動搖ケ間敷義モ見聞不仕候間此段申上候以上

子四月

第拾七

浪士杉戸宿戸田越前守殿御旅館へ罷出拝謁仕候義ニ付風說寫

戸田越前守家來恒川七右衛門ト申者之噺ニ主人江戸表出立杉戸止宿へ
水戸樣日付役之者參此度小川館へ相集居候有志之徒決死之上押出候者
共御在所へ相越厚ク御取扱被成下候由當中納言者勿論古（故カ）中納言遺志モ
相達無此上大悅ニ御座候全ク亂妨ヶ間敷義抔有之間敷候間宜敷御取扱
被下度由申入尤心實可登心底而已ナラス　皇國之御爲ニ盡力之輩ニ
有之如此願上候段戸田侯へ直々拜謁之上御賴込相成候由承申候

第拾八

浪士共宇都宮止宿中調物仕候義ニ付戸田越前守殿御家來屆書調書

水戸小川館中士共宇都宮城下止宿中所々ニ而別紙之通調物等仕候由ニ
御座候各樣迄申上置候樣越前守申付越候以上

戸田越前守家來
須田五郎兵衛

四月十八日

別紙

城下日野町奈良屋與兵衛方ニ而羅紗之陣羽織幷割羽織小袴御召縮緬單物或ハ黒八丈烏帽子貳ツ右之類ニ而代料金百三拾兩余相拂候由

一鐵砲町佐野屋久右衛門方ニ而直垂十右ハ麻裏ニ絹ヲ付仕立其外品々注文代料金四五拾兩相拂候由

一曲師町道具屋半兵衛方ニ而大小類代料七拾兩余之調物仕候由

一池上町繪馬屋周助方ニ而大小類代料貳三拾兩位調物仕候由

一寺町佐野屋治右衛門日野町荒物屋新右衛門右兩家ヘ篤ト申談有之無余義金百兩用立遣候由

一上河原町菊池利平外九人之者方ヘ右同斷金百八拾兩用立遣候由

一此外鋸相調鉢卷ニ致シ製造申付且又草鞋貳百足相調候由

右之通御座候以上

第十九

浪士共ヘ人馬繼立候義ニ付水野日向守殿御屆書寫

覺

子四月五日ヨリ同廿九日迄

人足百九拾九人

馬　貳拾八疋

子五月朔日ヨリ同十四日迄

人足貳百六拾人

馬　五拾六疋

合人足四百五拾九人

馬　八拾五疋

右者水戸殿家中之者先觸ニ而私城下下總國結城町ヨリ書面之通繼立仕候旨尤右之外用意人馬多分之趣在所役人共ヨリ申越候間此段御屆申上

候以上

五月廿五日　水野日向守

第貳拾

浪士日光參拜之義ニ付風說寫

此度天狗黨一揆之子細相考候處當節
大樹公御上洛中幸當月ハ日光山御祭月ニ付源烈公方之肖像ヲ木主ニ作
リ祖宗之御廟ニ奉拜廿日御祭事相濟候ハヽ橫濱ヘ押出候半ト被思候併
シ何レ之道筋押出候哉難計候得共一應ハ筑波ヘ引戾候以後之策ニ可有
之候兎ニ角將軍家之御所置待兼候趣ニ相見得申候

五月

大平山集屯始末

第壹

浪士共大平山集屯金策强談仕候義ニ付井伊掃部頭殿御家來屆書寫

去ル十三日頃ヨリ浪士共井伊掃部頭領分安蘇郡佐野ヨリ三里程隔候大平山登山集屯罷在候趣相聞候處去ル十五日夕領分佐野犬伏町吉兵衛ト申者方ヘ罷越宿役人ニ面會致度趣申聞候間問屋當番太左衛門年寄市右衛門罷越候處前中納言様御遺志相繼尊王攘夷之大義相立　皇國之御武威不取失様致度右ニ付領分役場其外ヘ者密々ニ而國事之爲メ金子調達相頼度自然迷惑之義ニモ候ハヽ物持共ヘ案内致候様只管取縋リ候程之體ニ而内談有之併内心ニハ及異義候ハヽ强談ハ勿論難題可申出一同當惑仕及違背候ハヽ何様變事出來可仕モ難計候ニ付無據申旨ニ任セ犬伏町年寄重右衛門外三人名前ヲ以金子百兩相渡受取書差出罷歸候段屆出候ニ付此上取締方之義嚴重手配申付置候段彼地役人共ヨリ申越候掃部頭在京中ニ付此段無屹度各様迄申上置候以上

四月　　井伊掃部頭内　山本運平

第貳

強談之金子浪士共差戾候義ニ付井伊掃部頭殿御家來屆書寫

掃部頭領分野州佐野犬伏町ヘ罷越金子調達賴入候ニ付無據金百兩貸渡候處右受書之內豐田彥之丞ト申者ヘ爲取調町役人罷越相尋候ニ付彼方ヨリ始末書差出申候其後大平山ヨリ右宿役之者罷越候樣申來候間則罷出候處右最前借受候ニ罷越候者ハ勝手氣儘步行致シ金子借受軍令ニ背候者ニ付金子差戾候段申聞候間受取罷歸候段屆出申候依之此段無屹度各樣迄申上候以上

四月廿五日

井伊掃部頭內
山本運平

第三

大平山集屯之浪士栃木町ヘ止宿品々注文等仕候義ニ付探索書寫

一昨十九日栃木町本陣押田源兵衛方ニ止宿罷在候水府徒頭立原朴次郎從者貳拾人餘之處猶又昨今兩日江戶表ヨリ著相成候由ニ而本陣壹軒ニ而ハ間ニ合兼候間同町金龍寺貸呉候樣住職ヘ欠合中ニ御座候

一四月十四日栃木町三ッ星屋儀右衞門方ニ而長刀壹本名前不知浪人共ニ
被奪取候由ニ御座候
一一昨十八日山田一郎ヨリ同町八百屋利兵衞店借家罷在候九八ト申者へ
鎖帷子拾枚注文致シ同人受負出來ニ相成候
一栃木町釜屋伊兵衞方へ白麻割羽織白紗割羽織鼠色割羽織等註文致シ荒
増出來候由ニ御座候得共數ハ相分兼申候
一同町大塚屋利兵衞方へ一昨十八日錦井羅紗陣羽織註文致シ候ニ付利兵
衞受負荒增出來候得共數ハ相分兼申候
一一昨十八日浪人共ヨリ栃木町質屋渡世釜屋淸次兵衞同喜兵衞同渡世藤
左衞門筒井屋重兵衞右四人之者へ用金申付候由之處町役人共一同恐怖
致シ何レモ無言ニ而員數ハ相分兼申候
一去ル十六日ヨリ宇都宮家中凡五拾人程栃木町大和屋半兵衞角屋甚藏兩
家へ止宿罷在浪人共之樣子伺ヒ候由ニ御座候

一大平山ニ止宿罷在候浪人共日々辨當持參手分ケ致シ出歩行古河館林壬生町邊筋井間道巨細ニ取調繪圖面仕立中之趣ニ相聞得申候
一栃木町ニ止宿罷在候浪人共之內同町太物屋渡世阿部屋淸兵衞ト申者女房ヘ（此者水浪矢口翁輔婦）密々申聞候者近々人數相揃次第籏ヲ上ケ先手始ニ栃木町陣屋ヲ潰シ燒拂候ニ付立退方兼而用意可致置且其勢ニ乘シ壬生城ヲ乘取足溜ニ致シ最寄吹上天明古河館林等之城々ヲ乘取候手筈之趣極密話候由風聞得申候

四月廿日

第四

浪士共大平山權現社內ヨリ取出候品物調書寫

一針鐵　三拾　一陣刀　壹振
一陣太鼓　壹ッ
是者大平山權現社內ヨリ取出右別當蓮祥院罷在浪士手許ヘ差置候由ニ

相聞申候

一陣具　壹ツ

是ハ何レヨリ持參候哉前書浪士手許ヘ差置候由ニ相聞得申候

第五

大平山集屯之浪士共種々之所業仕候義ニ付風説寫

浪人共義栃木町ヨリ白麻地多分買入一昨十九日夜迄ニ籏四十流ニ致シ候紋所合印等ハ相分兼候由ニ相聞申候

一昨日申上置候戸田越前守家來凡五拾人程栃木町旅宿屋ニ罷在右之内重立候者四五人水戸殿徒頭立原朴次郎旅宿ヘ度々相越密談致シ候由ニ相聞申候

一浪人共黨類追々相加人數相増旅宿差支候ニ付大平山絶頂之團子茶屋（此茶屋凡十四五軒位ニテ壹軒前間口五軒〔間カ〕奥行五間位合間口壹丁程ニ有之由）商賣差留輕輩之モノ共ハ右茶屋ヘ止宿致候由ニ相聞得申候

一浪人共大平山裏手之方字千人塚ト申場所へ新規陣屋取建候由ニ而普請目論中之趣ニ相聞申候
一浪人共之内不屆之及所業候者有之召捕置候間殺害之上晒候由申觸昨廿日栃木町ヨリ富田宿へ之往還字中橋ト申場所へ俄ニ藁屋根莚張之小屋補理內實ハ諸向ヨリ入込候者ヲ改候見張小屋之趣ニ相聞申候

垂駕籠貳挺
宿駕籠三挺

松平大炊頭家來之由
小幡又七郎
大高忠兵衞
外三人

是者去十七日江戸方ヨリ早駕籠ニ而相越小山宿山田一郎旅宿へ落合直ニ栃木町へ立越候段申上置其節者松平大學頭內小幡慶次郎ト相名乘宿々通行致候者ニ而今日通行外三人之內ニ斯波欽一郞モ立交リ居候由ニ相聞申候右之者共早駕籠ニ而今廿一日八ツ時頃幸手宿通行江戸之方へ

相越申候

四月廿一日

第　六

同断浪士居館等之義ニ付探索書写

一大平山本坊蓮祥院

右本陣ト唱ヒ葵御紋之幕張仕高張燈（提カ）灯建置厳重ニ固居

一栃木町表坂上リ口見張所大筒四挺侍四人宛相詰居武家帯刀相改山中へ
入不申尤平人ハ構ナシ

一田中愿藏旅宿前ニ旗弐本有之

一平井村百姓藤平宅山田村大中寺同所清木寺何レモ借受候由外ニ名主宅貳軒是又借受候由
一栃木町ヨリ蒲團五拾五枚夜具六ツ借受富田宿ヨリ夜具貳拾馬ニ附ケ大平山へ登候由
一當廿四日大工拾八仕事師拾八差出候樣申渡候ニ付麓之村々ヨリ差出候事
一栃木町醫師村田修藏ト申者大橋順藏實甥之由ニ而當時水浪組イタシ候由

第七

同斷浪士陣立之內先手組大略調

戶田彈正病氣ニ付
隊長
須藤敬之進
天伍長
田村震一郎
小泉豊
組十人
隊長
根本新平
地伍長
松根彌右衞門
中村連

組拾人

隊長

服部熊五郎

龍伍長

貳人組拾人

隊長

三橋半六

虎伍長

貳人組拾人

組隊長四人

組三拾貳人

伍　長八人

都合四拾四人一隊

是ヲ天遊軍先手ト唱候由

第八

同斷浪士栃木町ヘ註文之品物調

覺

一赤地綿(錦カ)陣羽織壹枚　一同壹枚

紋左リ三ッ巴　紋角切額増山鴈金

一黑羅紗同斷　壹枚　一麻著込　三拾枚

一淺黄絹直垂　四枚　一淺黄麻直垂拾五枚

一純子小袴　五拾　一麻羽織　三拾

一木綿紋付單物五拾　一琥珀帶

一木綿縞單物　五拾　一御召縮緬單物三拾

一生紗羽織　貳拾　一黑羅紗羽織　壹枚

右之品々栃木町呉服屋共ヘ註文出來之由

第九

同斷浪士共强談之上人足等日々爲指出且其近所寺院强借仕候義ニ付

井上伊豫守殿御家來屆書寫

伊豫守領分野州都賀郡平井村地續大平山へ去月十四日ヨリ浪士共追々相集右平井村外御他領三ヶ村役人共呼寄主用ニ而相越居候間人馬可差出旨嚴重申談有之候處勸農之時節ニ付甚難澀之趣相斷候處違背候ハヽ其儘ニ而難差置抔ト申威候ニ付無余義承知仕壹ヶ村ニ而每日拾五人ツヽ差出時宜ニ寄候而ハ其餘モ差出候日モ有之右人馬ヲ以荷物并米等運送爲致或者右山上平地之場所草刈拂等ニ遣候趣ニ御座候其上右浪人共最寄村々江散亂仕寺院者勿論重立候民家へ罷越明渡候樣强勢ニ申威爲立退止宿罷在候此節ニ至候而モ更ニ退散之體無御座日々黨類來集仕不容易形勢ニ御座候趣彼之地之者ヨリ申越候段御用番樣へモ申上候間此段御屆申上候以上

五月五日

井上伊豫守家來
金子包八郎

第拾

同斷浪士足利町へ罷越强借亂妨仕候義ニ付酒井大學頭殿御屆書寫

私領分上州山田郡桐生新町へ野州大平山邊相集居申候水府浪人之由ニ而去ル十日夕ヨリ十一日迄追々三拾人程同州足利町通へ罷越町役人へ相掛リ差宿可致旨申聞候ニ付桐生新町四丁目金屋善兵衛方へ案內致止宿罷在候處夜分ニ相成町役人へ申聞候ハ我等共義報國有志爲萬民之横濱致攘夷候間爲軍用金子可差出旨重立候名前田中愿藏藤田由之助東直三郎其外人數者聢ト相分不申候得共具足一輛(領カ)鎗八筋鞍置馬貳疋持參猶跡ヨリ左之者著ニ相成申候ニ付金木屋平吉方へ藤田佐四郎外六人止宿鎗貳筋鞍置馬貳疋持參右之趣等申聞候得共金子員數等之義ハ何共不申聞候ニ付右之者共致探索候處先日足利陣屋ゟ軍用金之義賴入候處相斷候ニ付其段大平山へ通達致候ニ付凡七拾人余足利町へ罷越桐生町へ罷越候人數之內引通候風說モ御座候由ニ付何レトモ右用達金ノ義者引延

シ候方可然ト町役人トモ程能申延置申候由然處其夜右浪士共大酒宴致酒狂之上亂妨相働往來之人抔切捨候始末ニ御座候由尤十二日曉猶又四拾人余モ宿駕籠又ハ馬ニ而著致候趣町役人ヨリ陣屋役場ヘ屆出申候得共陣屋之事故手薄之義ニ而心配仕候依而者當地ヨリ早速人數可差出之處當時千住御警衛御役場中之義ニテ何分當惑心配仕候得共不取敢少人數當地ヨリ追々差出申候勿論此上亂妨之所業ニ寄打捨又ハ飛道具相用候心得ニ御座候自然申聞候通リ金子差出不申候得者可及亂妨ト深ク心配罷在候勿論陣屋之義ニモ有之人數行屆兼手薄之義ニ而萬一及異變候節者最寄援兵等之義者宜敷御沙汰被成下候樣仕度奉存候此節柄不容易場合ニ付先不取敢此段御屆申上候以上

五月十四日　酒井大學頭

第十一

同斷浪士强借等之義ニ付探索書寫

一野州大平山ニ屯集罷在候浪人根本新平外拾五六人當月十五日同所出立
常州筑波町へ相越滯留之趣相聞申候

一浪人田中愿藏外拾七八人上州桐生足利大間々町邊へ出張絹商人共申威
シ多分之金子取立去ル廿二日栃木町へ引取候趣相聞得申候

一去ル十七日栃木町ヨリ材木拾五駄大工鳶人足貳拾人余大平山へ差遣同
所神主青木ト申者地所へ武藝稽古場并牢屋敷體之者補理外ニ追々小屋
普請中之由ニ相聞右者鐵砲刀鍛冶細工場等ニイタシ職方之者共呼上水
府ヨリ呼寄候積噂致シ候趣ニ御座候

一戸田越前守家老（又勝手用人トモ風説仕候）縣勇記ト申者　公邊へ願筋有之由ニ而上
下貳拾四人去ル十三日宇都宮宿出立小山宿角屋三郎左衛門方止宿之處
水府根本但馬ト申者尋參リ勇記へ申通候處速ニ同人居間席へ案内至而
丁嚀ニ取扱暫密談之上引取右但馬ハ御紋服著用之趣ニ相聞但勇記ハ先
頃浪人共日光拜禮之節モ同所奉行へ諸事周旋イタシ候者ニ而浪人共同

意ト風聞仕候

一大平山ニ屯罷在候浪人高橋上總介井宇佐美宗三郎外五六人下總國ゟ出張同國八丁村名主惣太郎方ニ大小拾八腰槍三筋同國川尻村名主新右衛門方ニテ馬具貳組強談之上借受長持へ入結城へ繼立夫ヨリ大平山へ差立候由右之外武器押借數ヶ所之趣ニ相聞申候

右之通風聞承込候儘奉入御聽候以上

子五月廿五日

第十二

同斷浪士之内江戸表へ罷越候ニ付人馬繼立候由屆書寫

乘輕尻馬貳疋

水戸殿飛脚
飯田九十郎

岩島清八

是ハ卽日出立新宿町へ繼立候由

垂駕籠壹挺四人拂

水戸殿家來
二良山良吉

是ハ栃木町出立之趣ニ而草賀宿ヨリ繼立小石川傳通院前池田屋ト申旅人宿ヘ持込候由

右ハ昨廿四日水戸殿書面之通千住宿通行仕候段同宿役人共申立候此段申上候以上

五月廿五日

第十三

戸田越前守殿御家來浪士瀧平主殿外壹人ヘ應接之節止宿等之義相斷候口上書寫

先般攘夷決心之義寡君面會被致候砌被申聞候條々種々衆議ヲモ相盡候處如御承知當家之義者數代　德川家蒙　御鴻恩居候家筋之義ニ付如何樣之義有之候而モ安危存亡ヲ供ニ不致候而ハ爲臣之道ニ闕可申依之攘

夷之義モ　幕命無之內者出師難相成且寺田登用之義ハ當時差支之義モ有之候間是又召仕候義叵相成一同致決義及御挨拶候上ハ前以御約定モ申述置候通度々城下ヘ御出有之而者自他之嫌疑モ有之彌增攘夷建白之障ニモ相成既ニ此度從　幕府被仰出候等モ有之候間以後御止宿ハ勿論御出向無之樣致度存候此段御滯山御一同ヘ篤ト御通シ置候樣存候

第十四

大平山集屯之浪士上州高崎町ヘ罷越候等之義ニ付風說寫

大平山黨田中愿藏組之內七人去ル廿二三日頃上州高崎町ヘ罷越候趣ニ而同國福島御關所ヘ通リ懸リ候處被差留同所者松平大和守殿人數押出シ大筒等備付有之無余義右七人同廿六日木崎宿ヘ引取其段愿藏ヘ及注進夫ヨリ田丸稻之右衞門ヘ中立爲掛合六拾人程右御關所ヘ出向候模樣之由尤其後之始末未タ相分兼申候

一西上州山崎村々又者同國伊勢[崎脱カ]町藤岡町邊等當今浮浪人共押步行金三四

拾兩ヨリ貳三百兩又ハ千兩位其余モ身元ニ應シ高下ヲ付押借致宿村々難澀不少相聞申候

子五月晦日

第十五

同斷浪士之内酒色ニ溺候罪ニ依而死刑ニ行候罪狀書寫

江戸出生 三浦勘助 三拾歳

同 橋本四郎 三拾一歳

此者共夷情之切迫ヲ致苦心候趣ニ付栃木宿ニ滯留致居是非共御奉公仕度種々申立分尤ニ付許容致シ當山ニ差置候處追々不正之所業有之而已ナラス剰酒色ニ溺宇都宮ニ於テ旅籠屋召抱之下女ヲ致掠奪逃去候段法令ヲ致輕蔑始末不屆至極ニ付召捕糺明之上行死罪者也

五月

第拾六

同斷浪士山田一郎義御老中衆〈自訴仕候義ニ付大略調寫

大平山ヘ屯シ候浪士之内山田一郎義御老中衆〈此度自訴仕候ニハ私義皇國之御爲攘夷之先鋒相勤度人數ヲ集メ三千人余ニモ相成候處武備用意之爲金子才覺仕候義等モ有之ヲ私欲之御取調ニ而御討手被差向候哉ニ奉伺候而者何共恐入微志モ貫兼候不及是非候間御大法ニ被所度趣ニ付木村甲斐守〈公事方御勘定奉行ナリ〉可申出被仰渡御同人〈訴出御取調係リ齋藤辰吉〈御留役ナリ〉ニ而吟味中之由ナリ一郎申立候ハ外ニ同志之者モ御座候得共右者私壹人之罪ニ歸シ候間外之者共ハ寛大之御吟味ニ被成下度申立候處右同志之者左之四人モ一郎壹人ニテ御咎被仰付候而者無據畢竟私共同罪之事ニ御座候間御刑法奉仰候由申立候者左之通

上州浪人　田島幾彌

御府内浪人　天野隼次

盛岡浪人　佐藤繼助

第拾七

水戸浪人 渡邊欽吾

浪士御鎭靜之爲御出張美濃部又五郎殿大平山ヨリ筑波山迄御出立之義ニ付栃木町問屋ヨリ注進書寫

日光例幣使道野州都賀郡栃木町役人共奉申上候水戸田丸稲之右衛門様外御同勢大平山參籠被爲在候段先般御訴奉申上置候處爲御鎭靜美濃部又五郎様再度御出張被爲在候處右御同勢様俄ニ御模様相替大平山ヨリ筑波山迄御出立之御先觸ニ而去月晦日栃木町御止宿當月朔日日光道中小山宿へ無殘御繼立仕翌二日美濃部又五郎様小山宿へ御出立相成御鎭靜方御目付様浦辰藏様外七人様栃木町へ御滯留被爲在候依之此段以宿綱御注進奉申上候以上

元治元子年六月三日

戸田長門守領分
野州都賀郡栃木町

問屋
藤助
源左衞門
小右衞門

道中
御奉行樣

第拾八

浪士大平山ヨリ歸國之義ニ付戸田長門守殿御届書寫

私領分野州都賀郡栃木最寄大平山ニ屯集罷在候水戸御領之者去月晦日下山致シ栃木町寺院幷旅宿屋等ヘ一泊致シ翌朔日晝頃ヨリ歸國之趣ニ而發足ニ付日光山中山道宿ヘ人馬繼立爲致領分中不殘引拂相成申候段同所陣屋詰役人共ヨリ申越候此段御届申上候以上

（道カ）（小山カ）

六月四日　戸田長門守

第拾九

浪士益亂妨之所業ニ相見得候間此上者速ニ御追討之御所置御專要云々之義ニ付御代官衆相達候書付寫

浮浪之徒取締方之義ニ付今般御觸幷被仰渡之趣者關內同役共一同申合取計方奉伺候處最寄大名御人數差出方等者銘々ヨリ懸合次第罷出候筈夫々御達相成候間見込之通相心得場所之模樣ニ寄猶取計方私在陣（屋脫カ）・尾野郡眞岡警衞人數之義者牧野越中守方ヨリ差出候積ニ付右御下知之趣ヲ以眞岡表向先五六拾人程モ人數差出候樣越中守家來へ及懸合候處同家領內之義者野州大平山ヨリ當州筑波へ之道筋殊ニ筑波下眞壁町ニモ陣屋有之且又隣領石川若狹守ヨリモ援兵被相賴加之同國柿岡村へモ浪徒集屯可致趣モ相聞同村者笠間城下最寄ニモ候得者自領警衞モ有之旁諸方へ人數引足兼候ニ付領內眞壁陣屋ニ人數差置異變次第其場所へ向出張致度旨家來ヲ以申越候處左候而者急變之節間ニ合兼候ニ付人數相減

責而貳三拾人ニ而モ不苦兼而陣屋元ヘ出張有之度旨及談判候得共卽答難相成立戻申候勿論右人數ニ而モ迚モ警衛無覺束奉存候間猶又野州烏山大久保佐渡守方ヘ人數差出方懸合遣候義ニ御座候尤笠間ヘハ八里余烏山ヘモ九里余有之何レモ路程山越ニ而未兩所共否挨拶者分兼候義之處去ル朔日夜水野日向守城下下總國結城町ヘ浪徒貳百人余小山宿之力ヨリ押參リ旅宿致シ翌二日朝馬繼爲致候砌同所人足共不禮有之候迚壹人切捨其上如何樣之譯歟町廻リニ罷出候日向守足輕井町役人等兩人搦捕同町大林寺ヘ引立領主ヘ及懸合候由其間町方出口出口・（浪脱カ）徒之者共相固居且總裁之由藤田小四郎ト申者其外同人ヘ差續候體之者共三四人ハ何レモ騎馬甲冑ニ而金之采配ヲ持步卒之分モ著込或者著具陣羽織等ニ而陣鐘大鼓相用ヒ結城市中ニテ調練致シ剩麥藁其外焚草ヲ夥敷集所々軒下ヘ積重子放火之用意致置城內ヨリ手詰之懸合罷在候由ニ而二日三日兩日者旅人往來モ留リ居候處同夕刻日向守家老出張之上重立候家來壹

人徒之方ヘ入質ニ相成渡候由ニ而漸穩便ニ出立夫ヨリ又候小山宿ヘ引
返止宿之上今四日者野州壬生町鳥居丹波守城下ヘ罷越候義之風聞ニ御
座候依之同町動靜之樣子探索之者差出猶又私陣屋元守衛筋之義專務ニ
工夫罷在候得共追々承候得者此程者筑波表ニモ大平山ヨリ引越候者凡
三百人余モ籠居致シ候由右等容易ニ水戸殿御領內ヘ引取候共不相見都
而之樣子柄先日一揆之所業無紛相察申候然上者當今發亂之徒而已召捕
候トモ迚モ鎭靜可仕道理無御座候依而此上者速ニ追討ノ御所置御專要
ト奉存候所詮此儘ニ而ハ御料所者勿論私領迚モ御取締筋行屆候期有御
座間敷候間此段申上候以上

子六月四日　　　　山内源七郎

第二十

浪士共結城御城下ヘ罷越御重役ニ面會仕候義ニ付水野日向守殿御屆
書寫

私在所下總國結城城下ゟ去ル二日朝六ッ時頃浪人數百人罷越重役之者へ面談致度旨使番之者兩人騎馬ニ而城門へ罷越申聞候ニ付城内へ入候義差留置町奉行役之者差出及面談候處不聞入是非共重役へ面會致度旨申候ニ付重役兩人城下寺院へ罷越及談判一先引取申候旨昨夕飛脚ヲ以申越候右懸合振等重役共急速出府之上可申聞段申越候右之事實聢ト不相分候得共不容易義ニ付此段如何可相成哉ト心配仕候ニ付不取敢此段申上候以上

六月五日　　　　水野日向守

第二十一

同斷御城下市不殘燒拂可申品々難題申出候義ニ付御屆書寫

一昨五日申上候通私在所下總國結城城門へ水戸家藩之趣ニ而田丸稻之右衞門組之者ニ而川股茂七郎千種太郎木村久兵衞外多人數召連罷越重役共へ致面會度趣再三申聞候ニ付不得止事於城下寺院出會仕候處鎖港之

義被仰出モ有之候ニ付攘夷之節人數不寄多少盡力致呉候樣申聞若及異義候ハヽ城下市中不殘燒拂可申迚所々へ燒草積置候暴威左候而ハ城下領分共一同難義仕候義難計一時權道ニ而臨機之取計致置候得共不容易大事ニ有之殊ニ私在府中之義重役共所置仕兼候間猶豫致呉候樣ニハ申候得共此段形容如何相成候哉兼々同濟之通攻伐接戰之時宜可相成哉モ難計奉存候此段不取敢申上候以上

六月七日　　　　水野日向守

第二十二

浪士生捕其外追取品之義ニ付水野日向守殿御屆書寫

去ル六日夜私在所下總國結城城下町入口へ向野州小山驛邊ヨリ浮浪之者多人數追々罷越候趣ニ付早速手配仕候處樣子見受候哉立戻リ候ニ付猶追掛候處何方へ歟逃去候跡ニ品々捨有之右之節生捕候者等左之通

一生捕　　兩人　　一馬　　壹疋

一拾匁筒　貳挺　　一五匁筒　壹挺
一甲　壹頭　　一刀　壹本
一脇差　壹本　　一長卷　壹振
一刀鞘　壹本　　一面頬　壹ッ
一馬乘袴貳下リ　　一單物　壹枚
一小倉帶　壹筋　　一提灯　壹張
但紋梅鉢兩面ハ伊藤
裏ハ王ト一字有之候
右之通追取申候段在所役人共ヨリ申越候ニ付此段不取敢御屆申候以上
六月十日　水野日向守

第二十三

浪士妻之由御召捕之義ニ付水野日向守殿御屆書寫
去五日夜私在所下總國結城城下町ニ而駕籠ニ而壹人通行之者有之怪敷體ニ付差留相糺候處浮浪之者妻之由ニ付召捕置申候段在所役人共ヨリ

申越候ニ付此段不取敢御屆申上候以上

六月十日

水野日向守

第二十四

浪士結城領亂妨之義ニ付探索書寫

當四月以來野州大平山へ屯罷在候水戸浪人ト相名乘田丸稻之右衛門其外同志之者其都度々々人數増減有之候處去月晦日大平山出立栃木町泊リ翌六月朔日小山宿晝ニ而結城町泊ニ相成候處翌朝人馬繼立方差支ニ相成ニ付町役人井繼立係リ之者へ繩ヲ掛候ニ付恐入繼立方之者隱レ居猶以混雜ニ及候砌同領分近村小森村下駄屋ト申者人足ニ差出シ候處何歟無禮有之候哉切殺シ候由右故彌以繼立之差支候義ニ有之然處田中愿藏重立右御領主御役人中へ難題申掛拙者共義素々横濱鎖港之義者心懸居候得共時節不至殊ニ無人當時住居不定候故當御城中丸之内御長屋ヲ當分借受度又者御家來之内貳百人貸被遣候共金壹萬兩用立呉候共右之

內壹ッ屆ヶ貰度由手詰之懸合之由ニ付御家中一同評議之上ニ挨拶ニ可及旨申候得共右返答差支候哉同藩高木順作ト申者蒙勘氣愼中ニ御座候處右之答命ヲ懸候トモ致度段申談ニ相成右順作罷出挨拶趣意ハ主人日向守小祿故壹萬兩之金子出來兼且又貳百人之侍差出兼長屋向モ引足不申右ニ付貳百人之代リ拙者壹人川立貰度左候得者萬一之時節ニハ身命ヲ懸候而モ相勤可申假令多人數有之候共其心得無御座候者ハ難用立素ヨリ横濱鎖港之義モ心得罷在候義ト挨拶ニ及候由ヲ承伏致シ候哉其義ニ而及示談候由ニ御座候然上者重役ヘ面會之上聢ト取極度趣申候ニ付元家老相勤候水野主馬ト申仁矢張當時揚屋入ニ相成候外ニ挨拶致シ立會候者無之哉同人立會トシテ罷出行（向カ）屆候處順作義者病氣ニ付藥用致シ追而沙汰次第可差出旨引合候拙者義者何方迄モ・何・方・迄（衍カ）モ見送可申由及挨拶候義ニ御座候且右懸合中結城町所々ヘ麥藁等ヲ積町內ヲ燒拂右町ニ而者戸締致シ銘々驚入候處高木順作水野主馬兩人ニ而無難ニ相濟候

由申事ニ御座候
一田丸稲之右衛門藤田小四郎其外同勢之者共源烈公之神輿ト唱候品百貳拾人位同勢ニ而結城町出立下館へ参リ矢張御領主御役人中之内重役ニ面會致シ度由懸合有之候得共右趣意如何相成候哉田丸稲之右衛門義者筑波へ出立上州組ト唱壹組岩谷敬一郎小山へ立歸同所泊リ田中愿藏組者持寶寺へ泊リ翌四日同意之者女房共々尋参リ候處如何之子細歟夫婦共切殺致シ同晝八ツ時頃小山宿一同出立候處右浪人壬生へ参リ候節會津様之御藩中京都御交代トシテ小山宿通リ懸リ候處不禮有之候迚右之内貳人悉打擲致シ其上本繩ヲ懸ケ壬生町へ引立候心得之處宿役人案内ニ而會津様御家中跡ヨリ三人追駈参リ途中ニ而懸合之上引取候趣ニ御座候夫ヨリ田中愿藏組者栃木町へ参リ岩谷敬一郎其外之者ハ小山宿へ引取其節宿内一同恐縮戸締到シ同六日晝後出立ニ而間々田宿ヨリ諸川村泊リニ而筑波へ罷越候趣ニ御座候尤結城様ニ而者小山宿ヨリ通行之

橋々切落去ル七日迄者通行不相成候義ニ御座候

右人數左ニ

岩谷敬一郎　栗山源左衞門

黑澤新次郎　林得藏

宇都宮左衞門　小關

昌木春雄　此者儀結城町元神職ニ而醫師體ニ相成最寄立廻リ候者者ニ御座候

川股茂七郎　千種太郎

伊藤　佐々木

水野主馬　此者儀當月三日領主欠ヾ、合示談之節ヨリ附添罷在候者

平尾排岩齋

〆惣人數百貳三拾人位

六月十日

第二十五

浪士警衛御人數御差出方御諸家等遲緩之義ニ付某氏書簡抄

御在府中ヨリ追々入御內聽置候野州大平山屯集之浪士共追々同山退キ去ル二日迄不殘常州筑波町ヘ罷越候趣御座候然處別紙石川若狹守樣ヨリ屆之趣ニ而ハ何分穩ニモ至リ兼可申哉尤水野日向守樣御領分野（總カ）州結城城下者右浪士之者共御城內外廻リ何レ鐵砲携ヒ火繩ヲ付火蓋ヲ切ン計之體ニ而城外立廻リ罷在城內出入者壹人モ爲致不申實ニ不穩事ニ而夫々關內筋領分有之候諸侯方ヘ者追々警衛人數差出方等御觸モ有之殊ニ關東御代官方ニモ爲取締廻村之義被仰付候ニ付前書領分有之向々ヘ警衛人數差出方之義御斷相成右等之筈ニモ可有之哉諸侯方ニヲイテモ無據御受者仕候得共速ニ差出候義答モ無之實ニ差向候義ニ而　公邊ニ被爲置候而モ深御配慮モ被爲在候哉ニモ乍恐拜承尤水戸樣ヘ之御達面之趣ニ而却而屯集之徒騷立候事ニモ相成候哉昨四日者御老中樣方不殘御引込井上河內守樣計御登　城之由右ニ付甲斐守ニモ引込今日モ病

氣申立引込候積之處昨夜大目付神保伯耆守樣ヨリ御文通ニ付今日登營被仕候一體之模樣筋者更ニ相分不申候得共浪士一條此程入御覽置候御觸達等之次第ヨリ事起リ候義ニモ可有之哉ニ愚考罷在申候

第二十六

常州下館表浪士多人數相越難題申掛候義ニ付石川若狹守殿御家來指出候書付被相副御代官衆被差出候御屆書寫

關内爲取締私出張仕持場警衛人數石川若狹守ヨリ差出候積引合濟之處同人在所常州下館表ヘ昨三日曉水戸殿浪士田丸稲之右衛門始凡人數六百人程相越攘夷之義同意ニ候ハヽ血判可致左モ無之ニヲイテハ直ニ火蓋切可申抔品々申威候趣在所表ヨリ早乘ヲ以（唯脱カ）今注進申越候間前書警衛人數難差出段使ヲ以申聞候右（不脱カ）容易義ニ付右使者口上書寫相添不取敢此段申上候以上

子六月四日　北條平次郎

寫

六月三日曉七ッ半時頃常州下館城下町ヘ水府浪人田丸稻之右衛門始凡上下人數六百人程到著致止宿右人數之內藤田小四郎竹内百太郎ト申者ヨリ若狹守家來高田蒔右衛門井上太仲ト申者ヘ手紙ヲ以申越候ニハ兼而賴談申置候金穀催促之義申來右答方申談手間取候ニ付猶又城越宗助ト申者外壹人ヨリ右金穀借用行届不申候ハヽ多人數之事故百人程養ヒ呉候樣意味ニ而預ヶ度趣申聞候由依之城下町甚混雜致候間兎ニ角城下町出立致呉候樣及談判候由其後右堀越宗助ヨリ重役之者ヘ致出會度趣申越候ニ付重役伊藤平六用人役大日方嘉右衛門ト申者罷出致出會候處先方ヨリ攘夷之義同意ニ候哉ト申聞候ニ付同意ニハ候得共併　公邊ヨリ御沙汰無之候而ハ打拂致候義難致旨相答候處同意ニ候ハヽ血判致候樣申聞左モ無之候ハヽ直ニ火蓋切可申段法外之義共申掛不容易次第在所表ヨリ早乘ヲ以只今申越候右ニ付兼而御懸合濟ニ而警衛人數差出

〔原〕堀越宗助姓或塚越ト相記シ或者塚本ト記シ眞僞不相分明今姑從多以記之

方之義心得罷在候得共差懸リ右之次第無據御斷以使者申上候以上

三月四日夕　石川若狹守使者　田中浪兵衛

但石川若狹守殿御直名ニ而　公邊ヘ御指出之御書付同文故相略申候

第二十七

同斷又々難題申掛候義ニ付石川若狹守殿御屆書寫

昨四日御屆申上候通水府藩其外浮浪之者共罷越金穀借用并攘夷同意ニ候ハヽ血判可致旨申聞候ニ付早乘ニ而申來候段申上置候處其後猶又急飛脚ヲ以申越候者昨四日ニ至候而者最早金穀借用并百人程之人數養呉候ニハ及不申候ニ付同意之血判致哉又者其義不相成候ハヽ人數差向候ニ付防戰之覺悟致居候樣堀越宗助ト申者城下町ヘ罷越申聞候依之精々手配等申付置候得共時宜ニ寄如何樣之義出來可申哉モ難計旨只今申越候間不取敢此段御屆申上候以上

六月五日　石川若狹守

第二十八

常州下館表へ浪士立入候ニ付和田倉御門番御免相成候義ニ付江戸御暇被成下度段石川若狹守殿被相願候御書付寫

今度私在所常州下館表へ浮浪之徒立入候趣ニ付和田倉御門番之義御免被成候間早々家來在所へ差遣シ取締方申付越候樣被　仰出候ニ付早速家來共差遣シ取締方嚴重申付候得共少人數之義甚心配仕候間可相成義ニ候ハヽ在所へ罷越シ指揮仕度奉存候依之御暇被下置候樣奉願候以上

六月六日　　石川若（狹カ）守

第二十九

大平山屯集之浪士退散所々暴行仕候義ニ付某ヨリ屆書寫

野州大平山ニ屯致居候浮浪之徒去月晦日ヨリ追々引拂候由之處去二日藤田小四郎ト申者頭取凡百二三拾人程水野日向守城下結城町へ罷越不穩所置有之候由一昨三日前書小四郎外田中愿藏ト申者主將之體ニ而凡

三百人程著込陣羽織等ヲ著シ丸之內へ水之字之印有之白旗其外印有之籏共拾本余押立金鼓等ヲ相用戶田越前守領分日光道中小山宿へ押出昨四日夕鳥居丹波守城下壬生町へ押寄候由跡人數モ追々出張之趣右之外四五百人程モ近鄉立廻リ昨今貳拾人程ニ而宇都宮へモ立入滯留仕候ニ付同所モ固筋夫々手配罷在候由何レニモ近邊不穩風聞之趣出役申付候旨支配向ヨリ追々申越候尤向々ヨリ追々申上候義ニ可有之候得共不取敢此段申上候以上

子六月五日

第三十

同斷之義ニ付探索書寫

一去ル三日下館町へ押出候浪士輩者藤田小四郎竹內百太郎等頭取ニ而兵粮軍用金兩樣之內借受度又者攘夷同意致可申旨等未ダ欠合中ニ而戰爭相成候義ニハ無之哉ニ取沙汰仕候

一同日結城ヘ出向候浪士輩者田中愿藏頭取ニ而上州邊之浮浪人無賴之徒ニ有之結城藩士ト何事歟示談行屆候哉一昨四日同所引拂小山宿ヘ一旦引上夫ヨリ壬生城ヘ發向致候處宇都宮ヨリ加勢人數差出鳥居家一同城下黑川ヲ境ニ嚴重相固候ニ付浪人共小山宿ヘ引戾同宿ニ屯罷在候由ニ御座候

一浪人共最前持步行候神輿體之品者去ル三日行粧大造ニ致シ筑波屯ヘ持參候由御座候

一結城ヘハ古河城ヨリ加勢人數差出候哉ニ相聞申候

一去ル三日小山宿續稻葉鄕地內ニヲイテ浪人共引連候村人足之內貳人何故歟深疵爲負候由ニ御座候

一下館城主石川若狹守江戸屋敷詰家來多人數今曉右下館ヘ發向致候由ニ御座候

六月六日

第三十一

同斷浪士共栃木町御陣屋ヘ罷越亂妨放火等仕候義ニ付有馬兵庫頭殿

御屆書寫

先刻御屆申上候通戸田長門守領分野州都賀郡栃木町陣屋表ヨリ加勢人數私在所表ヘ申越候則差向置候處去六日夜浮浪之徒懸合不行屆之趣ニ而右陣屋ヘ多人數押寄及砲發宿方ヘハ火ヲ懸燒拂候ニ付右陣屋ヨリハ大小砲打出シ及戰爭浮浪士之內討取候者モ有之哉之趣尤加勢トシテ差向置候私家來共之內ニハ怪我人等無之同夜曉浮浪士小山宿方ヘ退去之旨只今急使ヲ以申越候委細之義者長門守ヨリ御屆可申上候以上

六月八日　　有馬兵庫頭

第三十二

浪士共日光山ヘ押寄可申モ難計候ニ付御人數被差出候由秋元但馬守

殿御屆書寫

浮浪一件不穏五百人余之浪士者於宇都宮戸田越前守方ニ而引受候趣殘勢栃木宿亂妨戰爭之者模樣ニ寄日光山へ押寄可申モ難計不容易義ニ付但馬守致出張候樣日光奉行ヨリ申越候ニ付急速人數召連今朝致出張候此段御屆申上候以上

六月八日

秋元但馬守

第三十三

浪士共栃木町立戻殊之外及暴行候上ハ此後如何樣之變事出來モ難計云々之付〔旨カ〕有馬兵庫頭殿御家來屆書寫

兵庫頭領分野州都賀郡吹上陣屋最寄大平山集屯罷在候浮浪之徒去月晦日下山栃木宿へ一泊翌朔日何レ歟退散致候處猶又去六日小山宿邊ヨリ戸田長門守樣御領分右栃木宿へ多人數立戻今度ハ殊之外及暴行其儘ニ難捨置依之栃木御陣屋詰之御家來ヨリ兵庫頭在所表へ應援之義申越候ニ付兼而被　仰出之御趣意モ有之近所之義旁以加勢人數差出申越候

右ニ付兵庫頭陣屋表之義者最寄之義此上如何樣之變事出來可致モ難計甚致心配候段先不取敢御用番樣ヘ兵庫頭ヨリ御屆申上候關内之義ニ付此段御屆申上置候以上

六月八日

有馬兵庫頭家來
安西彌右衛門

第三十四

浪士共栃木亂妨之義ニ付關東御取締役ヨリ指出候書付寫

一昨六日七時頃田中愿藏幷手之者共凡百五拾人程栃木町戶田長門守陣屋ヘ罷越軍用金三千兩借受度及懸合候處一切取敢不申候ニ付及戰爭戶田家方即死四人手負之者モ有之門口ヲ鎖嚴重相固居候由之處陣屋前ヘ火ヲ懸ケ同所者勿論栃木町仲町者不殘燒失上町下町共燒且其節愿藏ヨリ火ヲ附候者ハ切捨可申趣申威畑中ヘ野陣ヲ張暫ク見張居夫ヨリ小山宿ヘ引取候由相聞候

一栃木町續嘉右衛門新田畠山木久膺陣屋ヘ今曉罷越軍用金及强談不承知

ニ候ハヽ陣屋焼拂候旨刧候由相聞申候

子六月八日

第三十五

同斷之義ニ付某ヨリ之書簡抄

田中愿藏　藤田由之助

樋山三之助　櫻井武之助

服部熊太郎　村田修敬

鈴木三郎

右人數ヨリ下人共凡百貳三拾人位ニ相見得候

此者共義當月四日巖谷敬一郎其外之者一同小山宿陣貝太鼓足並ニ而凡貳百人余同勢ニ而出立壬生御領主へ懸合之趣ニ而罷越途中飯塚宿ニ而差扣右御領主ニ而嚴重下河岸ト申所陣固大筒打放右ニ而恐候哉懸合モ無之御城下へハ立入不申栃木町へ罷越度段御領分役人迄夫而

已懸合ニ而横往還大光寺村通リニ而翌五日栃木町近龍寺裏へ罷出通行之砌不禮有之候迚酒造渡世ニ而同町百姓住吉屋勘兵衞娘當拾四歳ニ相成候者壹人同人方ニ酒呑居候名前不知者壹人兩人ヲ切殺シ外ニ壹人疵受逃去何方之者ニ御座候哉行衞不相知然處田中愿藏幷同勢之者鐘大鼓足並ニ而下町押田源兵衞方愿藏義者止宿其外ハ新道川邊半次郎方へ止宿翌六日朝同所釜屋喜兵衞同佐兵衞井筒屋重兵衞大坂屋重八其外酒造穀渡世無之者〔等カ〕へ壹萬五千兩及强談候處何レモ領主へ伺之上挨拶可致旨品能申述宿役人始不殘逃去候ニ付猶又領主役人へ金談懸合相成候得共斷相成其中右浪人共之荷物等生駒村へ繼立置同夜五ツ時頃ニ田中愿藏大將トシテ陣貝鐘大鼓足並ニ而領主陣屋門前へ參リ武器類貸呉候トモ金子三萬兩貸呉候共兩樣之内挨拶可致旨嚴重及懸合候由右出來兼候ハヽ一戰可及旨申候ニ付猶又相斷陣内ヨリ大筒打放候ニ付場所引取逃去候砌横町穀屋平藏方へ火ヲカケ表通リ三

桝屋米吉小林千代吉高山屋藤藏右同斷火ヲ懸候一同燃上リ下町仲町荒增燒失致シ同町續土岐信濃守樣御知行沼和田新田百姓政衛方ニ切込火ヲカケ七分通リ燒亡右消留候者ハ切捨候樣申威シ猶又油樽ヲ破リ〆火焚銘々屋根ヘ投揚人足共ヘ申付右卽死人上町魚屋周藏下町玉屋ト申者女房名前不知下駄屋之娘壹人其外所々ヘ卽死人都合六人モ有之候由右騷中浪人共生駒村ヘ罷越泊リ翌日朝五ツ時頃追々小山宿持寶寺ト申寺ヘ著罷在候夫ヨリ間々田宿繼立諸川村泊リニ而大寶筑波迄之先觸差出シ候由右ハ小山宿出立ニ相成不申內私義ハ取急キ出立仕候義ニ御座候

六月十日

第三十六

同斷書簡抄

栃木一條者先日荒々申進候處何分相分リ兼候趣被申聞候ニ付又々申入

候此起ト申者浪人衆大平山ニ多人數罷居候間追々城形之様ナル普請ニ取掛リ可申處上野宮様ヨリ當山早々引拂可申倫(カ)言故無據大平山退山ニハ及候此砌一番手者結城泊リ貳番手小山三番手栃木三手ニ別レ押出候節壹手結城ニ而米五百俵貸呉候様申右之義聞濟ニ不相成候ハヽ城責致勝敗之上ニ而手込ニ持參可仕旨申亂暴狼藉之所業ニ而甲冑ニ而繰出既ニ表門迄詰寄セ手詰挨拶返答次第ニ而亂入之姿ニ相見得候間無據刻延ニ而漸々翌朝ニ相成和睦致シ加勢五拾人貸遣候約束ニ相成候故引拂翌五日壬生へ責寄可申義決定ニ相成候故ニ早刻結城ヨリ右之段注進ニ及候處壬生ニ而ハ兼而用意之大筒ヲ持出シ寄手著之所へ一發致シ候間寄手無爲方散々ニ敗走致シ其崩レ栃木へ引返シ佐野之方へ志候處佐野御陣屋ヨリ大勢ニ而固入事不叶又々栃木へ引戻シ壹萬五千兩之用金申付候處彼是ト減金ニ相成陣屋之役人ノ了簡ニ而五千兩可差出間夫ニ而引拂可申ト懸合候得共不行屆右ニ付今日中ニ引拂ト申人足馬等申付朝ヨ

リタ刻迄今立々々ト申テ遲刻ニ及夕方漸出立之樣ニ見セカケ宿內川邊
屋ニ而油明樽貳三本求メ竹箒百本何レモ川邊屋之求ニ而浪人方へ遣シ
候得ハ右之明樽カヽミ打崩シ右桶ヲ細カニ割繩ニ而明松ニ拵朝ヨリ詰
居人足ニ申付家每ニ火ヲ付候故家々亭主立出浪人之前ニスハリ何卒燒
拂之事計者御免被下候樣ニ申候者ハ直ニ首ヲ切胴切ニイタシ始末誠ニ
修羅道之有樣ニ而銘々消ニ出候得者右之仕合無余義家財迄燒失ニ相成
候燒失之家數凡三百軒程ニ御座候今川金澤屋庄七方へ見舞ニ參候都合
ニ候右金澤屋壹家三軒共ニ殘ラス燒候由然處風邪ニ而打臥書面モ認候
事不相叶候得共先栃木一條亂妨之段荒增申入候以上

第三十七

栃木町川邊屋某ト申者浪士共ヨリ禮金受露顯ニ及候義ニ付探索書寫

一大平山ニ居住之內水府大將分度々江戶表武器之註文致シ候趣ニ而大將
分夫々出府被致度々長持ニ而大金江戶表へ運ヒ候分中々五萬七萬之金

子ニハ無之由ニ而去月下旬マテ者荒増ニ大將分ハ引去跡ニ殘リ候大平山之崩之者ヘ金子之殘リ分ケ余リ少々之由夫是ニ付內外疑心モ出來殘リ浪人衆是迄之大平山ニ住居イタシ居時々栃木之厄介ニ相成居候夫ニ引替唯金子而已ニ拘リ跡々散亂可致之了簡相見得候存分之死亡損亡川邊屋之主人夫迄之錢儲此度モ浪人ヨリ百兩禮金ヲ受ケ出張イタシ候跡ニテ右之始末町中ヘ露顯イタシ町內不殘川邊屋方ニ押込亂妨イタシ主人者駈出シ寺之椽之下ヘ這入漸命助リ候得共町中之人々川邊屋ヘ押込家財不殘川ヘ流シ又者鳶口金熊手ニ而引鑿一切ニ家財無之由猶又町內不殘陣屋ヘ押込今以埒明不申候由何レ陣屋之役人者行末者落命之事ニ可有之候未死骸灰モ片付不申由ニ御座候

第三十八

栃木町亂妨其外戶田越前守殿御家來縣勇記等之義ニ付探索書寫

當月六日九ッ時頃田中愿藏ヲ始同志之者トモ一同栃木町戶田長門守陣

屋ニ罷越領分村々ヨリ金三萬兩取立可貸渡旨及强談右之內三千兩ニ而
漸々勘辨ヲ受ケ取立次第可相渡積約定致シ一旦引取猶又同日暮六ツ時
頃右朋黨トモ罷越候節者門口ヲ鎖シ難立入憤激之餘理大盡ニ掛矢ヲ以
打毀及亂入不得止事鐵砲打出互ニ戰爭ニヲヨヒ陣內之者四人即死其余
手負之者モ不少由夫ヨリ仲町材木問屋共ヨリ杉皮眞木等之類夥敷取集
油樽等所々ヨリ奪來右杉皮其外油ニ浸シ積重ネ陣屋同町呉服渡世齋藤
屋井下町通リ町家金龍寺門前町家栃木町入會同樣町並續キ西原村川間
村人家へ參リ同樣油眞木へ火ヲカケ都合八ケ所ヨリ一時ニ放火亂妨鈒
戟ヲ振廻候ニ付狼狽致シ候町人共之內凡貳拾八九人程怪我人モ有之由
右ニ而荒增栃木町者燒拂浪士輩者隣村牛久村愛宕山へ楯籠リ夫ヨリ生
駒村通リ小山宿へ翌七日未明ニ著休息之上八ツ時頃ヨリ追々雨ケ谷村
通リ諸川町へ泊リ相成申候

一當月六日夜九ツ時頃宇都宮戶田越前守家老之由縣勇記ト申者家來五人

召連江戸表ヨリ歸國途中之由ニ而古河宿野村屋某へ止宿同宿領主土井大炊頭家老へ面談之義申込町奉行三浦次郎左衞門應接致シ候處浮浪之徒領內へ立入及亂妨候ハヽ可打拂旨被仰渡候得共右ハ御沙汰止ニ相成候間麁忽之取計ヲヨヒ申間敷心得違有之候ハヽ嚴科之御所置可有之旨總裁職松平大和守殿ヨリ御直々命令ヲ受來候義ニ付隣領之諸侯へハ追々及通達候心得候間必浪輩へ對シ不敬無之樣可致旨申置古河宿出立壬生結城下館へ追々罷越候樣ニ相聞申候右者改而　公義ヨリ被仰渡無之內者信用難相成全似役同樣之所置ニ而古河宿役場ニヲイテハ悉ク嘲リ居リ候由相聞申候

一下館町之方最早穩ニ相成候由ニ候得共道路ニ浮浪之徒夥敷散亂致居萬一荷物等被奪取候而者難相成迚同町領主石川若狹守江戸屋敷家來追々馳付百有余人之者共一昨六日夜迄ニ關宿町へ到著昨七日モ逗留憤發之樣子無之取々之風說有之候得共何等之義ニ而右樣逗留致シ居候哉相分

兼申候

子六月九日

第三十九

浪士共筑波山ヘ退去仕候義ニ付某ヨリ之書簡抄

段々申上置候諸川町ヨリ田中愿藏黨之者衆人間々田宿ニ而多人數用意申付足利町ヘ向罷越候途中小山宿ヘ出張之宇都宮領主家來守備警衛之同勢ニ被召捕候勢ニ臆候哉跡ヨリ押出候右愿藏其外多人數之者共友沼村邊ヨリ引返シ昨八日諸川町ニ居殘候者モ一ト纏ニ相成同町隣村萓谷村ヘ一泊迄ニ而筑波山之方ヘ向退去致候由相聞申候

一野州田沼村稲荷社別當齊林寺ニ埋伏罷在候浮浪之徒五拾人余水戸表ヘ御用有之趣ヲ以人足多人數雇上ケ一昨七日右村出立小山宿ヘ出人足繼替之義申談候處宿役人ヨリ斷受隣村塚原村迄罷越銘々辨當人足共ヘ者握飯差遣シ夫ヨリ諸川町ヘ相懸リ及深更前條萓ケ谷村名主七郎兵衛ヘ

ハ此者浪輩ヘ随身大久保七郎左衛門ト名乗候者ニ御座候昨八日晝時頃引連來候田沼村人足ハ差戻シ
朋黨筑波山ヘ向罷越候由相聞申候
本文人數引拂候後ハ最早栃木町最寄ハ鎭靜且胡亂之者徘徊致シ候義
無之哉ニ相聞申候聢ト之義ハ追々可申上候

第四拾

浪士共小山宿ヨリ諸川町通行之先觸申來候ニ付關宿邊ヨリ注進狀寫
乍恐宿繼ヲ以奉申上候陳者浮浪人之者明七日小山宿ヨリ諸川町ヘ參候
趣之先觸參リ人足三百人ト申觸書之趣ニ御座候處凡何人程ニ而何方ヘ
通行致候哉相分不申候間追々取調御注進可申上候且又下館町ニ罷在候
黨者不殘筑波ヘ引取候趣乍併又々下館町ヘ押寄候風聞有之是以實事難
相分候間探索之上可申上候先者此段御注進奉申上候以上

六月六日

追啓右浮浪人通行之趣相聞候故谷貝町仁連町諸川町ニ而ハ軒別締切

表口へハ不相出樣致居候小前之者潛リ居候由ニ御座候

第四十一

同斷之義ニ付久世謙吉殿御屆書寫

先達而中ヨリ野州大平山へ集屯罷在候浮浪之徒同所立去候由之處此程下總國諸川町へ罷越候旨注進申越右者如何樣之可及所業モ難計候間爲取締一番手人數昨曉領分境谷貝町ト申所へ出張仕候其後追々浮浪之徒相增候ト之旨猶又申越候ニ付貳番手人數同日夕領分谷井戸村へ出張仕候尤關宿ハ勿論川筋陸地共嚴重取締申付置候旨在所表ヨリ申越候此段御屆申上候以上

六月八日　久世謙吉

第四十二

浪士共散亂宇都宮御城下其外江戸街道筋へ多人數相集居候義ニ付戸田越前守殿御家來屆書寫

野州大平山ニ罷在候水戸館士之中瀧本主殿池尻嶽五郎ト申者兩人先達而宇都宮表ヘ罷越申聞候趣モ有之候ニ付去ル二日其筋役人共ヲ以別紙口上書寫之通及決答候然處是迄相集居候大平山者此間中追々退散相成候由ニ候得共半分程者無故水館ヘ引取候趣ニ有之跡半分ハ散亂致シ結城下館邊ヘ參リ種々之事共有之歟之風聞ニ御座候左候得者右之者トモ呼集騷立候事ニモ可相成哉ニ種々探索爲仕見候處右樣ニモ不相聞候得共凡拾八九人程城下傳馬町邊ヘ參リ其外江戸街道筋ヘモ多人數相集居候次第ニ而何時不法仕懸ケ可申哉モ難計候間城内外取締向手配方精々申付置候義ニ而甚心配罷在申候此段申上候樣越前守申付越候以上

六月八日　戸田越前守內　澤田五郎兵衛

別紙口上書相見得不申略

第四十三

浪士生捕其外武器類等取上候義ニ付戸田越前守殿御家來屆書寫

浮浪一條ニ付段々御屆申上候處此程野州御領所竹下村道桂寺へ浮浪人追々相集候趣ニ付眞岡御代官山内源七郎樣ヨリ討手被差出候間越前守方ヨリモ同樣人數差出可申旨御掛合有之則一昨七日曉夫々繰出源七郎樣申合取押方仕候處浪士三人生捕外ニ壹人切腹仕其外ハ逃去申候池尻嶽五郎外八人合符幷櫻井忠男池尻嶽五郎瀧本主殿之兩掛三荷其外武器等有之外ニ水戸御使番ト相認候明荷壹箇何レモ貫目重ク余程金子モ有之樣子ニ付源七郎樣御手代並地林八郎談判之上立合改受封印仕置生捕候者夫々手當仕置候且又昨日御屆申上候領分石井村友右衛門義同所被捕居候間無難ニ取戻申候尤武器類モ相見候ニ付相糺候處掠奪之品之趣モ相聞是又取上置候間出張家來ヨリ申越候將又小山宿へモ同日人數差出候處同所罷在候浪士共追々及退散候歟ニ相聞申候委細之義ハ猶追々可申上候得共先不取敢此段申上候樣在所表ヨリ申付越候以上

六月九日　戸田越前守家來
澤田五郎兵衛

第四十四

小山宿等ニ而浪士等召捕候義ニ付某氏ヨリ之書簡抄

佐倉堀田樣御家中御領分日光道中小金井宿御固ニ付結城通リ之砌出口ニ而繼立人足役々及候處堀田樣御家中之御印モ無之結城繼立人足之御印モ無之故早速取押牢ヘ入候小山宿者宇都宮ヨリ御家中三百人宿內遊女屋井泊屋共ニ幕打シ衆大勢御出張日々三拾人ツヽ勢子之方ニ鐵砲切火繩付ケ相廻リ候由然ル處當十三日角力取體之者壹人馬ニ乘小山入口ニ相成候砌宿內者定而見張所可有之間裏通ヲ引可申由申付候處馬子之申ニ者見張番所之前引通候而モ不苦候由申候ニ付引通候處番所ヨリ下馬可致旨ニ而馬ヨリ下シ役人改候處角力取ニ不似合所持之物有之候ニ付捕取及詮議候處全ク先年於江戸ニ小柳關取ヲ切殺ニ及候角力貳人之內之壹人ニ相違無之趣ニ而早速　公邊ヘ差出ニ相成候其外日々ニ樣々召捕ニ相成候小山宿ハ別段嚴重ニ候其譯ハ當春ヨリ浪人衆意恨有之小山宿燒拂ト申義宿內ヘ沙汰有之ニ付大騷動之時分ニ御座候

波山記事卷三終

波山記事

波山記事卷四

目次

一御諸家討手始末

第壹

一水戸様御町奉行之由田丸稲之右衛門等萬一日光表へ立入候茂難計ニ付戸田越前殿へ御警衛被　仰付候御書付寫

第二

一戸田越前守殿御歸國繼立人馬御伺書寫

第三

一浪士所々暴行ニ付御警衛被　仰付候御大名方調寫

第四

一同斷日光御警衛秋田安房守殿等へ被　仰付候御書付寫

第五

一同斷橫濱御警衞之義ニ付眞田信濃守殿等ヘ被仰渡候御書付寫

第六

一同斷上野山內ヘ御人數被指出方之義ニ付松平稠松殿ヘ被仰渡候御書付寫

第七

一日光爲御警衞之步兵隊被相遣候義ニ付人馬繼立等先觸寫

第八

一日光御警衞被　仰付急御出立之御大名調寫

第九

一浪士共追々增長ニ付御取捕之義ニ付被相觸候御書付寫

第拾

一同斷御府內等ヘ不立入候樣取計可申云々之義ニ付被相觸候御書付

寫

第拾一

一浪士御追計〔討カ〕御用被仰付度被相願候得共此度ハ右御用不被仰付義ニ付酒井左衛門尉殿へ被仰渡候御書付寫

第十二

一浪士御追計〔討カ〕御用被仰付候義ニ付松平右京亮殿等へ被仰渡候御書付寫

第十三

一御目付代永見貞之丞殿等浪士御追討御用被　仰付候ニ付拜領物被仰付候御書付寫

第十四

一浮浪市中へ入込放火致候モ難計候間銘々火之元大切ニ相心得候様市中へ被相觸候御書付寫

第十五

一人馬繼立之義ニ付松平右京亮殿御家來伺書寫

第十六

一同斷牧野越中守殿御家來伺書寫

第十七

一惡徒共鎮靜方見込之義ニ付酒井左衛門尉殿御家來ヨリ差出候書付寫

第十八

一浪士暴行ニ付國分ニ而取押方之義御代官衆等ヘ被　仰付候御書付寫

第十九

一同斷ニ付鎮靜次第御人數可被指出候ニ付御番方等名前取調之義ニ付被仰渡候御書付寫

第二十

一御追討之御模様不相分候而者御大名方御人數被差出方御心配之事ニ相聞候間一體之御所置御沙汰御座候樣云々之義ニ付御代官衆ヨリ被指出候御伺書寫

第二十一

一御警衛御人數出立之義ニ付風說書寫

第二十二

一公邊御出役之方々其外御大名等之義ニ付探索書寫

第二十三

一御警衛御人數御差出ニ付風說書寫

第二十四

一水戸樣御家來出張之義ニ付某ヨリ之書簡寫

第二十五

一田沼玄蕃頭殿等御追討被　仰付候御書付寫

第二十六

一浪士討手被　仰付御大名御名前調寫

第二十七

一金三千兩調達歩兵其外御役々御出張場所結城表へ被差出候樣云々之義ニ付土井大炊頭殿へ被仰渡候御書付寫

第二十八

一討手御人數御國元立拂之義ニ付丹羽左京大夫殿御家來屆書寫

第二十九

一戸田越前守殿御人數追々御繰出等之義ニ付探索書寫

第三十

一浪士打取等之義ニ付關東御取締役ヨリ相觸候書付寫

第三十一

一戸田越前守殿等御人數御繰出之義ニ付探索書寫

第三十二

一浪士暴行ニ付援兵トシテ可被指遣義モ可有之候間兼而用意可被度致カ

云々之義ニ付大御番頭衆等ヘ被仰渡候御書付寫

第三十三

一御警衞御人數被引拂候義ニ付松平下總守殿御家來ヨリノ屆書寫

第三十四

一討手御人數一先被引揚候義ニ付松平右京亮殿御家來屆書寫

第三十五

一討手之御大名方所々陣取之義ニ付探索書寫

第三十六

一筑波山ヘ御諸家御人數御繰出方之義ニ付探索書寫

第三十七

一御追討御人數追々御繰出ニ相成候義ニ付探索書寫

第三十八

一田沼玄蕃頭殿御出張之義ニ付探索書寫

第三十九

一松平周防守殿等御人數土浦出張之義ニ付風說書寫

第四十

一酒井但馬守殿野州邊へ被差遣候義ニ付被仰渡候御書付寫

第四十一

一古河表御預之御用錢皆納ニ付土井大炊頭御屆書寫

第四十二

一打捕等之義ニ付松平周防守殿御屆書寫

第四十三

一浮浪之徒御追討格別被相働候ニ付一段之事ニ被　思召御沙汰御書

付寫

第四十四

一打捕分取等之義ニ付松平周防守殿御屆書寫

第四十五

一同斷

第四十六

一浪士共海へ乘遁候者有之由ニ付御軍艦御差廻右脱走之者可打留筈ニ候間安房下總等之國々へ早速被相達候云々御軍艦奉行衆等へ被仰渡候御書付寫

第四十七

一御追討御人數之内御目付戸田五介殿一旦御人數御引揚再度御出張之節之御先觸寫

第四十八

一溝口主膳正殿御人數御繰出之義ニ付探索書寫
第四十九
一御持小筒組同心酒狂之義ニ付探索書寫
第五十
一田沼玄蕃頭殿等御不評之義ニ付風說書寫
第五十一
一同斷風說書寫
第五十二
一溝口主膳正殿御人數幷御目付衆等土浦御著之義ニ付探索書寫
第五十三
一那珂湊戰爭之節職掌御不當之義有之候ニ付北條新太郎殿等御咎被仰付候御書付寫
第五十四

一戸田越前守殿御人數敗北之義ニ付探索書寫

第五十五

一同斷御人數討死手負等之義ニ付探索書寫

第五十六

一浪士御追討御人數御名前調寫

第五十七

一浪士共脫走中山道筋押行追々京地ヘ罷登候由ニ相聞候間無手拔手配致シ候樣云々之義ニ付戸田釆女正殿ヘ御達ニ付御家來ヨリ差出候書付寫

第五十八

一同斷御達ニ付御人數少御心配ニ付山崎表御警衞御免之義戸田釆女正殿ヨリ被相願候御書付寫

波山記事卷四

御諸家討手始末

第壹

水戸様御町奉行之由田丸稻之右衛門等萬一日光表へ立入候モ難計候ニ付戸田越前守殿御警衛被　仰付候御書付寫

戸田越前守
秋元但馬守

水戸町奉行之由田丸稻之右衛門ト申者其外多人數越前守城下通行水戸小川館へ相集候者之由彼是不穩趣モ相聞候處日光表之義ハ里程モ近ク萬一同所へ立入候義有之候而ハ御場所柄不容易事ニ付御警衛向嚴重相心得候様可致旨越前守但馬守家來呼出相・〔達脱カ〕事

四月八日

第二

戸田越前守殿御歸國繼立人馬御伺書寫

出立當日ヨリ宇都宮迄
一人足百人　一馬五拾疋ツヽ
出立翌日ヨリ宇都宮迄
一人足五百人　一馬貳拾五疋ツヽ
右ハ越前守在所宇都宮表ヘ水戸浪人之由多人數相越不容易所業モ有之候ニ付日光表御警衞ナラヒニ在所表爲取締願之通在所ヘ之御暇被仰出明九日發足致候處多人數武器等モ差遣候義ニ付書面之通日光道中宿々繼申度候兼々御達モ御座候間人馬減少之取調仕候得共何分人足差支申候間此段相伺申候以上
　四月八日
戸田越前守家來
深田(澤カ)五郎兵衞

第三

浪士所々暴行ニ付御警衛被　仰付御大名方調寫

一壬　生　鳥居丹波守　一烏　山　大久保佐渡守
一大田原　大田原銈丸　一黒　羽　大關肥後守
一谷田部　細川玄蕃頭　一佐　野　堀田攝津守
一吹　上　有馬兵庫頭　一足　利　戸田長門守
一結　城　水野日向守　一土　浦　土屋釆女正
一下　館　石川若狹守　一笠　間　牧野越中守

右之通御警衛爲心得內意相達候事

第　四

同斷日光御警衛秋田安房守殿等被　仰付候御書付寫

秋田安房守
板倉內膳正

日光表近邊不穩義ニ付爲御警衛急速出立可被至（致カ）候

右於備前守宅家來呼出書付四月十日被相渡

御目付 高木宮內
御使番 有馬式部

日光表ヘ爲見廻急出立可致候
右御書付四月十日被相渡

第五

同斷横濱御警衛之義ニ付眞田信濃守殿等ヘ被仰渡候御書付寫

眞田信濃守
太田總次郎
內藤備後守
松平彈正忠

此節常野州邊浮浪之徒相集所々暴行不穩所業モ有之萬一横濱表ヘ立入可申モ難計其地御警衛之義ハ兼而怠惰等ハ聊有之間敷候得共前條之次

第ﾓ有之候義故猶又一際嚴重相心得神奈川奉行得差圖夫々手配致置候樣可被致候

右四月十二日御用番御老中宅ニ而被仰渡之

第六

同斷上野山內ヘ御人數被指出方之義ニ付松平稠松殿ヘ被仰渡候御書付寫

松平稠松

非常之節上野山內御警衛兼而被仰付置候處方今浮浪者共在々ニヲイテ追々不作法所業ニ及ヒ候趣相聞萬一御府內ニヲイテ違變之義出來致シ候而ハ不容易事ニ候得共若其節ニ臨ミ人數等繰出候樣ニ而ハ差懸候場合間ニ合申間敷候間當分之內壹番手人數宿坊迄兼而差出置候樣可致候事

四月十二日

第七

日光為御警衛之（マヽ）歩兵隊被相遣候義ニ付人馬・（繼脱カ）立等先觸寫

一歩兵頭壹人（供方上下拾人 馬壹疋）

一歩兵頭並壹人（供方上下五人 馬壹疋）

一大砲組頭壹人（供方上下四人 馬壹疋）

一歩兵差圖役頭取・（以脱カ）下役々四拾貳人（供方壹人ツヽ）

一御持小筒組差圖役頭取拾八人（供方一人ツヽ）

一大砲指圖役頭取以下役々拾八人（供方一人ツヽ）

一御持小筒組五拾人

一大砲組六拾人

一歩兵組五百人

一大砲牽馬八疋（口付之者 拾六人）

右日光表御用ニ付江戸表明十四日六ツ半時出立休泊本馬繼共左ニ

一大砲器械積送リ本馬拾疋
一十四日　千住休　越谷泊
一十五日　幸手休　古河泊
一十六日　小金井休　宇都宮泊
一十七日　今市休　日光表泊
右之通旅宿無差支割付馬飼等夫々首尾相成候之事
四月十四日

第八

日光御警衛被　仰付急御出立之御大名調寫
一九日出立　戸田越前守
一十六日出立　板倉内膳守
一在所ヨリ人數爲登　秋田安房守
一十一日出立　水野日向守

是ハ日光御祭禮奉行ニ而出立之處浮浪之徒相集不穩ニ付御警衛相兼

一御上京ニ付人數計被指出候

四月　　　　　　　　　　　　　秋元但馬守

第九

浪士共追々增長ニ付御取捕之義ニ付被相觸候御書付寫

浮浪之徒御取締ニ付而ハ追々相觸置候趣モ有之候處先達而以來野州大平山常州筑波山等ニ多人數集屯罷在所々横行致シ候右ハ水戸殿御家來井御領分之者共重ニ候而既ニ贈大納言殿之遺志ヲ繼候抔ト申唱候由ニ相聞難捨置候得共水戸殿ニヲイテ御手限ニ而御取鎭被成候趣被仰立モ有之候間御任セ被置候處追々增長此程ニ至候而ハ右場而已ニモ不罷在異形之體致シ貳三拾人位ツヽ群リ歩行中無宿惡黨者モ相加リ金錢押借等致シ百姓トモ難義不少依之大平山筑波山等ニ罷在候者共速ニ水戸殿御領內ヘ引取候樣可被成其余異形之體ニ而徘徊致シ軍用金抔ト唱ヘ押

而金子爲指出候類ハ勿論之義都而舊臘相觸候趣ヲ以往來相改浪人體ニ而怪敷見受候分ハ假令水戸殿御名目相唱候共召捕手向等致シ候類ハ切殺候共打殺候共可致旨嚴敷相觸候段水戸殿ヘ相達置候間右之趣相心得銘々領分知行限家來差出時々爲見廻萬一不法者等有之候ハヽ搦取又者打取多人數之節ハ隣領申合相互ニ助合差掛リ候分ハ村々之者共申合搦取候樣ニモ致シ尤手餘リ候ハヽ是又打殺候而モ不苦御料寺社領并小給所等ニ而家來詰合無之分ハ最寄領主地頭ニ而別而心附注進次第早速人數差出浮浪之者之タメ村々難義不致樣厚ク世話可致候

但關東取締出役廻村之節ハ相互ニ打合候樣可致候

右之趣關八州并越後國信濃國領分知行有之面々ヘ不洩樣可被相觸候

五月

第拾

同斷御府內等ヘ不立入候樣取計可申云々之義ニ付被相觸候御書・（付脱カ）寫

野州大平山ニ集屯罷在候者共所々橫行猥藉及ヒ難捨置候間爲鎭壓方水戸殿ヨリ御人數被指出候筈ニ付近領諸家ヘ相達候趣モ有之候間居城無之面々モ在所又ハ陣屋有之家來差出シ力ヲ合セ討取程遠之分ハ模樣次第援兵差出シ御府內ヘ不立入樣可取計者勿論之義外々ヘモ散亂不致タメ彌領分知行取締嚴重相立川々等ハ別而心附怪敷者ハ矻ト相正シ時宜次第搦取討取可申候

右之趣關八州領分知行有之面々ヘ可被相觸候

六月

第十一

浪士御追討御用被仰付度段被相願候得共此度ハ右御用不被仰付義ニ付酒井左衞門尉殿被仰渡候御書付寫

酒井左衞門尉

其方家來一同義勇之志厚格別之事ニ付今般野州邊暴行之浮浪之輩追討

之義ヲモ可被仰付候處此節御人少旁此度之義ハ御用不被仰付候間彌以
勉勵心得違之儀無之樣精々可申付旨御沙汰候
六月十一日
第十二
浪士御追討御用被　仰付候義ニ付松平右京亮殿等へ被仰渡候御書付
寫
松平右京亮
牧野越中守
野州邊暴行致居候浮浪之徒追々不法之所業相募候ニ付追討被　仰付候
間早々鎮靜致候樣可被取計候尤近領之面々へモ追捕之義相達候間諸事
申達（合カ）不討洩樣可被致候
六月十一日
第十三

御目付代永見貞之丞殿等浪士御追討御用被　仰付候ニ付拜領物被
仰付候御書付寫

金五枚ツヽ　永見貞之丞
時服貳ツヽ　小出順之助

野州邊へ爲追討松平右京亮牧野越中守被差遣候ニ付爲御目代被指遣依
之被下之
六月十一日

第十四

浮浪市中へ入込放火致候モ難計候間銘々火元大切ニ相心得候樣市中
へ相觸候御書付寫

浮浪市中へ入込候ニ付自然放火致候モ難計候間銘々火之元大切ニ相心
得用心可致別而町役人共見廻ﾘ方嚴重可致事尤今晩中ニ市中へ・（無脱カ）洩樣相
達可申者也

六月十三日

第十五

人馬繼立之義ニ付松平右亮〔京脱カ〕殿御家來伺書寫

一人足百人

一馬　百疋

右ハ此度野州邊暴行之浮浪徒追討被　仰付松平右京亮出張被致候ニ付御目代永見貞之丞樣御差添明後十三日出立中山道高崎ヘ立寄夫ヨリ倉賀野宿例幣使街道宇都宮邊迄罷越候間往返共書面之人馬繼立申度奉存候宿々日限等鎮靜方ニ寄候ニ付難差定御座候間前宿々ヘ家來差遣爲申談遣拂高追而御届可申上候此段奉伺候以上

六月十一日

松平右京亮家來
菅谷治兵衛

御付札

書面人馬繼〔立脱カ〕之義申立通ニ而難承届人足百人馬五十疋迄繼立候積リ此

度ニ限リ承置候先觸屆之節何月幾日及挨拶候段書加可被差出候

子六月

第十六

同斷牧野越中守殿御家來伺書寫

一人足百人

一馬　百疋

此度常野州邊ヘ浮浪之徒屯集暴行仕候ニ付領內ヘ夫々人數差出并近領ヘモ助人數差出此上變事モ難計人少手薄之義ニモ候間越中守急速在所ヘ之御暇奉願罷越候間前書人馬繼（立脫カ）奉伺候處近來諸通行差添（湊カ）繼立相嵩宿助郷共疲弊之折柄ニ付御聞屆難被成當日翌日都合二日貳拾五人貳拾五疋迄繼立之積御聞（屆脫カ）相成候旨承知仕（候脫カ）然處今日越中守田安假　御殿ヘ被爲召野州邊ヘ致暴行居候浮浪之徒追々不法之所業相募候ニ付追討被　仰付候間早々出張致シ鎮靜候樣可取計旨備前守樣被　仰渡候ニ付此上武

器人數相増井大筒等持參仕明曉發足仕候ニ付前書御聞屆人馬繼立ニ而ハ甚指支候間猶又書面之人馬先觸差出シ候而モ不苦義御座候哉此段奉伺候以上

六月十一日　　牧野越中守家來
　　　　　　　吉田儀右衛門

御附札

書面人馬繼(マヽ)之義人足百(人脱カ)馬五拾疋迄繼立積リ此度ニ限リ承置候追而先觸屆之節何月幾日及挨拶候段書加可被差出候

子六月

第十七

惡徒共鎭靜方見込之義ニ付酒井左衛門尉殿御家來ヨリ差出候書付寫

左衛門尉儀兼而御内御取締向被　仰付晝夜見廻リ等平日無油斷申付置尤諸方ヨリ注進有之候節ハ早速人數差出惡徒共捕押候處今般近國不穩候ニ付而ハ自然徒黨之共(者共カ)者御府内へ入込候哉モ難計縦令何程之多人數

押込如何樣之義仕出候共可及丈精力ヲ盡シ討取鎭靜仕候義ハ子細無御座候得共何分浮浪輩御府內所々へ隱レ居リ候事ヲ仕出シ候ニハ御當地不馴之家來共前方探索等仕候義甚行屆不申間敷ト奉存候間町奉行衆御勘定奉行衆等之御手ニ而必至ト御探索之上模樣次第早速左衞門尉方へ御通シ御座候樣仕度其節人數差出討取候樣仕候ハヽ鎭靜方行屆可申哉ニ付申上候間御沙汰被成下度奉存候依之此段申上候以上

六月十五日　酒井左衞門尉家老　松平權十郎

第十八

浪士暴行ニ付國分ニ而取押方之義御代官衆等へ被　仰付候御書付寫

一武藏　木村董平
御取締　宮田左右平

一同　八代増之助
同　關口斧四郎

一伊豆相模武蔵	江川太郎左衛門
	同　木村樾藏
一武蔵下總	佐々井半十郎
	同　太田源太郎
一同	松村忠四郎
	御取締　松本麟四郎
一上野下野武蔵下總	福田所左衛門
	同　渡邊愼次郎
一常陸下總	北條平次郎
	同　内山左一郎
一同	今川要作
	同　駒崎清五郎
一野州眞岡烏山邊迄	山内源七郎

同　廣瀬權平

一常總

小笠原甫三郎

同　中川孫一

一上州岩鼻邊

中山誠一郎

同　木原信一郎

右之通浪人取押方國分ニ而被　仰渡候由ニ御座候間此段申上候以上

六月十五日

第十九

同斷ニ付動靜次第御人數可被差出候ニ付御番方等名前取調之義ニ付被仰渡候御書付寫

此節關內所々浮浪之徒暴行及候ニ付此上之動靜ニ寄御人數ヲモ可被差向候ニ付御番方其外武役之向ヨリ向々へ出役致居候分早々歸番之積一兩日中名前取調可被申聞候事

右之趣向々へ可被相達候事

六月

第二十

御追討之御模様不相知候而ハ御大名方御人數被差出方御心配之事ニ相聞候間一體之御所置御沙汰御座候樣云々之義ニ付御代官衆ヨリ被指出候御伺書寫

關內爲取締出張先追々持場內相廻リ怪敷モノ御府內へ不立入樣別而嚴敷取締方仕江戸川筋渡舟并通船悉相改則今日下手今井渡堀江邊迄見廻本行徳村々旅宿同所長（マヽ）渡舟場ハ松戸市川等ニ並要地之義ニ付格別御府內固メ相成候樣手配嚴重申付罷在候處筑波山箕田岩雄谷源九郎（本文岩雄ハ去月中下總國野田村へ金策ニ罷越候者ニ御座候）名前ニ而下總國流山村商人共拾人へ筑波山內塚田屋へ即刻可罷出旨別紙之通以使申越候趣注進有之候之間私義行徳邊へ取締向手筈早々申付置流山村へ出張彌浮浪之徒押參リ候ハヽ警衛本多

伯耆守人數ヘモ差圖ヲヨヒ召捕方手配仕候心得ニ御座候得共筑波集屯之者共追討之模樣不分候而ハ伯耆守家來ニヲイテ心配罷在候義ニ付一體之御所置御沙汰御座候樣仕度右寫相添此段奉伺候以上

六月十七日　佐々井半十郎

本文別紙ト有之候別紙ハ本文名前之者ヨリ村方之者共國事之義ニ付用向有之早々筑波ヘ參リ可申ト之書狀寫ニ而別段之義無之依而略之

第二十一

御警衞御人數出立之義ニ付風說書寫

一過ル十六日水戶樣御人數御出立之由

一同十七日騎兵三百人步兵六百人出立

一同十八日松平右京亮樣御出立

但御人數貳千人程之由

一牧野越中守樣御出立ノ義近日ト計申聞聢ト相分不申候

右之通申上候

第二十二

公邊御出役之方々其外御大名等之義ニ付探索書寫

一關宿御泊之御代官北條平次郎樣御加勢御旗元衆永井金三郎樣御人數五十人計劔付鐵砲井提槍之衆等武器長持五棹幕打道具尤騎兵壹疋モ無之候其外八州樣モ槍壹筋爲提岡引大勢ニ而三組共ニ水海道泊ニ出立被成候猶又夕刻栗橋ヨリ船ニ而御越被成候御代官井御加勢近藤登之助樣ト申御籏元之御家中衆是ハ立派ニ御座候

一高崎松平右京亮樣五百人ツヽ之御同勢貳番手マテ筑波表ヘ御繰出ニ相成候趣唱ニ御座候

一公義ヨリ御出役之御方如何之御思慮ニ御座候哉敵地ヘ近發被遊候事何分ニモ延引被遊度思召ト相見得一日ニ五六里位之道法御通リ被成又ハ少々雨天ニハ滯留被成兎角世之中之人夫ヲ費シ民百姓之難澀少モ御厭

不被成候

一土浦笠間ヨリハ更ニ出陣無之由　公義ヨリ何之御沙汰モ無之故ニ銘々居城ヲ相守居候由　公儀ニ而ハ音沙汰ノミニ而御代官幷八州樣位ニ而追散申候御了簡ト相見得申候下々之難澀少モ御存シ無之候得ハ向々ハ返而大變引出可申ト存候其上御役人之思召之程何共難計候

一只今ト相成候而ハ宇都宮結城兩家ニ而召捕候浪人余程ニ御座候外御領分ハ一切御構不被成候別而八州樣抔ハ漸々此度出役被成御代官樣共ニ飯沼弘經寺へ入彼地へハ御出向無之由ニ御座候何レ御役ニモ御立不申候由

六月十九日

第二十三

御警衛御人數御指出ニ付風說書寫

一先日ヨリ只今ニ日々下館武器類之荷物長持大葛籠之類江戶ヨリ到著本

國ヨリ人馬繼通シニ而百姓大勢參リ賑々敷事ニ御座候
一又下妻モ結城モ當節江戸ヨリ人馬等ニ而武器長持大筒等船ヨリ引揚是ハ國元ヨリ迎ニ參リ候由
一井上伊豫守樣御領分下妻町へ近日松平右京亮樣御繰出ニ候御人數御到著之御宿割ニ相成尤多寶院ト申寺御本陣ニ相成候由ニ御座候右ニ付浮浪之者下妻町ヲ燒拂ト之風聞有之町中用意仕居候由ニ御座候

第二十四

水戸樣御家來出張之義ニ付某ヨリ書簡寫

前文略然ハ浪人共防方之義ハ昨六日下妻町ゟ水戸樣御家來衆凡五六百人歩兵御人足(數カ)貳千人余其外御役人衆共都合三千人余右同町へ繰込ニ罷成追々今七日松平右京亮樣井伊掃部頭樣御家來衆此御人數相分不申候得共今日矢張右下妻町へ繰込ニ相成候間右之段御內々爲御承知之奉申上候乍憚御同役衆中樣へモ宜敷奉願上候何レ近々之內否哉相分リ次第

可申上候先ハ右申上度早々如此ニ御座候

子七月七日

第二十五

田沼玄蕃頭殿等御追討被　仰付候御書付寫

野州邊形勢切迫ニ付三番頭始其外急速被指遣候間出張被　仰付候

田沼玄蕃頭

大御番頭
堀内藏頭

御書院番頭
織田伊賀守

御小性組番頭
井上越中守

御持小筒頭
和田傳右衞門

御先手
土屋駒之丞

御徒頭
遠山三郎右衞門

御小人頭
竹内日向守

野州邊浮浪之輩爲追討其方共幷組之者共差遣候間急速出立候心得ニ而可致用意候田沼玄蕃頭義モ出張被　仰付候間諸事可得差圖尤玄蕃頭出立ニ不拘其方共早々發足之積リ可被心得候

御目付　設樂彈正
御使番　日根野藤之助
枚野綱太郎

野州邊浮浪之輩爲追討大番頭始其外急速被指遣候間其方共差添田沼玄蕃頭義モ出張被　仰付候間諸事可被得差圖候尤大番頭始モ玄蕃頭ヨリ先達而出立之積ニ可被心得候

七月八日

第二十六

浪士討手被　仰付御大名御名前調

上州高崎　松平右京亮

常州府中　松平播磨守
野州宇都宮　戸田越前守
常州土浦　土屋采女正
常州笠間　牧野越中守
下野壬生　鳥居丹波守
常州下館　石川若狹守
常州谷田部　細川玄蕃頭
下野足利　戸田長門守
常州宍戸　松平大炊頭
常州下妻　井上伊豫守
下總結城　水野日向守

第二十七

金三千兩調達步兵其外御役々御出張場所結城表へ被差出候樣云々之

義ニ付土井大炊頭殿ヘ被　仰渡候御書付寫

土井大炊頭

野州邊屯集罷在候浮浪之徒追討歩兵其外役々結城表出張有之候處彼地ニ而御金繰之都合モ有之候間其方領分之義ハ最寄之事ニ付在所表ニ而金子三千兩調達致シ結城表ヘ持參同所ヘ相詰罷在候支配勘定出役野木次郎左衛門後藤太兵衛之内ヘ早々相渡候樣可取計候尤右調達之上千兩ハ速ニ御差戻シ相成候間右之心得ニ而急速ニ相渡候樣可被致候

七月十三日

第二十八

討手御人數御國元立拂之義ニ付丹羽左京大夫殿御家來屆書寫

左京大夫義今度野州邊暴行致居候浮浪之輩追討後援之義ニ就而ハ被仰付人數左之通去ル七日初日立ニ而八日九日ト立拂罷登候旨在所表ヨリ以飛狀申越候

一家老壹騎
一先手物頭三騎
一小荷駄奉行壹騎
一目付役貳騎
一足輕百十五人
一働士百人余木筒方共
一番頭貳騎
一三組足輕三十人程
一足輕三十人程
一諸物頭七騎
一使武者三騎

八月十七日

丹羽左京大夫内
小澤長右衛門

第二十九

戸田越中守殿追々御繰出御人數等之義ニ付探索書寫

一宇都宮様御先手御人數凡六百人余今日酉ノ刻高道祖村へ御著罷成追々明日二番手モ右同村へ御繰込ニ罷成候様子ニ承申候

一今八ツ時頃宗道河岸へ御詰合罷成候松平下總守様御調練有之大小砲

之音多相聞得申候

八月十八日

第三十

浪士打取等之義ニ付關東御取締役ヨリ相觸候書付寫

筑波山集屯之賊徒共悉ク御誅伐可有之旨其筋ヨリ御達ニ付村々ニヲイテモ其旨相心得賊徒共金銀押借等ニ罷越ハ勿論之義潜伏又ハ徘徊致シ候ハヽ竹槍其外得物ヲ以無二念打殺可申候依而ハ一村限リ小昧（前カ）末々迄相互ニ申合共々吟味致シ賊徒共へ內意相通等致候者モ有之候ハヽ縱令親類懇意之間柄タリトモ聊無用捨差押最寄廻村先へ早々可申出候若見遁シ置追而相知ルヽニヲイテハ嚴重相糺候條今般賊徒共御追討之御趣意難有相心得組合限リ申合行屆候樣大小惣代并寄場役人トモ精々厚世話可致候

右之通可相達旨其筋ヨリ御沙汰ニ付申渡候條刻付ヲ以速ニ可申通候此

廻狀寄場下ヘ令受印早々順達留ヨリ御總督御宿陣我等詰所ヘ可相返候
以上

八月十九日　　　　關東御取締出役

村々名主組頭

第三十一

戸田越前守殿等御人數御繰出之義ニ付探索書寫

一御追討樣方之義宇都宮戸田越前守樣御人數七百人程昨十八日高道祖
村御詰合猶又今暮方ニハ千貳百人程御著ニ相成兩日ニ貳千人程同所
ヘ御旅宿相成明後廿一日沼田村ヘ御出張ニ相成候由ニ御座候

一板倉內膳正樣御人數之義ハ今日貳百人高道祖村御通行ニ而今夜田中
村御旅宿ニ相成候由ニ御座候

八月十九日

第三十二

浪士暴行ニ付援兵トシテ可被指遣義モ可有之候間兼而用意可被致云
々之義ニ付大御番頭等衆等へ被　　仰渡候御書付寫
野州邊屯集浮浪徒横行致シ候ニ付其方共同役ナラビニ組之者共爲追討
被差遣彼地模樣ニ寄猶又援兵トシテ其方共可被差遣義モ可有之且夷情
モ難計内外彼是御事多之折柄是迄度々相達置候得共兎角太平之弊習ニ
泥ミ候向モ有之哉ニ付向後出張等被　　仰付候節ハ卽日ニモ出立相成候
樣銘々厚ク相心得兼而用意致シ可被置且又組之内老人又ハ病氣等ニ而
出張モ難相成者ハ只今之内取調置候義者勿論人數不足之分モ早々取調
御入人相賴何時出張被　　仰付候共聊無差支樣兼而手筈取極置尤召連候
組中人數書早々可被差出候
七月十八日
右大御番頭御書院番頭御小性組番頭御持筒頭御先手小十人頭へ御達
之事

第三十三

御警衞御人數被引拂候義ニ付松平下總守殿御家ヨリ屆書寫

立田主水正樣野州邊出張之面々粮米運送取締井ニ土民撫育方爲御用被指遣候間粮米運送其外爲警衞人數差出候樣被　仰渡候ニ付御用地詰合候家來共之內差繰不取敢一昨十七日千住宿マテ人數差出置急速在所表ヨリ交代爲仕候積ニ御座候處主水正樣御儀被成御歸府候ニ付人數引拂候樣御達ニ付昨十八日引拂申候此段御屆申上候以上

七月十九日　　松平下總守內　伊藤作左衞門

第三十四

討手御人數一ト先引揚候義ニ付松平右京亮殿御家來屆書寫

去月御用番樣ヘ御屆申上置候右京亮人數常州關本村迄追々繰詰候處去ル十三日御目付代永見貞之丞樣小出順之助樣小山ニヲイテ重役共御呼出　公邊井水戶樣御人數共一先江戶表迄御引拂十分御策略之上御出張

可有之ニ付右京亮人數ヲ以結城下館兩所ヘ屯營可仕旨御達御座候得共追討御主本水戸樣井ニ　公邊御人數御引揚相成後援人數而已屯營仕候者軍旅數日之勞彌增一同氣込モ如何ニ付一先在所ヘ繰込休息旁粮米入費等手段仕度候間右兩村ハ最寄宇都宮古河關宿壬生館林在方ニテ守衞相心得候樣御達奉願候處尤之儀ニ付勝手次第引取可申段猶御指圖御座候ニ付去ル十四日小山宿引揚同十七日在所高崎表ヘ惣人數歸著仕候ニ付先慰勞致置候段右京亮申付越候此段御屆申上候以上

七月廿日　　松平右京亮内
菅谷治兵衛

第三十五

討手之御大名方所々陣取之義ニ付探索書寫

一伊藤兵庫殿松平下總守殿此兩將宗道村森庄三郎宅本陣之由此人數十二日ノ夜迄宗道村横寄村々四ヶ村ヘ千貳百人繰込十三日五百人程繰込十四日ニハ三百人モ引續キ繰込候由ニ候事

一壬生侯十二日大寶へ御出張同所ニ而勢揃ヒ筑波下大島村へ著陣之由
但惣人數七百人程之由下妻通行被致候處同所此度旅宿ハ差除下妻在
堀込村ト申所迄出張十三日夜野陣十四日朝出立洞下邊へ出張之由著
陣之處未相知由
一田沼玄蕃頭殿古河驛十四日出馬十五日小山驛泊十六日下館町著陣之由
一十三塚　二本松侯　一小幡　笠間侯
一眞壁　御先手 御小性組　一石田　下館侯
一臼井　板倉侯　一神部　步兵
一洞下 田中　壬生侯　一沼田　宇都宮侯
一小田 北條　土浦侯　一松石　笠間侯

第三十六

筑波山へ御諸家御人數御繰出方之義ニ付探索書寫
一今日筑波邊等之模樣承候處壬生樣御人數不殘今日筑波山へ御繰込ニ罷

成申候由

一宇都宮様御先手モ少々右山ヘ御著殘リ御人數ハ菅間村ヘ御止宿ニ相成申候二本松様今日大寶村迄御出張罷成申候由ニ御座候

一筑波村大惣代名主謙八ト申者今日宇都宮様ノ手ヘ御召捕ニ罷成高道祖村ニ而御吟味之上小山邊ヘ御送リニ相成申候由ニ御座候

一追討御人數之内戸田越前守殿過ル十八日高道祖ト申ヘ繰込同十九日ニハ板倉殿御人數高道祖通行ニ而田中村ト申ヘ旅宿之由ニ御座候事

八月廿日

第三十七

御追討御人數追々御繰出ニ相成候義ニ付探索書寫

一今般松平周防守様浪人追討被仰付之由御人數四百余人其外案内トシテ山口長二郎様御繰出シ昨廿三日我孫子宿泊リ被仰付候由歩兵頭河野伊豫守様歩兵五百人余同日松戸泊リ御目付戸田五助様其余千住宿迄御繰

出シニ罷成候由

一右者牛久ヨリ段々土浦迄御繰出田沼玄蕃頭樣モ同樣土浦町ニ而一所ニ罷成可申哉ニ候由此節土浦へ參居候御普請役ノ咄ニ御座候由

第三十八

田沼玄蕃頭殿御出張之義ニ付探索書寫

一田沼玄蕃頭殿御始追討御人數結城迄御出張之處近々土浦へ御繰込之由右ニ付御普請役加納鉄三郎殿望月喜一郎殿道筋見分等之爲過ル廿二日吉沼村晝喰ニ而通行有之由事ニ寄同所晝寓ニ相成候哉モ難計由ニ而家數人馬等之義被相尋村方家數者貳百軒余ニハ御座候得共御止宿ニモ御用立候樣之家者百貳拾軒程位寺ハ四ケ寺御座候得共貳ケ寺ハ領主警衞人數止宿ニ御用立居外貳ケ寺ハ無住ニ而御用立不申繼立人足者百人程馬ハ五拾疋位外無之御繼立ニハ六ケ敷可有御座乍去萬一御晝寓ニ相成候節者諸道具等ハ如何可有御座候哉問合候由之處多分ハ通行相成間敷

得共若又萬一御通行相成候ハヽ前廉御沙汰有之趣ニ御座候事
一步兵組凡三千人程大寶村ト申ニ止宿之處過ル廿二日千人余下館幷眞壁邊ヘ繰出シ殘人數ハ筑波邊ニ出張之趣ニ御座候事
八月廿四日
第三十九
松平周防守殿等御人數土浦出張之義ニ付風說書寫
松平周防守殿御人數其外步兵頭河野伊豫守殿御人數明日歟明後日迄ニ土浦ヘ御著ニ罷成候由風聞有之同町方混雜之由承申候
八月廿六日
第四十
酒井但馬守殿野州邊ヘ被差遣候義ニ付被　仰渡候御書付寫
酒井但馬守
野州邊ヘ被指遣候ニ付御使番池田鎗三郎幷關東取締出役之者兩人爲附

添被差遣候間可被得其意候

九月四日

第四十一

古河表御預之御用錢皆納ニ付土井大炊頭殿御屆書寫

七月廿九日御預リ

一金貳千五百兩分百文錢ニ而八拾四箇半

八月八日御預リ

一百文錢貳千枚入貳箇

同十一日御預リ

一同斷　三箇

同十九日御預リ

一同斷　拾七箇

同廿二日御預リ

一同斷　　六拾貳箇

右者野州邊出張之面々へ爲御用錢私在所古河ニ御預ヶ被置候處右之通追々御役人中へ家來之者ヨリ相渡皆納相成候段彼表家來之者ヨリ申越候此段御届申上候以上

九月九日　　土井大炊頭

第四十二

打捕等之義ニ付松平周防守殿御届書付〔マヽ〕寫

今般浮浪之徒爲追討私人數差出去月廿九日ニ府中へ向戰爭之心得ニ而出張仕候處其以前同所屯集罷在候〔者脱カ〕共逃去候ニ付市中探索仕潛伏罷在候徒黨之内矢口平左衞門山本吉藏同吉五郎鈴木勇齋等捕押御目付戶田五介差圖ヲ以關東御取締出役木村樾藏へ引渡申候其後當月朔日小川村へモ押寄私家先陣へ相進大砲打掛候處右發砲ニ而小川館燒失仕候尤相居候賊徒モ有之候得共是又逃去行衞相知不申候其節取殘置候書籍類外品

々共別紙之通火中ヨリ取出申候右相濟直ニ三兵隊先陣ニ而玉造館へ押寄是又發砲ニ而玉造館モ燒出（失カ）仕候其節私人數後援仕候右之趣出張之家來之者ヨリ申越候ニ付此段御屆申上候以上

九月四日　　松平周防守

別紙

一葵御紋付箱一
一弘道館御筆掛物一
一書物箱　三十八
一醫師道具箱一
一稽古醫館額一
一鳶口　拾本
一莚坐　壹枚
一判木板　五
一至誠ト申文字付旗一
一西洋笠　一
一提灯　五
一木砲　三挺
一短刀　一
一掛物　一
一木綿風呂敷包二
一雨傘　四本

一火鉢　二　　　　一雜物入箱　一

右之通御座候以上

九月四日　　　　松平周防守

第四十二

浮浪之徒御追討格別被相働候ニ付一段之事ニ被　思召御沙汰御書付

寫

今般野州邊浮浪徒追討被　仰付候處早速人數差出格別相働候段達　御
聽候處常々申付方宜敷故之義一同不惜生命相働候條一段之事ニ候間此
旨可申聞ト之御沙汰ニ候

九月五日

第四十四

打捕分捕等之義ニ付松平周防守殿御屆書寫

先日御屆申上候以後常州鹿島郡鉾田村三光院ヘ浮浪之徒凡千人程屯集

罷在候趣ニ付御目付戸田五介指圖ヲ以去ル二日夕七時頃私人數先陣へ相進押寄大砲打掛候處賊徒動搖仕候趣ニ付直ニ討入別紙三人討取品々分捕仕候其余之賊徒ハ悉逃去候間猶行衞穿鑿仕候處大半乘船ニ而落行（候脱カ）趣ニ付直ニ追討之人數差出候處無程夜ニ入候間行衞相知不申右之趣出張之家來之者ヨリ申越候此段御屆申上候以上

九月七日　松平周防守

別紙

一米九拾三俵
一拵付大小
一刀拵付　一本
一鐵笠　三十一
一大砲臺　二挺
一鉢鐵　三十四
一硝石　壹箱
一大砲木筒六挺臺付
一鐵砲廿九挺小筒
一長持二棹內鞍骨一春
一合藥　二樽
一硝石　壹樽

一鐙　壹足 其外雑具品々
一梅干壹樽 其外雑物品々
右之通分捕仕候

一幕串　壹把
一馬　壹疋

私家來 梅津昌兵衛
浮浪之徒大砲役上原伊平次
同　馬役　細谷寛助
討取
私家來 齋藤齋
厩仲間　作藏討取

右之通御座候以上

九月七日　松平周防守

第四十五

同斷

去ル二日常州鹿島郡鉾田村追討以後翌三日最寄村々潜伏罷在候者探索

仕候處同國同郡柏熊村ニ而押借之徒有之候間人數差向壹人討取壹人生捕申候猶又同所近邊村々へ取殘置候品々分捕仕同五日同國同郡荒野村へ宿陣仕鹿島宮中大村屯集罷在候浮浪之徒虛實探索仕候處賊徒之方ヨリ爲物見之騎馬武者貳騎差越候ニ付追駈兩人共討取申候其節私家來高松大藏石井熊治薄手受申候翌六日鹿島郡井山手中道二道ニ人數相分鹿島へ押寄候處賊徒手早ク逃去候得共相殘候者モ有之生捕分捕仕候尤三兵隊之者北浦邊ヘ押寄大舟津村ニ而砲戰有之候處賊徒同所放火仕舟ニ而逃去申候右場所ニ而討取生捕分取等別紙之通ニ御座候右之趣出張家來之者ヨリ申越候此段御屆申上候以上

九月十一日　　松平周防守

別紙

九月三日常州鹿島浦柏熊村ニ而討取

浮浪之徒
名前不知

同所ニ而生捕　同　　鬼川菊丸

同日同郡鉾田村近邊ニ而分捕

一鞍置馬　壹疋　　一具足櫃　壹ツ

一采配　壹本　　一陣羽織　壹ツ

一鎗　貳本　　一拵付刀　壹本

一旗　貳本　　一大砲木筒　貳挺

一五十匁玉五十六　　一三匁五分玉一箱

一鐙　貳掛　　一鐵鉢　九ツ

一合藥箱　二箱　　一長持　二棹

一兩掛二荷　但内壹ツ衣類入　　一鉢卷　壹ツ

一竹長持二棹　但三橋半六長持差札有　　一鑓身　壹本

一幕　六張　　一佩楯　壹ツ

一脇差　壹本　　一大小　壹腰
一懷中内金貳兩ト錢三貫三百文　　一鐵砲三挺内壹ツ臺無之
一鐵肩形　一本　　一玉　十六
一馬印　二本　　一肌著　貳ツ
一床机　四ツ　　一敷皮　二組
一帳面　壹冊　　一舟印　壹本
一劍術面　二ツ　　一小手　壹組
一劒　壹本　　一帶取　八ツ
一白米其外雜物品々

九月五日常州鹿島郡荒野村ニ而討取

騎馬　　浮浪之徒　黑澤東助
同　　同　壹人名前不知

同日分捕

一鞍置馬貳疋但一疋疵受馬死
一拵付大小一腰
一拵付刀　壹本
一陣笠　壹ッ
一烏帽子　壹ッ

九月六日常州鹿島郡ニ而召捕

浮浪之徒　大宮久兵衛
蘆野政吉

同日分捕

一著込　壹ッ
一鉢鐵　二ッ
一肌著　三ッ
一小袴　三ッ
一長刀身計一振
一拵付刀　壹本
一脇差　貳本
一脇差四本但拵無之
一子供大小一腰
一長刀　一振
一鎗　三本
一同柄計　二本

一稽古劍　壹本
一床机　一
一同胴　五ツ
一袴　三ツ
一力皮　壹掛
一躶脊馬　壹疋
一木太刀　三本
一稽古面　五ツ
一小手　四組
一鞍骨　一脊
一出家駕籠　一挺
一雑具品々

同七日鹿島ニ而召捕

浮浪之徒　立花忠八
嘉代磯吉

右之通御座候以上

九月十一日　松平周防守

第四十六

浪士共海ヘ乗遁候者有之由ニ付御軍艦御指廻シ右脱走之者被打留候

筈ニ候間安房下總等之國々早速被相達候云々御軍艦奉行衆等へ被仰渡候御書付寫

野州邊屯集罷在候浮浪之徒水戸殿御領內へ罷越夫ヨリ海乘逃候者有之由ニ相聞得候間此度御軍艦差廻ニ相成右脫走之者共打留候筈ニ候間九十九里銚子并鹿島浦那珂湊都而常陸海岸通獵舟之外ハ渡海之舟々一切差出可申間敷旨安房下總常陸之國海岸通浦々へ其方ヨリ早々相達候樣可被致候事

右之通御軍艦奉行森謹吾へ相達候間萬石以上以下之面々へ爲心得之早々可被相觸候事

松平播磨守　戸田越前守
土屋采女正　松平右京亮
牧野越中守　松平周防守
鳥居丹波守　水野日向守

石川若狹守
加納官一郎
細川玄蕃頭
戸田長門守
松平大炊頭
井上伊豫守

右之面々野州へ出張或ハ人數等差出有之候義ニ付前書之趣早々相達候樣可被致候事

九月七日

第四十七

御追討御人數之內御目付戸田五介殿一旦御人數御引揚再度御出張之節之御先觸寫

御目付
戸田五介

一馬　壹疋
上下拾四人
一人足四人
外馬壹疋人足二人可指出候

御徒目付
宮森藤十郎

一人足貳人

一同断　上下貳人
御小人目付　小野英太郎
一同断　渡邊源之助
右ハ水戸表ヘ爲御用之明六日當地出立被致候間書面之人馬當朝五ッ時銘々旅宿ヘ可指出候尤宿々渡舟場共差支無之様手當可致候且又此先觸早々繼送リ常州於夏海御小人目付小野英太郎旅宿ヘ可相返候以上
十月五日　御小人目付　小野英太郎
従松戸宿成田海道
常州夏海村迄
右問屋役人中
歩兵頭　河野伊豫守
従者拾七人
馬壹疋

同並　岡田左一郎
従者拾人
馬壹疋
歩兵差圖役頭取以下役々五拾七人
従者二十五人
馬壹疋
内貳人舟荷物へ付添
乗舟歩兵組　四百五拾人
内拾八人前同斷
御持小筒頭取以下役々拾七人
従者三人
内五人前同斷
御持小筒組　七拾九人

内三拾八人前同断

大砲差圖役以下役々　九人

従者三人

内三人前同断

大砲組　三拾貳人

内二十四人前同断

牽馬乗役御馬飼共　六人

大砲牽馬　四疋

御鐵砲師　貳人

荷物宰領　六人

内壹人前同断

取上馬　六疋

人足　百五拾人

右者歩兵方御持小筒方大砲方役々之人足ナリ
外首尾合向ハ略ス

覺

人足四人内三人御勘定
同　四人

櫻田杢之允

御普請役
和達雄一郎

森　禎作

佐々井半十郎手代
井上龜三郎

歩兵差圖役
下枝益之助

士壹人

歩兵組之者
貳人

長持貳棹　此人足六人

関東御取締出役
木村樾藏

右者戸田五介殿付

第四十八

溝口主膳正殿御人數御繰出之義ニ付探索書寫

溝口殿勢三百人程過ル十一日土浦へ著御國許ヨリ之人數待合候由ニ而滯留之處過ル十四日夜中水戸滯陣田沼殿ヨリ早駕籠之由貳挺到著無間モ引返シ相成候處直樣新發田へ百里之處三日半之由早飛脚被相立候由ニ御座候尤十五日ニハ右人數之内稻吉迄繰込ニ相成候夘モ御座候

十月

第四十九

御持小筒組同心酒狂之義ニ付探索書寫

御持小筒組同心關根榮太郎水戸殿目付方へ酒ヲ予タリ候處無據與ヒ遣

候處酒狂之上刀ヲ拔竹槍其外ヲ切散シ人足共逃去組之內大動亂イタシ候由ニ御座候

十月

第五拾

田沼玄蕃頭殿等御不評之義ニ付風說書寫

田沼玄蕃頭殿ニハ笠間町ニ宿陣ニ而未花々敷戰爭之差圖モ無之水戸目付方幷諸生組重立候者ヨリ追々賊徒追討手詰相成候故歩兵組二三隊借申度由ヲ御目付宿陣ヘ申入候故御歩目付挨拶ニ而歩兵御貸相成候而モ怪我等無之樣ニ申聞候ニ付水戸目付其外之者アキレ果無言ニ而引取候由其趣關東取締出役之者ヘ相咄候樣之批判致候由

一大番頭神保山城守御書院番織田伊賀守御小性組番頭井上越中守ニモ水戸領ニ罷在候處追々騷敷故カ水戸城近ヘ宿替相成是モ何之役ニモ相立不申ト之風聞ニ御座候

第五十一

同斷風說書寫

一御目代田沼侯筑波追討被仰付出陣之節下總古河町ニ而逗留數日不移陣筑波之賊皆散去府中小川玉造潮來鹿島鉾田所々へ屯罷在農民ヲ殺害金銀ヲ強奪致シ一際暴行相募候由笠間志筑へ壬生侯宇都宮侯出陣賊徒又府中ヲ退キ候後御目代笠間へ移陣夫ヨリ賊兵湊一ヶ所へ引入候節漸水府へ移陣致シ候由戸田棚倉磯ノ濱戰爭之節西手ヨリモ攻擊致サハ便利可成處行軍遲緩致シ候儀指揮モ不行屆候由甚評判不宜且諸家不滿〔ママ〕之由ニ相聞得申候

一棚倉戸田兩侯追討被仰〔付脱カ〕候ニ付早速江戸ヲ出立直ニ府中之賊ヲ退ケ即日小川玉造兩館ヲ屠戮致シ潮來鹿島無殘所々追討磯大貫之強賊ヲ討湊へ追入各人數之內討死手負多分ニ有之猶又宍戸侯鳥居瀨兵衞大久保甚五左衞門等五拾人餘降參持場不殘追討相濟候處田沼侯ヨリ西手之攻口へ

可相廻旨使者有之由戸田棚倉兩侯憤懣ヲ抱キ急ニ人數ヲ引上候由風聞
ニ御座候

第五十二

溝口主膳正殿御人數并御目付衆等土浦御著之義ニ付探索書寫

大目付　黒川近江守殿

御徒目付　三宅修平

御小人目付　川村市三郎

右過ル二日江戸御城出發卽日土浦迄御著之由追々水府ヘ出張之事

一新發田侯追々出陣之由土浦邊迄宿割有之候先觸相出可申風聞之事

一右御同人御人數三百人餘土浦泊リニ而御國元ヨリ參リ候人數ヲ待合候
由ニ而同所ニ逗留罷在右御人數騎馬其外步卒之類ニ至ル迄美々敷行粧
之由武器其外滯陣之具等多分御座候由陣屋之切組等者土浦町ニ而聞合
セ有之由長陣之含ト相聞得申候

新發田家騎馬大將分
里村縫殿
速水伴右衛門
宮北郷左衛門
松本卯四郎

其外國元ヨリ千貳百人計參候由

十月

第五十三

那珂湊戰爭之節職掌御不相當之義有之候ニ付北條新太郎殿等御咎被仰付候御書付寫

一十月五日柳澤村ニ而宿陣神保山城守城織部多賀外記久世謙吉人數諸隊總責之申合故早天ヨリ持口へ掛リ峯山乘取既ニ反射爐ヲモ可乘取期ニ候處小早川村并祝町へ向平岡四郎兵衛堀田相模守松平右京亮人數申合

之通持口々々ヨリ大砲打出

一板倉内膳正人數出陣大砲打合北條新太郎同樣ニ而敵モ不見受歸陣織部外記殊之外立腹之樣子ニ而御目付高木宮内多賀外記弘道館田沼殿宿陣へ乘付申立

一翌六日

北條新太郎

代名河野信次郎

北條新太郎事辭柄ヲ設出陣ヲ怠總軍之申合ヲ背職掌不相當之事ニ付急度モ可被　仰付候處出格之御宥免ヲ以御役被召放部屋住御切米被召上永蟄居被　仰付家督被下間敷候

香山榮左衞門

名代橋本彌一郎

香山榮左衞門事勤方不宜ニ付急度モ可被　仰付處出格之御宥免ヲ以御

役被召放小普請入逼塞被　仰付候
右之通玄蕃頭殿被　仰渡候
一御小性組井上越中守組與力高山安左衛門種々口實ニ申立御番衆不遣樣
取計候由ニ而去ル四日小普請入逼塞被　仰付候
一久世謙吉人數去ル五日官軍ヨリ出張遲ク官軍水車ヘ乘入大小砲打合居
候跡ヘ繰出シ同所際ニ而イマタ砲發モ不致反射爐ヨリ打出シ候大砲一
發飛來リ同家來壹人即死同樣壹人怪我人有之一同恐怖ニ相見同夜御目
付方ヘ申立一戰モ不致引揚候由
一神保山城守多賀外記城織部奮發別而外記者鯉淵勢迄モ指揮致シ勢宜シ
ク水戸書生組久世人數モ目ヲ覺シ候由

第五十四

戸田越前守殿御人數敗北之義ニ付探索書寫
那珂湊寄手御諸家之内宇都宮福島二本松御人數尤多ク陣亡仕候由ニ御

座候宇都宮候ハ八月中初而水戸表ヘ御出陣田彥ト申宿ヘ陣ヲ取使番ヲ遣シ戰期ヲ約シ九月七日額田ト申宿ヘ互ニ出張仕候處浪士方既ニ要地ヲ占寄手仰攻仕候勢ニ相成何分攻惡ク自然敵方ニ而ハ圖ニ乘リ笠ニカヽリ寄手殆ト大敗ニ相及候處ヘ寄手大砲方連發十二三度打放敵方先鋒之將井侍徒之者三四十名碎粉仕依之浪士方惣軍相崩申候由其夜寄手々始之戰ニ相勝候間大ニ喜悅大酒宴等相催シ人足迄百文ツヽ相與ヒ大ニ軍士ヲ相ヲキラヘ申候由翌八日ハ雨ニ而其翌日九日田彥驛地勢不宜ニ付一先水戸ヘ軍ヲ退可申トテ既ニ推出シ候處ヘ浪士共豫メ探付候ト相見小松原ヨリ小銃等打カケ突然攻來寄手固ヨリ不慮之事故大ニ打亂第一陣之將石原右近余程手强ク相防候得共終支兼大敗與ニ相及第二陣之將藤田左京亮先陣ノ崩レカヽルヲ見不戰大砲等六七挺相捨相奔申候依而先陣益大敗ニ相及申候由藤田ハ性質苛酷ニ而人和不得各心々ニ相成夫故强夫ハ進而死弱ナル者ハ皆奔敗仕候由ニ御座候九月九日之戰ニ大

ニ人〴〵戰ヲ相傷候ニ付一旦軍ヲ宇都宮ヘ返シ十月五日ニ又水戶ヘ出張十日ニ御座候哉十一日ニ御座候哉浪士之陣所ヘ押カケ候節途中ニ而不慮ニ行軍之横ヲ被討大敗ニ相及ヒ此兩役ニ而家老壹人重役之者拾二名討死夫ニ隨ヒ不尋常陣沒ト申事ニ御座候明神裏ヲ通候長持三ツト申事ニ御座候是ハ陣亡之者死骸ヲ鄕里ヘ相送候事難叶皆首計歸葬爲仕候事ニ而其首級ヲ相入候長持之由ニ御座候不淨故明神祠前ヲ通候事難成裏道ト申事ニ御座候其內福井貞太郞ト申者頗ル能槍ヲ遣ヒ單身獨進三四十名モ殺傷仕終ニ續キ候者無之討死仕候由其僕某奮鬪主之敵ヲ討取其首ヲ刎刀ヲ奪ヒ敵鎧之上帶ヲ解主屍ヲ脊負滿身血ニ染持歸候由宇都宮侯其忠勇ヲ御賞シ永々貳人口之御扶持被下其身一代帶刀御免被成下候由些薄少之樣ニ被存候藤田ハ國ニ歸叱中閉門ト申事ニ御座候總而宇都宮之人數人々各心ニ相成軍心不一和夫故大敗衄ヲ相取申候由統御之人非其才ニ相見申候

十一月廿日

第五十五

同斷御人數討死手負等之義ニ付探索書寫

一九月六日水戶出立ニ而田彥村へ七時著翌七日朝四ツ時出立ニ而向山淨福寺へ先陣著後陣松並へ陣取辨當仕舞候所へ天狗勢貳百人餘時々(之カ)聲ヲ上ケ押來候ニ付先陣加藤派大筒ヲ以押留候處天狗之大將山國季八郎大小銃連發彈丸雨注亦此方ヨリモ後陣ヨリ大野派大銃ヲ以押留續キ而銃手小筒ヲ以打懸雙方及戰爭候處天狗四十八餘即死馬壹疋即死當人數之義怪我人左之通

一右肘ヨリ玉入　恒川銀太郎

川上源吉

一疵書原本不分明　大屋鎭藏

一右肘打拔　中村新三郎

一右手首ヨリ玉入
一胴
一右膝ニ當ル
一足大疵
一肩先
九月九日田彦村戰爭討死
一機所此面
一尾　崎　鉞　彌
一松　田　輪之助
一和　田　藏　吉
右九人何モ百石以上之士之由ニ御座候
外ニ
一手負

懸　元　吉
飯　沼　千　葉　藏
平　山　市　兵　衞
飯田村半　兵　衞
鶴田村米　　吉
一機　所　藤　助
一岩　田　鉞　藏
一淺　井　又　三　郎
一松　坂　登　記　治
大　臣　富　三　郎

一同　萱生憐五郎
一同　栗屋憐六
一討死　田村新之助
外雜兵數十人手負內壹人討死
一昨九日田彥村宿陣九ッ時頃枝川へ人數引上ル積之處へ俄ニ北之方ヨリ五百人計押寄候ニ付急速防戰之心得ニ而人數南北之方へ分配之處天狗共宿之左右ヨリ打懸リ中程ヲ取切候模様ニ相成必死之砲發ヲ以槍刀血戰ニ相及凡賊徒百人計モ打留候得共何分味方手負死人モ別紙之通ニ而首級ヲ擧候暇無之其中左右ヨリ嚴敷打懸候ニ付無據人數引揚候節大砲火藥等引拂手廻リ兼別紙之通殘シ置致シ方ナク長々出陣之上七日之戰爭後手負病人等モ多分ニ出來彼是差繰罷在候得共兩度手强之接戰ニ而此上何分支兼候間一ト先水戶上町泉町迄昨日引取今日御目付衆御斷之上今晝立ニ而其表へ歸陣致シ候間左様御承知可被下右之趣不取敢御飛

脚ヲ以申達候以上

一此度賊徒追討御再擧ニ付出張被仰付候八々左ニ

一隊長　家老恒川七右衛門　與力拾六人

一驍勇長　家老之家筋之由福井榮貞太郎名改歟ト被存候　與力九人

一甲長　辻半藏　甲士貳拾人

一驍勇長　堀鮏八　驍勇貳拾人

以上四人者逐々皆討死仕候由何レモ無比類相働見事ニ討死ト申事ニ御座候

一驍勇長　羽太忠助　小性組驍勇士二十人

一同　前橋和貴助　右同斷

一大銃頭　戸田伊織　大砲方貳拾人車臺砲三挺

一中川流大砲頭　木村治右衛門　右同斷車臺砲貳挺

一御旗奉行　川上祐藏　御旗三流御旗手組九人

右川上モ逐々討死仕候由

一御物頭　　堀　勝之丞　　足輕四十人

一同　　中神銀之丞

一大目付　　渡邊鉞太郎　　入江金平

一同　　久保山隼之助　　彦坂左源太

一御軍事方　　木村六左衞門　　九〻山堅之丞

一御軍事方　　大羽循之進　　山本常之助

一陣場奉行　　間瀨惣右衞門　　山縣雄之助

一同　　森　安子之助　　金皷方取締二人金皷方廿人

右之外諸向調役等足怪［輕カ］以上總人數貳百八十人銘々從者人足總人數高千人程ト申事ニ御座候

一子十月十七日四ツ時ヨリ合戰相始夕七ツ時東中根ヘ陣ヲ引上候宇都宮勢

一肩先玉當リ上著不通　福井源太郎
一兩腕打拔　高橋松兵衛
一左脇ヘ玉入　藤枝新助
一下腹ヘ當リ　小山文司
一疵不附耳ニ當ル　神原扇吉
一膝ニ當リ疵不付　香原平八郎
一耳ニ當リ疵不付　横山頒介
一下替袋ニ當ル　竹根仲右衛門
一肩先ニ當ル　岡本謙吾

但右戰ニ而車臺壹梃戰場ニ差置引取兼候同日四ツ時頃ヨリ湊ニ火矢打込夕七ツ時迄ニ終ル

一十八日六ツ時揃ニ而一本松ヘ繰出シ二本松御人數馬渡シ先手前濱ヲ推出シ争戰二本松人數歩兵隊敗軍ヲヨヒ宇都宮人數兩隊崩レニ誘レ總敗

軍ト可相成處宇都宮勢守返シ横槍ニ而浪士之陣ヘ幕内迄打入鎗ヲ入討
死手負分捕左之通

三番手大將
一槍入討死　福井榮
一槍入討死　辻半藏
一槍疵　神屋岡右衞門
一味方大砲ニ而横死　石原愼兵衞
一右肩手負　木村鐵五郎
一槍疵　佐藤銀之助
一同　加藤鎖之丞
一手負　齋藤常三郎

但分捕之分格別之品モ無御座候間略シ尤十八日之戰ハ宇都宮勢余
程之苦戰ト申事ニ御座候

第五十六

浪士御追討御人數御名前調寫

御目代若年寄　田沼玄蕃頭
大御番頭　神保山城守
御書院番頭　織田伊賀守
御小性組番頭　井上越中守
御持筒頭　和田傳右衛門
御先手頭　土屋鉤之丞
御徒頭　遠山三郎右衛門
小十人頭　竹内日向守
御目付　設樂彈正
同　日根野滕之助
同　小出順之助
御目付　高木宮内

同　牧野総太郎
同　戸田五介
同　由井圖書
別手頭　多賀外記
同　大久保新五左衞門
歩兵頭　平岡四郎兵衞
同　城織部
同　北條新太郎
大砲頭歩兵頭兼　松平左衞門
同　萬年新太郎
歩兵頭　河津三郎太郎
同　下山萬五郎
御作事奉行　田澤對馬守

同
奥御祐筆
御勘定吟味役
御代官
御勘定
御大名

岡部駿河守
松平太郎
尾代増之助
深山卯平次
星野鉄三郎
丹羽左京大夫
溝口伯耆守
堀田備中守
板倉内膳正
松平右京亮
松平下総守
戸田越前守

大岡兵庫頭
相馬大膳亮
久世謙吉
安藤鱗之助
鳥居丹波守

第五十七

浪士共脫走中山道筋押行追々京地へ罷登候由ニ相聞候間無手拔手配致シ候樣云々之義戶田釆女正殿へ御達ニ付右御家來ヨリ差出候書付寫

十一月廿二日九ツ半時頃大目付土屋豐前守樣ヨリ重役壹人留主居差添西丸へ罷出候樣被仰達候ニ付卽刻黑川與一兵衞鳥居傳差添罷出候處於柳之間大御目付樣御達有之常野州賊徒共脫走人之內甲州路へ荷（落カ）行候處猶又上州路之方へ向へ旣ニ高崎ニ而一戰之處賊徒共打勝右勢ニ乘シ中

山道筋押行一昨日望月宿ニ止宿之由依之田沼玄蕃頭様千余人之御軍勢ニ而甲州ヨリ下諏訪ニ而御待受御討留之御策略ニ而御出進相成候得共賊徒ヨリ余程遅ク御出進相成候ニ付御手筈違ヒニモ可相成且京地へ罷登候風聞ニ御座候趣ニ就而ハ常野ニ而打洩シ候者共壹人ニ而モ入京致候而ハ如何ニモ　禁闕へ對シ恐入候思召之趣何分中山道之内ニ諸侯方モ少ク依之嚴重手配致置壹人モ不洩打留可申候右之趣井伊掃部頭様へモ御達相成候間申合速ニ打留可申候尤往來道押行候而已ニアラス間道モ罷通候趣ニ付早々無手拔手配致候様再三御達有之候右之趣水野和泉守様御直々可相成之處御用中ニ付無其儀無御座候趣被仰渡候且賊徒大將武田耕雲齋田丸稻之右衛門等ニ而五百人計之同勢之由モ御達御座候事

第五十八

同斷御達ニ付御人數少御心配ニ付山崎表御警衛御免之義戸田采女正

殿ヨリ被相願候御書付寫

常州邊屯集賊徒共之內脫走之者中仙道へ落越候由依之討取方之儀ニ付
兼而從　公邊御達之趣モ御座候間早速遠見之者差出置候處右脫走之者
共多數中仙道罷登福島御關所ヲ除飯田街道へ相廻リ猶又中仙道へ出采
女正領分へ差向候樣ニ御座候依之今朝ヨリ人數追々河渡宿迄繰出申候
然處猶又別紙之通於江戶表御達御座候旨申越候依之采女正時宜次第出
馬可仕之處病氣ニ而兼而伺濟之通同左門出馬可仕候然所人數少心配仕
候間山崎表御警衞人數不殘引揚賊徒共討取方へ差向申度奉存候右ニ付
山崎ハ御警衞急速御免被成下候樣仕度奉願候以上

十一月廿七日　戶田采女正

右御差出之上廿八日山崎表御人數不殘御引揚相成候由
但別紙ハ前同斷之趣意ニ付相略

波山記事卷四終

波山記事

波山記事卷五

目次

一波山集屯始末
附
強借亂妨始末
第一
一浪士共大平山退散筑波ゟ繰入及暴行候義ニ付某ヨリ屆書寫
附
第二
泉村百姓嶋吉之義ニ付探索書寫
一浪士共筑波ゟ繰込候ニ付御警衞人數御家御領分龍ヶ崎ヨリモ被差出候樣之義ニ付關東御取締ヨリ內々申來候書付寫

第　三

一浪士共府中宿入口等ニ於テ見張等仕候義探索書寫

第　四

一浪士共益盛ニ相成候義ニ付某ヨリ之書簡抄

第　五

一筑波浪士普請其外諸貯等仕候義ニ付某ヨリ之書簡抄

第　六

一武州千駄ヶ谷村御焔硝藏ヘ浪人押掛玉藥等持去候義ニ付某ヨリ指出候届書寫

第　七

一筑波浪士擧動之義ニ付護持院役者屆書指副寺社奉行衆ヨリ被差出候御書付寫

第　八

一浪士共金策强談等之義ニ付探索書寫

第九

一同斷之義ニ付某ヨリ之書簡抄

第十

一同斷ニ付金子等指出候者名前調寫

第十一

一筑波浪士ヨリ村々ヘ指出候呼狀寫

第十二

一筑波ニ當時參籠仕候名前調寫

第十三

一筑波町浪士旅宿等之義ニ付探索書寫

附

田中愿藏筑波黨ニ被相省候義ニ付觸達寫

第十四

一筑波屯集浪士名前調寫

第十五

一筑波浪士見張所人數配等之義ニ付探索書寫

第十六

一浪士共金策之義ニ付探索書寫

第十七

一筑波浪士等所々金策强談等ニ付探索書寫

第十八

一浪士吉田德一郎等勝手ニ金策仕小川館ヨリ被相捕候義ニ付探索書寫

第十九

一中妻村ニ於テ若者共浪士貳人打殺候義ニ付某ヨリ之書簡抄

第二十

一浪士共所々強借仕候義ニ付大園木村名主申出候書付寫

第二十一

一浪士石下村邊等通行之義ニ付某ヨリ之届書寫

第二十二

一浪士所々金策強談仕候義ニ付探索書寫

第二十三

一浪士之内仕置等ニ逢候義ニ付風說寫

第二十四

一浪士共強借被打殺候等之義ニ付大園木村名主ヨリ申出候書付寫

第二十五

一浪士擧動之義ニ付探索書寫

第二十六

一同斷

第二十七

一浪士體之者茂鹿ト申所之茶店ヘ立寄候等之義ニ付某ヨリ屆書寫

第二十八

一坂本富十所持之船浪人體之者强勢ニ被申掛候義ニ付某ヨリ屆書寫

第二十九

一浪士金策等仕候義ニ付某ヨリ屆書寫

第三十

一筑波浪士共北條村ヘ繰出近村之人足大勢引寄候義ニ付某ヨリ屆書寫

第三十一

一筑波浪士水戸邊引退候樣子ニ付探索書寫

第三十二

一浪士擧動之義ニ付探索書寫

第三十三

一余鄉村庄右衞門等ヘ浪士ヨリ申來候金策呼狀寫

第三十四

一浪人擧動之義ニ付探索書寫

第三十五

一浪士共中ノ西村邊之百姓ト打合候義ニ付風說寫

波山記事巻五

波山集屯始末

附

强借亂妨始末

第一

浪士共大平山退散筑波ゟ繰入及亂暴候義ニ付某ヨリ屆書寫

附

泉村百姓島吉之義ニ付探索書寫

前文略次ニ御知行所兩村共是迄ハ無事罷在候且私義モ出府御機嫌御伺申上度候得共當節水戸浪人衆往還通行日々ニテ誠困入候始末荒増左ニ申上候

一去ル二日栃木大平山ヨリ右勇士凡三百人余人足千五百人早速大嶋村繼

立ニテ筑波ヘ繰入翌三日最寄百姓所持之鎗鐵砲呼寄夫ヨリ花火大砲呼寄申候下田中水守山若森前野長高野大曾根都合七ヶ村ヘ鎗三拾本鐵砲三十挺被申付掛リ之者ハ畑筑山外貳人泉義一郎嶋吉ニ候六日筑波町役人紙面ヲ以上ヨリ人足拾五人下ヨリ人足貳拾人宰領附添可罷出旨被申越候ニ付人足召連助太郎私兩人罷出申候様子見屆候ニ大將ハ筑波町役所ニテ丸ニ葵之紋之幕ヲ強〔張カ〕リ次ニ古通寺外筑波泊屋瀨尾結束ヲ始トシテ泊屋一軒モ不殘旅宿イタシ宿札ヲ張幕ヲ打高張ヲ立住居致シ居候木大砲ハ六丁目一ノ鳥居前臼井ヘ向仕掛致置候所々出口入口不殘結切人足之外登山差留ニ相成候千種太郎抔ト申者外五六十人モ一手ニ成筑波町イシ濱ニ旅宿イタシ候兵粮等モ所々ヨリ附込候様子ニ候去ル七日洞下宿ヘ人足上下ヨリ五拾人被觸當申候同日通リ無之今日通行致候浪人出立白綸子ヘ緋縮緬裏付之陣羽織踏込袴裏金之陣笠鎗鐵砲旗馬印陣太鼓陣具〔貝カ〕陣鐘等持乘馬凡廿疋余人數百五十八計人足貳百人余白縮緬大切

レノタスキニテ左モ恐敷有様ナリ旅宿出立之節ハ具（貝カ）太鼓ニテ出立致シ候同日北條町無量院寶安寺借受度旨天狗組凡廿人押寄候處北條町役人ヨリ程能申述候テ土浦表ヘ注進イタシ候處土浦樣ヨリ多人數小田村ヘ出張大砲石火矢等迄モ持參之由ニ候本陣ハ野澤後陣ハ義在凡千五百人余四手ニ分レ繰出申候テ天狗ヘ掛合ニ及候處寺井人足等モ一切借不申趣猶土屋公ヘ恨在テ之義ニ無之趣ニテ熟談ニ相成引取申候土屋樣御人數モ引取申候神部村普門寺モ旅宿ニ相成候神部村御神領境ヘ馬小屋ヲ建申候乘馬凡百疋余有之樣子ニ候結城下館笠間土浦ヨリ貳百人加勢之趣ニ候眞岡ヘハ笠間ヨリ加勢御差出ニ候昨日筑波町役人ヨリ書面參リ明日早朝村役人附添髮結召連可罷出旨書面ニ付今日召連罷出候心配之筋ニ有之候不罷出候ハヽ直樣人數出張切捨或ハ亂妨等之義有之間無據相勤居候晝夜ニ不限用向誠ニ困入候此上如何相成候哉北條町其外土屋樣御領分差留ニ相成候ハヽ村方抔ヘモ旅宿被致候哉モ難計候間此段御

屆申上候

六月九日

本文島吉ト申者相見得申候處右島吉義ハ元來土屋樣御領分泉村百姓ニテ身持不宜者ニ御座候處先年關東御取締御出張樣之道案內相勤罷在候內追々風聽不宜候ニ付御公義樣ヨリ御召捕ニ罷成江戶宿御預被仰付置候處村役人ヨリ御歎願申上一先村預ケ被仰付其後御領主ヨリモ追々御手入モ有之由ニ付御村方ヲ迯去申候間御尋被仰付置候處又處村役人ヨリ御領主ヘ御歎願申上其後歸村仕罷在候然處御領主樣御人少ニモ御坐候哉子分手下有之者御吟味ニ付右島吉義素ヨリ子分多ク有之趣申上當分之處〆役同樣之者ニ御取立罷成申候

第二

浪士共筑波ヘ繰込候ニ付御警衛人數

御家御領分龍ケ崎ヨリモ被差出候樣之義ニ付關東御取締役ヨリ內々

申來候書付寫

今般浪士共常州筑波町ニ罷越候ニ付御警衛人數等差出方之義ハ諸家ニ
夫々御達相成候得共兎角引足不申候ニ付常州龍ケ崎ニハ　御家御陣屋
モ被爲在候ニ付　御家ヨリ御警衛人數差出方之義御達御座候樣仕度段
常州御代官北條平次郎殿ヨリ昨四日申立候間何レ御勘定奉行ヨリ　御
上ニ申上其上ナラテハ御達ト申運ニモ相成間敷候得共龍ケ崎御最寄ニ
テ浪士共多人數止宿罷在品々難題等申立居候趣ニ付時宜ニ寄御領內ニ
立廻リ可申哉モ難計奉存候ニ付石川若狹守樣御城下混雜之次第且
御家ヨリ御人數等御差出ト申事ニモ相成可申哉御代官ヨリ申立候趣不
取敢御含迄申上置候猶此後之模樣承込候ハヽ可申上候得共何分早便ト
申事ニモ參兼最早是等之義粗御案內被爲在義ト奉存候間猶御模樣次第
〆役衆ニ御噂被爲在可然ト奉存候以上

關東出役之者共

第　三

浪士共府中宿入口等ニ於テ見張等仕候義ニ付探索書寫

一昨九日府中宿通行致候處八日晝時頃迄ハ同宿ニ浪人共六七人位ノミ罷在候義之處同日夕刻ニ至リ三拾人余相集リ同宿江戸之方ヨリ入口坂下ニテ椽臺等差出天狗組共見張致居拔身之鎗貳本相達(建カ)往來旅人相威シ改致シ怖敷勢既ニ水府ヨリ忍入候間者相顯レ被召捕坊主ニ致シ追拂候義之趣

一隣村市川村ニ天狗共拾四五人集居候

一八日水府早飛脚之者府中宿通行致候處右之者持參之書狀奪取度天狗共稻吉迄跡追懸候由右書狀奪取候歟取損シ候哉相分不申候其砌同宿彌五衛門見留同人之頭上ヲ打碎其上後手ニ縛リ上ケ九日晝八ツ時頃府中宿ゝ引連候義ニ御坐候同人身分ハ此上如何樣相成候哉不便之次第ニ御坐候

子六月十日

第四

浪士共益盛ニ相成候義ニ付某ヨリ之書簡抄

前略然ハ天狗一件益盛ニ相成昨日夜沼田村彥太夫茂十郞外壹軒ニ凡七八拾人押寄宿借候趣當節臼井神部筑波ニテ日々鐵砲打居候村方研屋喜七相對ニテ被賴候妻子手當トシテ壹兩貳分貰候趣ニ候鍛冶屋モ追々呼出シニ相成候趣ニ候總大將田丸稻之右衞門ト申人年六十七八歲葵御紋チラシノ陣羽織鎧緋オトシ金鍬形龍頭之甲之趣ニテ平人トハ不見受樣ニ候土屋樣御人數追々御繰出之趣ニ候得共此上益盛ニ相成候得ハ御年貢米取立方ニモ差支可申ト愚察致居候筑波神領幷六所神部國松邊ヨリ出穀法度被申付候趣ニ候泉村慶龍寺抔モ荷擔致居候誠ニ近代未聞之大變嘶ヨリ大キ義ニ候明日モ勇士百五拾人程洞下宿通行之趣ニ候併西方之合戰ハ勇士敗軍之樣子ニ候去八日通行致候田中愿藏ト申勇士組ハ栃

木之合戰ニ打負ケ火ヲ掛參リ候趣ニ候輕我（怪カ）人五六人駕ニテ通行致候死人六七人長持ニ入參候樣子ニ候當節神部普門寺ニ繰込居候前同樣之始末ニ付日々多用殊ニ如何樣相成候哉モ難計候間誠ニ困入候猶委細之義後便可申上候以上

六月十二日

第五

筑波浪士普請其外諸貯等仕候義ニ付某ヨリ之書簡抄

浪人共儀當月六日頃野州栃木町放火致候ニ付領主戸田侯防禦之人數ト打合双方輕我（怪カ）手負等御坐候由之處其後同州壬生下總結城常州下館ヘ武器借受度由申入候得共何レモ斷ニ相成候趣ニテ六月七日八日方野州大平山之屯所引拂筑波山ニ罷在候手勢ヘ相加リ筑波御役所ヲ當分借受住居致候頭分之浪人田丸稻之右衛門千種太郎後藤周吾藤田小四郎小林七郎右衛門畑筑山小林幸八飯田軍藏右ハ重立候人數其外都合人數六七百

人筑波町入口五丁目六丁目其外柳下堅八ト申者之町役人宅ニテ見張致居旅人參詣之者迄モ相改猥ニ通行不相許右山之絕項（頂カ）或ハ半腹之足溜リ宜敷所々ニハ大小砲ヲ備置今ニモ討手寄來候ハヽ打放シ候用意ニテ右人數之内ヨリ頭立候者差添百人貳百人ツヽ晝夜交代ニ詰合居候趣且又山上ニハ遠見矢倉ト相唱候モノ此度新規造作ニ取懸リ職方之者大勢相集普請最中ニ候由先々當分之樣子ニテハ浪人共彌必死ヲ極居候事ト相見得討手防禦之手當兵粮取入等ニ相懸罷在候由過ル七日八日方ヨリ右浪人之内ヨリ畑彌兵衞ト申者係リニテ神部村惣代名主文右衞門方ニハ申付米三百俵金壹兩ニ付五斗五升之直段ヲ以買上其余小幡村邊ヨリ牛馬ニテ運送致シ候由當時御役所之御藏ニハ積入其高凡千俵余ト申風聞御坐候猶又北條村小田村兩村之役人ニハ申付味噌鹽薪蒲團蚊屋（マヽ）之類ヲ引上ケ堀田藏介樣御知行所田中村德右衞門方ニ有之候具足貳領奪取筑波町在方山木村ヨリ大曾根村之間百姓共所持猪鹿防之鐵砲幷花火筒三四寸口ヨリ

七八寸口迄數十本奪取リ百姓豊(農カ)馬ヲ奪取神部村近邊逆川ト申所江馬小屋ヲ補理乗馬數十疋養置飼料等之人足江當分之手當致シ御領私領寺社領村々ヨリ鄉歩ト唱日々貳拾人余之人足ヲ引上ケ松明ヲ伐出シ諸方還送等ニ召仕候由専討手防禦之豫備ト相見得申候昨十四日朝府中ニ罷在候浪人共不殘筑波山江引拂ニ罷成候趣如何成譯ニ候哉相分兼申候右之通承知仕候間申上候以上

子六月十五日

第　六

武州千駄ケ谷村御焔硝藏江浪人押懸玉藥等持去候義ニ付某ヨリ差出候書付寫

一昨十四日夜千駄ケ谷御焔硝藏江浪人百人余押參リ御藏番人ヲ捕押御藏内案内爲致員數ハ不相分候得共玉薬共持出シ何方江欤立去候由多分御府内江相潜居候様子別紙之通リ申聞候間不取敢實否探索中ニハ御坐

候得共一應申上置候以上

六月十五日

前略然ハ當組合村之内千駄ヶ谷村玉薬御奉行御支配御焔硝藏ゟ昨十四日夜浪人之由百余人押懸御藏守衞之衆ヲ捕押案内爲致疑ト員數ハ不相分候得共玉薬共持出シ何方ゟ歟立退候趣隣村隱田村小前惣代名主清兵衞ヨリ先爲知候間夫々探索及候得共何レモ遠出ハ不致樣子　御府内ニ潛居候樣子ニ相見得候此段御心得迄ニ奉申上候以上

武州荏原郡下北深村

寄場役人年寄

子六月十五日申下刻　平　藏

第七

筑波浪士擧動之義ニ付護持院役者屆書差副寺社奉行衆ヨリ被差出候

御書付寫

當院領常州筑波山ゟ浪士共集屯罷在候處昨日彼地ヨリ宿繼狀ヲ以申來候始末左之通

一當月上旬ハ四百三拾人余屯罷在候處追々出這入有之當時貳百五拾人程ニ御坐候尤近郷所々ニ屯罷在候由

一當領之内臼井村字六所水車ニテ焔硝舂立合薬製候由

一近郷五七里四方有徳之者呼出用金夫々申付候之由

一筑波町旅人宿（欠字マヽ）右衛門宅町役所ト相認メ掛札有之由

一領内臼井村案左衛門勘兵衛宅見張所ニ借受申候

一筑波町ニ成光寺ト申候時宗藤澤寺遊行派末有之候處右寺庭前ゟ小屋掛致シ鍛冶屋共呼上ケ刀ヲ打鐵砲具足等仕立候由右寺世話人共屆候由

一當廿一日朝六時頃百三拾人余何レモ具足ヲ附ケ籏指物馬印等押立鎗鐵砲長刀等各所持多人數出發一二三ノ手ニ分レ何レモ土屋釆女正殿固所三ケ所ゟ向罷出候由筑波山本坊表玄關ニハ田丸稲之右衛門以下之者一

同具足籏指物等押立扣居候處晝八時頃人數不殘罷歸候由
一同日曉六時頃土浦領眞鍋宿不殘燒拂候由但筑波山ヨリ五里南之方ニ御
坐候
一筑波山本坊境内ニ貳間ニ拾五間之厩補理申候
一當領内沼田村見張所人足爲手當浪士ヨリ金壹兩ト貳百文差出候由名主
吉太夫届出申候
一先日御訴申上候臼井村畑中ニ土手築立木戸門出來候節人足百五拾人程
申付候ニ付右爲仕代金貳兩壹歩手拭五拾七本外ニ畑主ニ地代トシテ金
六兩貳歩浪士ヨリ差出候由同村名主ヨリ届出申候
前書之趣宿繼狀ヲ以申來候間此段御訴申上候以上
護持院役者
子六月廿七日
月輪院
日輪院

右之通届出候間爲心得御勘定奉行ゟモ申達此段申上候以上

六月　本多能登守

但眞鍋戰爭ハ別記ス爰ニ略

第八

浪士共金策强談等之義ニ付探索書寫

一六月上旬之頃常州下館石川樣陣屋下町內大金策ニ付御役人浪人ゟ及懸合騷動之事

一同日下總結城水野樣右同斷御家老及懸合候處右御家老擒ニ致シ當時筑波町出見セト申宿ゟ被預置候ニ付御領主御家中一統大ニ御心配之事

一御代官三宅鑑作樣野州眞岡御陣屋右同斷强談之金策之儀ニ付御支配中ヨリ夫々之御達ニ付　御公義樣ヨリ步兵人足千人計詰合其外牧野越中守樣御加勢百五拾人宇都宮戶田樣御加勢貳百人其外御支配中御百姓ヨリ鐵砲所持之者千人程詰合存外大騷動之事

一同月中下野壬生城主鳥居丹波守様ニモ右同様御領分ニ大金策申付候處御領主ヨリ被相斷候ニ付勇士田中愿藏爲大將軍勢差向候處兼テ用意之大砲ニ砂ヲ詰被相放候ニ付强勇田中モ恐レ馬上ヨリ下ル事不叶一騎ニテ逃去夫ヨリ引返シテ同州栃木町ニ金拾貳萬兩之金策申付候處御陣屋ニ伺ニ相成候處一切不相成趣被相斷候ニ付右田中氏御陣屋方ニ直談懸合ニ參候處右御陣屋ニテハ軍勢ヲ差向來ト存大砲被相放候ニ付乍逃去御陣屋ニ切込大半被打卽死多出來夫ヨリ町方ニ放火イタシ町家八分通リ燒失イタシ途中ヨリ軍勢鐘鼓打鳴シ乍引取常州下妻御陣屋役人其外町役人ニ繩ヲ打外人足町家之者ニ劔戟ヲ以致亂妨筑波下神部普門寺ニ引取候事

一同月廿一日常州土浦土屋采女正様御城下眞鍋放火亂妨金子奪取夫ヨリ中貫宿ヲ燒稻吉宿ニ引取酒宴ヲ催是モ田中愿藏所業之由諸人知ル所故委細ヲ略

一同月廿五日夜下總國豐田郡宗道河岸ヘ浪人三拾人程來リ候ニ付右村ニテモ定テ金談之事ト推察イタシ物持トモ金子差出候モノモ有之又ハ米差出候者モ有之候左候得ハ何事モ有之間敷哉ト心得居候處隣村五拾ケ村程大至急人馬有丈可差出旨被申渡罷出候處異國征伐之義ニ付右人馬觸當候抔ト申觸レ夜四ツ半時頃ニ相成河岸ニ罷在候米千俵其外分限ニ應シ同村池田屋源七六百九拾俵其余大小百姓米失々被奪取候事右俵數廿六日ヨリ廿八日迄常州小貝川東高道祖迄附送ル

一同廿八日鬼怒川西川尻村忠藏方ヘ相應之物持故金三百兩貸呉候樣申聞對談行届浪人只今受取ニ可相成處未手取內御代官北條平次郎樣御旗本樣方此度諸浪人亂妨防キ之爲御下之由聞及北條樣ヘ直樣及懸合ト申罷在候處北條樣少々引退候樣相見候處隣村山川村士鳥井樣御陣屋ヨリ御加勢罷出尤當日廿八日之義ニ付同村不動尊參詣之者數多引續參候テ大軍押寄來候ト見損シ流石之勇士溜リ兼大將分之者高橋上總介宇都宮左

衞門渡邊某右三人馬上之者始鞭ヲ當一駿ニ迯出シ隨身之者廿四人一同ニ駈出シ漸宗道川向砂河原ヘ參候處暮六時頃腰拔ニ相成候者出來候哉具足ヲ著河原ヲ犬之如クニ這廻ルモノ數多有之實ニ軍兵之者右樣之次第ハ前代未聞ニ候宗道旅宿ニ殘リ候者ヘ右之次第申聞候得ハ飯喰始候者モ有之或ハ不喰之者一同ニ騷立鎗ヲ捨鐵砲壹挺捨同玉藥打捨迯出シ幕捨置宗道村百姓戸ヲ締隱レ居隙間ヨリ見受候處田畑通リ轉倒迯行昨日筑波ニテ大評定ニテ昨夜宗道ヘ撰人五拾人程參リ右北條樣壬生樣方ヘ發向可申山申候今日晝後ヨリ浪人繰出シ候樣見屆來リ候者申聞候

一水海道金策之儀去ル十一月中ヨリ浪人參リ度々之金策凡千兩先達テ三百兩鍵屋ニテ被借候趣其外町人百兩五拾兩無錢者金策被相立必至難澁之折柄昨廿七日夜右鍵屋又候千貳百兩釜屋八百兩石下村近鄉村平右衞門三百兩酒造日野屋金七拾五兩余米七拾俵其外上蛇村芳場村由田村本豐田村其外近村加養村時谷村龜崎大室（宝カ）近村拾八ヶ村一同廻文ヲ廻シ候

右大室（宝カ）村ニ數多屯致居候且金村雷神社内ニ浪人屯致居候
一逐々宗道河岸ゟ跡ヨリ五百人程繰出參候由同村ヨリ風聞致候義申來候者有之候無法之所業言語ニ難盡其外吉沼村最寄之義ハ演不申猶御領分之義ハ平和ニ御坐候其外近郷村々人馬等被仕立候義夥シ且賃錢之義相對ニテ少々ハ拂可申由ニ相聞申候

七月朔日

第九

同斷之義ニ付某ヨリ之書簡抄

私義去月十五日晝九ツ時御暇相願御府内出立十六日著仕候處筑波山詰合居候天狗大將田丸稻之右衛門ト申者同所ヨリ午之方ヨリ戌亥之方ゟ相廻リ拾貳三里相隔リ村々ゟ用金又ハ鐵砲槍長刀刀之類其外乗鞍具足又ハ米金味噌等ニ至迄差紙ヲ以同山ゟ被呼寄早速不差出候ハヽ出役致村毎軒別遂穿鑿相顯ニオキテハ及傷ニオヨハセ其上燒拂候樣嚴重之威

シニテ何モ驚入實ニ右樣取計受候テハ潰レ退轉之義ヲ相歎キ御領私領寺社領無差別重代之鎗長刀刀鐵砲具足乘鞍米金味噌等ニ至ル迄中ニハ御年貢積置候川岸附問屋共之分迄有增引揚晝夜共筑波山ヘ村々ヨリ人馬差出シ附運ヒ候始末乍恐難盡筆紙晝夜寢食相忘一同難澁罷在候然處六月十七日八ツ半時頃ト覺筑波山詰居候天狗之内箕田岩雄谷源九郎兩人之名當ニテ私外御隣家樣御知行所下田中村足輕格甚左衞門遠山樣御知行所水守村名主彌右衞門杉田樣御知行所分同村名主藤吾量平服部樣御知行所分作谷村割元名主新右衞門一同被呼出金策之儀被申付候ニ付止宿塚田屋信之助外大黑屋重兵衞ト申者相賴歎キヲ入候處金貳拾兩内減之方ハ不相成旨ニ付伺之上ニ仕候心得ニ候處夫々金策ヲ受候大勢之者共義モ無余義御伺モ不致受濟ニ相成私壹人猶豫日延之義願候ハヽ前書奉申上候通乃傷ハ勿論燒拂被致候哉モ難計第一一村幷先祖ヘ對シ亡家イタシ候テハ難濟御地頭樣ヘ不忠ニ相當候義他緣之者共一同相辨集

會談合仕候處私出金之義ニ候ハヽ伺之上御沙汰ニ寄可然哉ニモ存候得共左モナク及傷燒拂之義ヲ血縁之者共相歎禮金諸雜費共金貳拾三兩余血縁之者ニテ出金事濟呉候義ニ付御屆是迄延引罷在候得共一旦私名目ヲ以被召出候義ニ付宜敷御取成ヲ以始末被　仰上置候樣仕度此段御屆申上候

一去月廿一日土浦御家中樣方近郷北條村ハ御領分之事故小田村ト貳ケ村ヘ詰居候處其場ヘ天狗共甲冑ニテ拔身之槍附火繩ニテ鐵砲ヲ携ヒ通リ懸リ土浦御家中樣方ヘ天狗共應接之節凡四五百人モ大筒并鐵砲鎗其外用意アリ彼是致候內土浦城下眞鍋宿并水戸街道土浦御領分中貫宿ヲ大筒ヲ以火ヲカケ燒拂夫故北條村應接之義モ中絶天狗之方ハ筑波ヘ引入土浦方ハ北條村出張迄小田宿ヘ引候趣ニテ双方引取申候北條村ハ勿論最寄村々之內私村方ニテモ家財荷繦等致シ今ニテモ被燒拂候心得ニテ晝夜共心懸苦痛難澁罷在候

右委曲ハ眞鍋村戰爭始末ニ詳ナリ

一去月廿七日筑波天狗武器方飯田軍藏ヨリ差紙ニ付罷出用向ヲ承候處作谷村三給役人一同呼込ニ相成鐵砲幷槍刀長刀具足私所持之分幷村方ニ携有之候分共困窮人之分ハ相當之直段富有之者ハ金百兩之處金壹兩之代金ニテモ國事之爲ニ爲差出可申趣ニ付村方之分ハ篤ト取調之上ニ無之候テハ御受當惑仕候間作谷村三給役人ニテ鐵砲五挺其外槍刀長刀之類差出候筈御受致候間私方ニテモ難遁義ト存シ手槍壹本指出候筈御受罷歸翌廿八日手槍持參ニテ罷出候處手槍ニテハ不相成鐵砲其外刀之類不差出候上ハ出役之者差向穿鑿ニ及候趣ニ付兼テ私義モ帶刀御免被仰付近頃出府往返帶シ罷在候得ハ何ヨリ申立ニ相成居候義ト存文右衛門一同刀壹腰ツヽ廿九日持參差出シ代金貳分ツヽ手槍之義モ代金貳分ツヽ下ケニ相成候得共價ニハ不足仕右之品最寄之者一體差出ト乍申無御伺モ・（不脱カ）差出候段御地頭所樣ニ對シ奉恐入候間有體御屆ケ奉申上候宜敷

御執成奉願上候

七月

第十

同斷ニ付金子等差出候名前調寫

覺

宗道河岸

新三郎

源七

右之者過ル廿七日誠心組ト申浮浪之者貳三拾人程同所ゟ旅宿仕居兩人ニテ米九百俵程被借取候ト申風聞ニ御坐候

鹽衞村

十左衞門

右同人米三拾俵被借取候ト申風聞ニ御坐候

一金子　去月廿八日頃　　石下村　近江屋平兵衛

一同　　石下村　日野屋茂右衛門

一金子　同廿九日　　上石村　天満屋茂右衛門

一同　　同　串田忠兵衛

一長刀　　村野周哲

一鎗　　權兵衛

一金子　　土田十兵衛

右之通金子鎗長刀等夫々被借取候由風聞ニ御座候

七月

第十一

筑波浪士ヨリ村々江差出候呼狀寫

國事之義ニ付申談候義有之候間我等役所江書狀披見次第罷出可申乍去世上之動搖ニ付酙〔斟カ〕酌有之義ハ勿論ニ候得共今般左樣之義ハ無之候間卽刻可被罷出候以上

筑波武器方役所

七月二日夕

若森村　寺具〔ママ〕村　作谷村
吉沼村　今ケ崎村　高野村

第十二

筑波ニ當時參籠仕候名前調寫

當節浮浪之者小金詰合ニ付筑波參籠之人數有之間敷哉之義承配仕候處筑波ニハ大凡五百人余モ詰合居其内ヨリ府中江出張仕始終往復仕居候

事ニ相聞得田申愿藏組之浮浪筑波山籠之者共ヨリ被追拂候哉之義モ相
聞得候得共治定之義相分兼別冊名前書立之内丸星之分無紛筑波ニ居候
事ニ相見得右書立之内小金ヘ出張之者モ有之由又ハ壹人モ出張仕候者
無之由ニモ相聞得取留候事ハ分兼居申候

七月

別紙

筑波山本坊詰

人數百七十人位

○田丸稻之右衞門
○岩谷敬一郎
○竹内百太郎
○北村幸太郎
○朝倉眞四郎

壹丁目石濃屋詰

藤田小四郎

人數三十人余

小通寺詰
人數三十人余

瀬尾詰
人數貳十人余
壹丁目結束詰
人數貳十人余
神田屋詰
三十人余
壹丁目江戸屋詰
二十人余

○畑　筑　山

目付方
天小名前不知
中　村　會　汚
○松　崎　熊　之　助
黒　澤　新　次　郎
栗　田　源　左　衞　門
大久保七右衞門
○高　橋　上　総　介

使番
小　柳　八　十　次　郎
中　崎　貞　助

大越屋詰
二十人余
二丁目稲葉屋詰
三十人余
二丁目千年屋詰 二十人余
二丁目下駄賀屋詰 二十人余
同丁木屋詰 二十人位
人數十ヽ人余

佐々木勇藏
熊谷彥十郎
外三四人
○千種太郎
○同　昇
長谷川庄七
三角ハ筑波詰合治定
不仕分
△根本新平
△須藤啓之進
△高畑幸藏
△後藤周吾

三丁目吉田屋詰
二十人余
同赤根屋詰
同小松屋詰
三十人余
同津田屋詰
十八人位
玉屋詰
十八人位
四丁目大沼屋詰
二十四五人位
神部村普門寺詰
百五六十人位

昌木太郎
宇津宮左衛門
林宗七郎
西岡邦之助
右同人下宿
熊谷四郎
平尾桃岩濟ゝ
田中愿藏
東直二郎

右兩人水戸海道竹原宿ニ屯罷在候由之事

外ニ

高木喜平　檜山三之助
林惣左衛門　岡野彦四郎
狹間彌一郎　藤田芳之助
青木秀五郎　服部熊五郎
濱野松五郎　三浦龜二郎
千葉源之助　坂左井某
河崎某　常井廣松
米井米治　黒澤八郎
春日秀太郎　日新金之丞

水戸藩越宗太郎手引ニテ
結城家老

水野主馬

高木某

上下八人

第十三

筑波町浪士旅宿等之義ニ付探索書寫

附

田中愿藏筑波黨ニ被相省者候義ニ付觸達寫

筑波山御本坊

田丸稻之右衞門

岩谷啓一郎

竹内百太郎

朝倉眞四郎

定詰三拾八其外頭取旅宿ヨリ壹人ツヽ晝夜詰之勤有之

一鐵砲三匁玉ヨリ拾匁玉迄總締三百九拾挺外百目三挺木筒百七拾挺是ハ

近々出來之由
一米三ケ所ニ入置凡貳千七百俵位ト相見得申候
一武具アラ々出來毎日職人拵有之
一馬總高四拾三疋其外府中井沼田村ニ七八疋出シ有之趣
一沼田村稻之辨財天ヨリ十三丁程登リ見張所出來拾人ツヽ詰有之
一筑波山五軒茶屋之所ニ見張番所出來五六人ツヽ詰有之但遠見鏡掛有之
一同所東山ニテ風通シ峠之處見張番所出來拾人ツヽ詰木筒六挺掛有之

筑波町小通寺下宿

軍事大將　藤田小四郎

千種太郎

組人數五十四人

同壹丁目稻葉屋太郎衞門旅宿

小荷駄奉行　熊谷彥太郎

組人數三十七人
同丁イナデヤ嘉兵衛旅宿
鐵砲具足鍛冶奉行　高橋貞助
組人數職人共貳十七人
同丁近江屋嘉兵衛旅宿
金策方　伊藤益羅
組人數十人
同丁瀨尾律右衛門旅宿
三拾五人
監察方
右何モ一騎方但目付役人數七人
同丁結束武左衛門旅宿
川股茂七郎

組人數貳拾拾人
同丁神田屋太郎衞門旅宿

武器方

組人數職人共貳拾五人
同丁千年屋勝治旅宿

組人數貳拾人
同丁石濱喜三郎旅宿

組人數貳拾人
同二丁目瀧田屋嘉七旅宿

瀧平主殿

大久保七郎左衞門
宇佐美惣三郎

須藤啓之進

渡邊籠助

宇都宮左衛門

組人數三拾人

同丁永谷佐七旅宿

高橋上總之介

普請奉行

組人數貳拾人

同町神田屋元吉旅宿

龜山勇右衛門

組人數貳拾三人

同丁木村屋嘉兵衛旅宿

小野幸藏

組人數貳拾貳人

同丁菓子屋芳兵衛旅宿

西岡邦之助

組人數三拾八

同三丁目赤根屋仙吉旅宿

春日秀三郎

組人數貳拾五人

同丁吉田屋長九郎旅宿

昌木晴雄

組人數二十八

同丁蔦屋源兵衛旅宿

病人人數不知

同丁銚子屋忠助旅宿

病人同斷

同壹丁目鶴屋久米三郎旅宿

飯田軍藏

大畑外記

組人數三拾人

右之外沼田村百姓家ニ四軒程旅宿有之趣

一府中ヽ畑筑山其外頭取相添人數出張之由總體合凡五百七八拾人有之

一田中愿藏義二十四才ニシテ生國水戸上町猿田之次男ニテ田中之名字之義ハ醫師ニテ田中ト申家ヽ養子ニ行候ニ付家來ニハ數多猿田ト申名字之者有之由

一同人數八拾貳人ニ有之處先達テ鯉淵村ニテ無宿同樣之人數ヲ增當時百四五拾人ニ相成候由

一當七月三日頃水戸太田ニ罷在且筑波山表向ハ田中ト何事ニヨラス差構無之旨旅宿頭取ヽ觸書相廻シ候得共大將之所ハ若横濱ヽモ趣候節ハ加勢之積リニ候其外ハ一切構無之旨ニ承知仕候

筑波山大將ヨリ觸書頭取之者江相渡候寫

田中愿藏

右之者自己之進退致候ノミナラス所業以之外不宜ニ付以來三軍江不爲立入候樣被仰付候條此段相達申候

七月三日

岩谷啓一郎

竹内百太郎

右兩名之觸書不殘相廻シ申候

第十四

筑波山屯集浪士名前調寫

總大將分

田丸稻之右衞門

右附屬之士分

鈴木寅右衞門

川崎惣右衞門
玉藤傳四郎
鈴木貞助
高安秀平
同輔翼
齋藤佐次右衞門
右所屬
服部熊五郎
芹澤助三郎
宇佐美惣三郎
三浦龜二郎
濱野松二郎
小牧又三郎

同文武總裁方
藤田小四郎
竹內百太郎
岩谷啓一郎
右附屬
嶋田帰吉
大谷包太郎
加藤重兵衞
淺野善十郎
總裁加役
林五郎三郎
中通壯之進
千種太郎

岩谷藤次

遊軍總轄

戸田彈正

織田熊五郎

水野駿馬

天文方

高橋上総介

使番役

檜山三之助

佐々木道太郎

小林幸八

栗田源左衞門

渡邊剛藏

豊田彦之丞

監察役

三輪〔橋カ〕半六

根本新平

調練奉行九人

附隊長伍長

書物方頭立

五人

小荷駄奉行

八人

監察方隊長

七人

伍長

五　　人
諸館取締方
貳　拾　人
應接方頭取
五　　人
右之通御座候
子七月
第十五
筑波浪士見張所人數配等之義ニ付探索書寫
一筑波聚屯之人數矢張千人前後之由
一見張所五ヶ所ニ有之由
一六本松ニ三拾人程
一沼田入口妙藏院右同斷

一峯之六軒茶屋三拾人余
一十三塚峠水戸ノ入口三間ニ横七間之見張所人數四拾人程
一冬古木拾二人程
右各所鐵砲槍長刀様之者相備置候由
右見張所前ニ板札ニ
筑波山滯留之人數ト相唱在々ニ横行致シ無心ケ間敷所業於有之ハ屹
度其村ニ差留置早速可申出候事

子六月

中村親之助
黒澤新八郎
栗田源左衛門
千葉小太郎

一田丸稻之右衛門本陣ハ寺中之由
一藤田小四郎本陣ハ古通寺

一根本新平光藏院
一高橋上總之介宇津宮左衞門筑波町之內壹丁目
一西岡邦之助貳丁目神田屋
一西山之藥王院ニ二頭計姓名ハ聞不參候
一東山町ニ歩兵方役所金策方役所ト札相建置候由
一町之分ハ一宇旅宿ニ相成居往來群ヲナシ候由組々ニテ衣裳抔モ違ヒ候由乍然本陣ハ肅然トイタシ居候由
一二王門後ニ米俵有之候處貳百五拾俵程ト見積候由大抵一年ヲ支ヘ候程之兵粮ハ有之哉ニ承候由
一當人罷通候場所ニハ大砲ハ更ニ見當不申見張所ハ勿論手頭之所々ハ六七挺ツヽ木砲計有之候之由
一田中愿藏近々山東ヨリ筑波ヘ登ルト申風說有之候由
一小筒其外之武器ハ人數丈有之由

一高崎藩之荷物飯田軍藏手ニテ取候由ニテ高崎寺田鉄五郎荷物ト申札ニテ陣笠簑羽織等相入置候荷物之由

一武兵衛伯父鶴屋ト申ハ飯田軍藏旅宿ニ相成居候由仙臺ヨリ吉沼ヘ人數參候事ニ承リ候處實事ニ可有之哉ト尋ラレ候ニ付御尋之通參居候乍然領分一片之事ニテ筑波ヘ趣候人數ナトニテハ決テ無之由相答候由

子七月

第十六

浪士共金策之義ニ付探索書寫

一木原村ヘ罷越様子承拔候處四日以前迄同村百姓丈右衛門次男之由浪人方ヘ隨身致候ニ付右之者先達三四人位ツヽ仲間召連近所所々ヘ金策致居候處同八日ニ小川館ヨリ乘船ニテ右木原村河岸ヘ罷越右之者丈右衛門次男ヘ面會致シ申聞候義ハ金策ハ差留置候ニ何故右様之義致居候哉不埒之段嚴敷申聞右之者始三人召捕其分ニハ不差置趣嚴重ニ致シ一同

舟ニ爲乘罷歸申候由當時ハ右村ニ浪人體之者一人モ居不申候

一安中鄕之內大山村邊ニ浪人共乘船貳艘河岸場ニ著居候由相聞申候間右大山村迄罷越樣子見屆候處右樣之舟壹艘モ相見得不申候間承候處六月頃迄ハ始終出入致居所々金策仕候由御坐候處當月ニ相成候テハ下筋ニ向出帆致夫形參不申當時壹人モ居不申候事

一古渡村ニ罷越前同斷樣子見屆候處壹人モ居不申猶承候處先達テ迄ハ五人拾人位ツヽ折々罷越所々ニ金策仕凡四百貳拾兩計押借被致候由其後參リ不申當時ハ壹人モ居不申候事

一江戶崎村ニ罷越同斷樣子見屆候處先達テ迄ハ貳拾五六人ツヽ鎗鐵砲ヲ携金策仕右村ニテ貳千兩差出候樣被及掛合村役人等歎願イタシ六百兩ニ勘辨致吳候樣申入六百兩差出申候處右金受取中々勘辨不致猶又相歎キ跡金五百兩差出シ可申趣申入候處漸ク勘辨ニ相成尤金子取揃兼候趣申入候處日延ニ相成右金五百兩ハ十二三日以前右村組頭松左衞門ト申

者五百兩小金迄持參相渡申候處浪人之者申聞候ニハ右樣持參致〻候上ハ何方ヨリ金策有之候トモ決テ迷惑ハ相懸ケ申間敷ト被申聞罷歸候由當時ハ浪人體之者壹人モ居不申候御地頭久世樣御警衛御人數御出張之由ニ候處五六日以前ニ不殘戻シニ相成候事

一請領村之内御他領大須賀津百姓藤右衛門ト申者小川館江金五拾兩差出シ可申由被申聞〻候處其節金子間ニ合不申日延致シ置當月七日頃五拾兩取揃小川館江持參仕候處金策係リ之者申聞候ニハ最早金策相止候間持歸候之樣被申聞罷歸候由承リ申候事

七月十一日

第十七

筑波浪士等所々金策强談等ニ付探索書寫

筑波ニ罷在候浪人共之内小金驛江罷出候類モ有之哉ニ申上置候處段々承リ候得ハ筑波山屯所之浪人義ハ小川館之連判ヲ拔候者之由ニ付小金

出張之人數ニハ不加由ニ御坐候當時筑波山ニ罷在候頭分田丸稻之右衞門藤田小四郎竹内百太郎畑筑山等ヲ始トシテ其以下數人筑波府中ニ往復致居候者凡五六百人去月下旬ヨリ金策別テ烈敷申懸筑波近在ハ勿論下總豐田郡岡田郡相馬郡埴生郡常陸ハ土浦幷府中在ヨリ鹿島郡行方郡下總佐原銚子邊迄壹ケ村モ無殘金策申掛ケ候含ニ御坐候風聞ニ御坐候處當月二日御領分信田郡受領村隣村木原村ニ浪人吉田德一郎ト申者旅宿致シ御他領島津村布佐村石川村舟子村木原村大須賀村安中等之村々ニ重立候百姓二三軒幷村役人壹人ツヽ差紙ニテ銘々呼出シ多分之金策申懸候由ニ候處猶又水戸御領田伏浪人旅宿ヨリ差紙ニテ金策申來リ兩方ヨリ一時ニ呼出相成候ニ付其段田伏村浪人ニ難澁之由訴出候所同所ヨリ鈴木貞助米川文藏平波常次郎ト申浪人木原村ニ罷越吉田德一郎ニ一應懸合ニ及候由之處同人一己之金策申分難相立終ニ搦捕ニ罷成帶刀ヲ取上ケ繩ヲ打筑波ニ差送候由右ニ付村々ヨリ罷出候者共ハ田伏村ニ

罷越被申付候金子之内相減候様浪人米川文藏鈴木貞助千葉常次郎方ゟ相願候處舟子村重兵衛ゟ金百五拾兩布佐村養右衛門ゟ金百兩其外右減少ニ罷成已ニ金子可差出筈ニ罷成候由ニ候處筑波山ヨリ早打ニテ飛脚來金策之義ハ以來相止ニ罷成候間村々ヨリ對談ニ罷成候金子持參ニ不及且又差出候金子ハ相返シ可申由申渡有之一同歸村仕候由ニ御坐候尤筑波山ゟ取入候分ハ相返シ不申段共申渡御坐候由如何之譯ニ候哉相分兼申候得共此段承候間申上候

一過ル四日府中町ニオヰテ田中愿藏組之浪人貳人何等之悪事有之義ニ候哉筑波ヨリ出張致居候浪人方ニテ搦捕同所ニテ獄門ニ仕置仕候由ニテ往還ゟ相晒シ置候由ニ御坐候尤右貳人之内壹人ハ元土浦領分神立村百姓清助ト申者ニ御坐候由風聞ニ御坐候

一浪人田中愿藏義當時水戸城之北板和田ト申所ゟ罷越候趣水戸御城下通行之節下野觸〔マヽ〕致シ候由金子入長持六ツ金方御用ト申荷札ヲ致シ長持壹

棹ニ人足拾六人ニテ爲持候由ニ御坐候
一筑波山ニ罷在候浪人共ハ追々職方之者取集メ矢倉ヲ建門ヲ造山中所々ニ追々普請ニ取懸リ候由ニテ右山中之大木ヲ伐取リ候樣子ニ御坐候兵粮當時取入ニ相成候高五千俵ト申候乘馬百五拾疋モ御坐候由皆農馬ヲ取掠候義ニ御坐候由且筑波山遠近之在々ニテ豆ヲ刈取ラセ候由ニ御坐候處此節ニ至リ候テハ府中在々ニテモ大豆ヲ拔取ラセ候由其外不時浪人通行差支ニ不相成樣府中ヨリ小川玉造筑波土浦水戸湊ニ通行之村々ニテ毎日人足貳三拾人ツヽ用意致シ爲置候由ニ御坐候種々之暴行言語ニ絶シ候程ニ御坐候

七月七日

第十八

浪士吉田德一郎等勝手ニ金策仕小川館ヨリ被相捕候義等ニ付探索書寫

一当月二日潮來館詰吉田誠一郎之身内吉田德一郎外壹人木原村仲屋庄左衞門方ゟ止宿致シ最寄村々拾ヶ村程相續宜敷者ゟ差紙ニテ呼寄金子上納可致旨被申聞大金之事故調金中猶豫願仕候内安中ハ井田村啓作ト申者小川館ゟ罷越右次第申出候ニ付早速右館ヨリ鈴木貞助加藤利平外壹人鎗鐵砲持參木原村ゟ參リ右德一郎召捕同村河岸ヨリ船ニテ田伏村ゟ行連吟味之上繩付ニテ府中ゟ差送リ園入ニ相成候風聞ニ御坐候且又四日五日頃小川館詰ヨリ六七人田伏村寄場ニテ差紙相出シ安中村々井向場牛渡邊數ヶ村多人數召寄凡金貳千兩程相集候趣ニ御坐候處如何之譯ニ御坐候哉急繰戻ニ相成一同悅歸村仕候旨大須賀津治右衞門差紙ニテ田伏村ゟ罷出居金五拾兩迄差出シ候處止ニ相成歸村仕委細承候間當分之樣子申上候猶又一昨十一日吉田誠一郎外三人木原村ゟ參リ先日德一郎呼寄候名前之者共ゟ御酒差遣度旨ニテ呼狀相廻シ名前之者共著仕候處追テハ大勢ニテ返禮可仕旨申聞候由ニ御座候誠以不穩時節ニ御坐候

此上近村迄モ變事御坐候ハヽ晝夜不限御注進可申上候得共先以右之段申上候以上

子七月十三日

第十九

中妻村ニオヰテ若者共浪士二人打殺候義ニ付某ヨリ之書簡抄

過ル十日中妻村ニオヰテ浮浪人風體之者貳人村方若者一同打寄右二人之者打殺申候由承申候昨十二日御代官北條様御手代衆御見分之上右中妻村ゟ堀埋候由承申候眞僞聞糺之上御達可申上候以上

七月十三日

第二十

浪士共所々強借仕候義ニ付大園木村名主申出候書付寫

豊田郡大園木村名主源左衛門奉申上候過ル十一日夜御合給組頭嘉七方ゟ浮浪人壹人罷來リ追々六拾人程同夜八時頃ニ陣鐘陣太鼓鳴シ參候

由申來人馬無差支樣御合給ヽ被申付候趣尤（欠字アルカ）義ハ吉沼村同役太左衛門方ヽ出向留守中　此方樣御百姓喜右衛門其場ニ居合相對賃錢ヲ以被相賴候由勿論御合給ヨリハ馬貳疋人足五人差出申候然處右浪人伊古立村名主孫兵衛始ヨリ刀壹腰借出シ次村小保川村三右衛門鎗壹筋同村七郎兵衛方ニテ脇差貳腰同村染屋三郎兵衛方ニテ革財布中ニ金子何程入候哉ハ不相分夫ヨリ元石下村日野屋茂左衛門方ニテ金子借出シ金高之義ハ何程カ不相分候得共同村住吉屋ト申茶屋ニテ酒食致シ於其場ニ金貳朱ト百文手拭壹筋御人足之者ヽ指出シ三坂村ヨリ被相返候由浪人所々ニテ色品（金カ）等借受候義ハ御人足共見聞罷在候段申聞候間此段申上候以上

七月十三日夜

第二十一

浪士石下村邊等通行之義ニ付某ヨリ之屆書寫

今十一日暮六ッ時過安喰村邊ヨリ浪人體之者壹人荷鞍馬ニ打乘吉沼村白旗坪通懸リ候節跡ヨリモ五六十人石下村迄罷越候ニ付當村ニテ必相騷申間敷由等申聞ナカラ殊之外馬足ヲ早メ聲ヲカケ新地坪ヘ通リ懸リ候處竹藪有之候ニ付口取之者ヘ申付竹鎗樣ニ拵彌馬ヲ早メ乘切候ニ付早速跡ヨリ見屆之者差遣シ候處右之者モ（脫アルカ）鹿渡船場ヘ罷歸右渡相越候砌跡ヨリ二三人帶刀人罷越候ハヽ何人船差出間敷尤五六拾人被參候ハヽ早速差出候樣共渡守ヘ申聞船ハ向際ヘ相附可置違背之上ハ切捨候抔申聞茂鹿江戸屋ヘ罷越候由ニ御座候

七月十一日夜

猶以右之外壹人モ通行不致候

第二十二

浪士所々金策强談仕候義ニ付探索書寫

昨十一日暮頃吉沼村之内畑ト申所ヘ浪人壹騎參候由早速注進有之候處

追々右浪人同所茶屋ニ休居此所ハ誰領分之由承候ニ付
御名御領分之由相答候得ハ警衛人數ニテモ居候哉ト相尋候ニ付三四拾
人二三日以前ヨリ參候由申候得ハ我等抔ハ取懸リ不申哉ト申候ニ付決
テ構不申由相答候得ハ竹壹本無心致候ニ付相與ヘ候得ハ脇差ヲ以切ソ
キ竹槍ニ致シ是ヨリ石毛之方ハ參候處跡ヨリ四五拾人參候由ニ申渡シ
取噪キ申間敷由ニテ出立致シ候由無間モ注進有之ニ付跡ヨリ四五拾人
參候事ニテハ夜中ト申　御領分之義ニテ何樣之義致候哉モ難計一統支
度致シ相扣居候處追々八時頃ニモ候哉筑波山ヨリ人數繰出候由ニテ大
提灯八張小提灯松火等ニテ大勢相出候模樣之由注進有之右ハ吉沼村之
方ハ參候譯ニモ候哉ト心支致居候處何方ハ參候哉此方ハハ參不申右行
留末相分兼候處其後七ツ過申出候ハ前書浪人大園木村ハ相越人足馬等
首尾致候ニ付御領分金作ト申者人足ニ被當相出外ハ御合給米津樣御領
分ヨリ人足相出右之者共途中ヨリ大小爲差馬ニ爲乘所々金策等致シ石

毛之方江段々參候由申出候ニ付右金作爲取戻之大園木村ヨリ七八人參候之由ニ御坐候得共無心元萬一如何樣之義致候哉モ難計候ニ付御足輕井當所御足輕共四人カ八人武具爲持外ニ爲應接之組拔兩人遣候方ト吟味之上支度爲仕出立之所江右金作罷歸候由注進有之此節夜明ニ相成候事

右同人承屆候次第大庄屋覺書ヲ以申出書取候次第左之通

一大園木村ヨリ馬貳疋人足五人爲相出（此人馬御合給米津樣カラ）夫ヨリ四加村孫兵衛所江參リ刀ヲ押借リ候上夜分爲案内之人足三人爲相出オボ川之七郎兵衛方江參リ脇差二腰押借致シ同村三右衛門所ヨリ鎗壹本押借染屋ヨリモ刀押借金少々入置候革財布奪取石毛江參リテンマ屋ト申江參リ豪家之由奥之間江壹人踏込（人足共ハ表ニ居候樣申付候）暫ク亭主ト相談致シ包物之重キ樣之者差出シ金ナラハ四包位之由夫ヨリ元石毛之染屋伊作ト申内江取寄手拭足袋サラシ樣之物ト、ノヘ住吉屋ト申茶屋ニ休ミ酒肴ヲ出サセ人足共ニモ爲呑且酒手トシテ壹朱相與へ不足之由ニテ又壹朱代百文外ニ又壹朱相與へ人足之内庄作孫兵衞ト申者ゟ奪取候大小爲差鉢卷爲致浪人體之裝ヲ致サセ新石毛之問屋ゟ參リ人馬差出候樣申談候處少々間取候得ハ槍ヲ以板戸ヲ突通シ又ハ問屋之女房ヲ槍ニテ追候處金作見兼テ跡ヨリ取押へ候故女房無事之由三板ト申所ニテ米津領ヨリ出候人足五人之内四人馬二疋井金作義モ被相戻候由右大小ヲ爲指候庄作孫兵衞ト申者大和内ト申所迄送候樣申サレ連參リ只今ニ戻リ不申由之事

右此兩人無難ニテ戻リ候由井夜明後右浪人百姓共ニ竹槍ニテ被追懸馬ヲ捨迯去候由追々承リ候事

七月

第二十三

浪士之内仕置等ニ逢候義ニ付風説寫

一洞下邊先以別條無之由前日申出候人數繰出候之義延引相成候由之事

一國松村於性山寺ニ浪人三人爲長者ニ仕置被致候由之事

一田中愿藏義水戸在野口村ト申所ニ當時罷在候由ニ候處風聞ニハ水戸樣御大臣方ヨリ討手御遣ニ相成候ニ付同所ヨリ追々府中筋ヘ迯參リ可申由風聞ニ御座候追々筑波ヘ加リ可申說モ專ラニ御坐候

七月十四日

第二十四

浪士共强借被打殺候等之義ニ付大園木村名主ヨリ申出候書付寫

豐田郡大園木村名主源左衞門奉申上候兼テ仰之通晝夜共見聞廻リ役附置候處今日五ツ時拙者共村方渡船場白襦胖（絆カ）白小倉縞袴紺脚胖紺足袋ヲ著シ無首之者相流レ右樣子聞屆候處　御公義樣ヨリ御繰出步兵頭御使番二十前後之士ト被申聞候且又大寶八幡宮社內ニテ當九日浪人ヨリ下妻放火亂入之時、士壹人繩ヲ懸ケ首ヲ被討同家來壹人是モ同樣首ヲ打沼中ヘ打込置候處下館御屋敷御使之者ト相見得一昨十三日同御屋敷ヘ引取候由申聞ラレ候將又水海道邊中妻村ヘ態夫ヲ以聞屆候處浪人貳人參リ同村八兵衛方ヘ大金押借致シ迯去候處村方之者大勢取卷右貳人之者打殺シ候ニ相違無御坐候間右之段爲御承知之申上候以上

七月十五日夜

第二十五

浪士擧動之義ニ付探索書寫

一筑波山浪人共總勢三百人余御坐候由之處高道祖村ニテ爭戰後追々相加リ四百人余モ罷在可申由尤世間之風聞ニハ總勢千貳百人ト申候得共全ク夫迄之人數ニハ無之由ニ承知仕候

一浪人大將田丸稻之右衛門義當月初旬頃大病ニ付北條町之醫者相頼參候由之處其後病死仕候由風聞モ御坐候一說ニハ上方筋ヘ參リ候由申者モ有之候

一浪人田中愿藏義過ル十日筑波ヘ詰合眞〔直カ〕樣手勢ヘ相加リ候由ニ御坐候

一過ル十日水戸御臺場之大砲ヲ奪取候由ニテ玉目三百匁ヨリ五百匁迄之大砲四挺府中驛ヨリ筑波江人足ニテ相送候義慥ニ見届候義ニ御坐候尤水戸御城内ヨリ取出シ候ト之風聞ニ御坐候得共聢ト之説ニハ有之間敷奉存候事

一筑波山之義嶮岨ニテ小勢ニテモ必死之者相籠候得ハ寄手方之難義ニ及可申ハ必定之義ニ可有之風聞ニ候但シ筑波山手前小田山ト申所之内ニ筑波町浪人共罷在候所ヲ見渡シ候所有之此所江寄手取登リ大砲ヲ打懸候得ハ浪人共便利不宜候由ニテ始終貳三拾人ツヽ鐵砲槍ヲ備見張致候由ニ御坐候

七月十六日

第二十六

同斷

一今日筑波山住浪人之内飯田軍藏ト申者四拾人程之人數引連管（菅カ）間道（通カ）リニ

テ宗道邊ヘ出張仕候由ニ御坐候右ハ　御公義様ヨリ兵粮運送有之哉見
屆猶又下妻邊先日燒失人難澁之者ヘ手當ニ罷出今夜大寶泊ニ相成候由
ニ御坐候由
一管〔菅カ〕沼村洞ヶ下村邊ヨリ折々筑波ヘ人足ニ被遣候ノミ外ニ相替候事無御
坐由ニ御坐候
一眞壁放火猶又筑波向ヘ浪人共大勢繰出シナト風聞仕候得共僞言ニ御坐
候哉洞ヶ下邊之者一切様子無之由ニ御坐候

七月十九日

第二十七

浪士體之者茂鹿ト申所之茶店ヘ立寄候等之義ニ付某ヨリ屆書寫

當節筑波山ヘ相集候浪人體之者九人外ニ人足體之者貳人都合拾壹人ニ
テ今朝御他領字茂鹿ト申所之茶店江戸屋ト申ヘ立寄茶漬等支度致シ酒
食料貳貫七百文相拂御領分坂本御百姓富十持船呼寄川下貳里程爲乘候

様强勢ニ被申懸無據船乘喜兵衛同町御百姓龜吉兄吉十郎居合候ニ付是亦右同斷異義申候得ハ變難モ有之哉ニ相見候故無余義兩人ニテ川下ヽ乘下ヶ申候由右富十申出候ニ付早速様子見屆之者貳人遣申候間追々様可申上候得共不取敢右之段申上候尤右浪人體之者ハ御他領加養村十左衞門ト申者之宅ヨリ右茂鹿ヽ參リ候様承申候間此段トモ申上候以上

七月廿一日

第二十八

坂本富十所持之船浪人體之者强勢ニ被申掛候義ニ付某ヨリ屆書寫

今朝御達申上候坂本富十持之船乘喜兵衞同町御百姓吉十郎兩人之者江戸屋宅ヨリ浪人體之者ニ强勢被申掛無余義右之者共ヲ舟ニ乘セ貳里程川下ニテ金村ト申渡船場迄罷越右ニテ不殘舟ヨリ上リ福田屋ト申茶店ニ立寄候間喜兵衞喜十郎（吉カ）之兩人暇ヲ乞立戻リ度旨申候處賃錢差遣シ可申旨被申候ニ付達テ辭退仕候處不聞入押テ被申候ニ付無余義金壹步壹

朱ヿ錢貳百文外ニ縞之古單物壹枚貰受候由ニテ只今歸村仕候趣申出候間右之段申上候且其模樣喜兵衛承候樣子ニハ右之者共府中邊ヿ罷越候哉之樣子ニテ道筋抔聞屆候由ニ御坐候得共右之邊金策等ニテモ御坐候哉右人數之內貳人近邊大山村ト申所ヿ罷越候由ニ御坐候此段共申上候以上

七月廿一日

第二十九

浪士等金策等仕候義ニ付某ヨリ屆書寫

昨廿一日茂鹿舟場ヨリ舟ニテ金村迄罷越候浪人之者十一人隣村大山村酒造家井上合村天滿屋ト申酒造人右貳ヶ所ニテ金五拾兩ツヽ金策仕昨夜同所ヨリ馬拾疋人足貳人觸當仕水戶街道中貫宿ト申所迄罷越候由外ニ相替義無御坐候趣申出候間右之段申上候以上

七月廿二日

第三十

筑波浪士共北條村〻繰出シ近村之人足大勢引寄候義ニ付某ヨリ届書寫

吉沼村迎町御百姓武兵衛義過ル六月廿二日風ト家出仕何方〻罷越候哉行衛相知不申候ニ付親類ニテモ罷越候義ト奉存承合候處參不申候由申出候間猶又心當之所精々相尋申申〔可カ〕旨申付置候處組合親類之者北條邊ニ右武兵衛知人有之候ニ付若哉樣子相分可申哉ト存今日罷越承候處相知不申候ニ付歸村可仕ト存候處當節筑波山〻相集リ候浪人之者貳百人程北條〻繰出シ近村之人足大勢引寄市中殊之外騷敷樣子ニ御坐候處伊勢屋ト申泊屋ニ旅宿仕候浪人之内吉岡辰之進ト申者浪人仲間ニテ何歟爭論仕候由ニ御坐候處右之者二階ヨリ下候ヲ見懸相手五人之浪人槍ヲ携ヒ四方ヨリ卽時ニ突殺シ散々ニ切候ヲ見聞仕驚入歸村仕申出候且風聞ニ承候處右吉岡辰之進ト申者ハ熊谷彦十郎ト申者之組ニテ右組之者神

部村ヨリ大勢押出候抔ト申事ニ御坐候由此上如何可相成哉猶承屆追々
可申上候以上

七月廿二日

第三十一

筑波浪士水戸邊引退キ候樣子ニ付探索書寫

今日筑波ヨリ先々模樣聞拔候者兩人差出シ先刻壹人立歸申候ニ付直ニ
奉申上候處猶又壹人只今立歸申候間申上候一昨日此方浪人共大勢水戸
邊ゟ引退キ候樣子ニ付是迄立置候見張所モ引拂ニ相成居候處昨夜五ツ
時ヨリ又々見張相立嚴重ニ罷成迚モ筑波ゟ通行相成兼候ニ付脇道通行
仕臼井迄罷越手續ヲ以樣子承屆候處全ク一昨日方ヨリ繰出之者共筑波
向柿岡村小幡村迄罷越シ先々御警衛所々ニ有之通行相成兼候由ニテ未
夕同所ニ罷居中ニハ少々立戻リニ相成候者モ有之由尤今日筑波ニ殘人
數百五拾人罷居候內今日八ツ時百人余筑波根大島村ゟ繰出シ井戸川村

通ニテ眞壁邊ヘ罷越申候ト跗屆歸村仕候且筑波向ニ罷居候浪人共又々
立戻ニ可相成哉之風聞モ有之由ニ御坐候
七月廿四日
第三十二
浪士擧動之義ニ付探索書寫
一昨廿三日夕浪人共貳人土浦町ヲ無故押通リ候手タテニモ可有之哉右
兩人裸馬ニ打乘土屋家之目印之提灯ヲ持御注進々々ト呼ハリ北門ヲ開
カセ中城町邊迄乘込候處北門番所ヨリ跡追懸ケ參リ大勢ニテ追取卷捕
押候由昨日吟味致候處小川館之浪人之由ニ付右小川館ヘ問合遣候上相
違無之由ニ付昨夕方追放シ候由ニ御坐候
一過ル廿日頃ヨリ浪人共別テ多勢府中町ヘ寄集リ旅宿々々ヘ幕ヲ打通行
之旅人等ヲ相改候由ニ御坐候處同日朝何方ヨリ來候哉虛無僧壹人右町
ヲ修行致居候處浪人共捕押吟味致候之處元笠間之浪人之由申立候得共

懷中ニ取繩樣之者有之候ヲ浪人共取出シ猶又穿鑿有之候由虛無僧方申開之筋ニ不分明之義モ御坐候哉直ニ繩ヲ掛ケ小川ヘ連參リ可申由ニテ引立候由之處府中町出口ニテ浪人共大勢押懸リヅタ々々ニ切殺候由ニ御坐候

一過ル廿二日筑波下小野越ニテ土浦之警衛御人數ト浪人共取合仕候由申上候處其日如何之譯ニ候哉浪人共北條町伊勢源ト申候旅店ニテ喧嘩ニ相成浪人西岡邦之助ト申候者ヲ切殺候由ニ御坐候

七月廿五日

第三十三

余鄉村庄右衞門等ヘ浪士ヨリ申來候金策呼出狀寫

御領分信太郡受領村之內余鄉百姓庄右衞門并同村之內鄉中組頭又左衞門兩人ヘ御他領安波村叶屋淺右衞門ト申所ニ旅宿罷在候浪人ヨリ差紙別紙寫之通申來候ニ付前々申渡シ置候通及挨拶差出不申由ニ御坐候

七月廿五日
別紙

余郷村
御役所　從安波旅館
急用

寸楮申越候其方義卽時ニ談說有之候間披見次第早々可罷出候尤參館之節書狀持參可被成候頓首
七月廿四日　報國勇士

余郷村
庄右衛門殿

尙々安波村叶屋淺右衛門宅迄早々御入來可被成候

木原村郷中

又左衛門殿

一書狀前同斷

第三十四

浪人擧動之義ニ付探索書寫

一過ル廿四日筑波町ヘ著仕浪人詰合人數見積候處百五拾人程ニ相見得大砲ハ本陣門脇ニ七挺程相見得其外筑波中ニ木筒ハ澤山ニ相見得申候松ニテ造候分モ有之樫ニテ造候分モ相見得申候由之事

一田中愿藏義過ル四日府中出立潮來ヘ罷出候由當時府中ニハ他藩ヨリ相加リ候浮浪之徒多人數罷在候由ニテ近邊ヘ金策致シ候由ニ御坐候事

一筑波ハ飯田軍藏大畑外記之兩人手勢五拾人計モ罷在候由ニ御座候事

一潮來ヘ罷越候浪人共別テ暴行之由ニテ寺ヘ罷越坊主等ヲ切害致シ本陣ニ仕罷在候由ニ相聞得申候事

一筑波山ニ浪人多勢罷在種々之穢行有之候ニ付山中ニ何歟怪事御坐候由

專風聞御坐候且疾疫ニテ浪人共死シ候者有之旁近々筑波ヲ引拂候由風聞御坐候事

一昨廿六日土浦川口ヘ浪人共拾人計舟ニテ參リ陸ヘ上リ候哉ニ見受候間土浦方見屆之者方ニテ取押吟味致シ候處火附之者ニテ各カラカサニ焰硝等仕込有之候由全ク三人搦捕候由跡ハ迯去候趣ニ御坐候事

右之通風唱有之候間申上候兼テ水戸表筋之義申上候樣被仰聞候間前件之通荒々風唱承リ拔申上候以上

竹來村名主

七月廿七日　吉田久右衞門

第三十五

浪士共中之西村邊之百姓ト打合候義ニ付風說寫

子七月中之西村寶幢院ヘ田中組二三百人程參リ候處廿九日同村之山ヘ陣取致シ候間近村近鄉之百姓共二三千人出張竹槍ニテ岩根村土橋之端

江陣取候八月朔日中之西板マヽ之上ヨリ浪人共鐵砲打カケ候間無據竹槍勢
モ其所ヲ引上ケ浪人共ハ夫ヨリ藤井村江參リ成澤村ヲ廻リ飯留村塙坪
江火ヲカケ二三軒燒拂鯉淵村江參候處近在之竹槍勢追懸候得ハ鐵砲打
懸ケ段々ニ引上ケ出師村江火ヲ懸ケ南之方江迯去候其節鍋サツケ村之
間ニテ合戰致シ鯉淵村之者壹人討レ田中組六七人ニ手負セ散々ニ成竹
原村江迯去候扨又寶幢院江殘シ置候品籾俵拾七俵味噌四樽成澤村江人
足之手ニテ入マヽ候長持壹棹中ニ入候品々大小類武具馬具金高締候得ハ凡
五百兩程之由西塚村江迯去候節捨置候品々ハ玄米ニテ貳三拾俵長持七
棹是モ武具馬具等品々入相殘シ有之候是等ハ百姓方ヨリ人足壹人モ出
シ不申候間無據殘シ迯去候誠ニ氣味能事ニ候

七月

波山記事卷五終

波山記事

波山記事巻六

目次

一波山集屯始末
第三十六
一浪士共ヨリ金策被申掛候百姓共村々評議之上一揆同様罷成候義ニ
付探索書寫
第三十七
一浪士田丸稲之右衞門等小川館へ引退候等之義ニ付探索書寫
第三十八
一浪士筑波退散等之義ニ付某ヨリ屆書寫
第三十九
一同斷ニ付探索書寫

第四十
一浪士金策等之義ニ付探索書寫
第四十壹
一浪士小川館ヘ引退且浪士金策係名前調
第四十二
一浪士共又々筑波山ヘ繰込候義ニ付探索書寫
第四十三
一浪士擧動之義ニ付探索書寫
第四十四
一武田伊賀守之義ニ付府中驛大畑外記宿所ヘ張置候書付寫
第四十五
一浪士共筑波一宇退散之義ニ付探索書付寫
第四十六

一同斷井其外之義ニ付探索書寫

第四十七

一浪士ト取合戰爭敵方兩人討取候義ニ付山口長次郎殿御屆書寫

第四十八

一同斷之義ニ付探索書寫

第四十九

一同斷井其外之義ニ付探索書

第五十

一浪士共水戸書生ト爭戰之義ニ付探索書寫

第五十壹

一所々百姓共申合卒爾ニ浪士金策不肯候義ニ付探索書寫

第五十二

一柿岡村等百姓共鬼越山屯集仕候義ニ付風說書寫

第五十三

一新庄駿河守殿御手ニ而浪士御召捕之義ニ付探索書寫

第五十四

一土屋釆女正殿等之御人數一同府中ヘ押寄候義ニ付風說寫

第五十五

一浪士西岡邦之佐等罷越休息相賴候義ニ付飯沼弘經寺屆書寫

第五十六

一浪士ヘ相與シ候百姓共召捕之義ニ付護持院役者屆書寫

第五十七

一浪士共所々ニ而被召捕候義ニ付探索書寫

第五十八

一浪士共所々放火致シ遁去候義ニ付風說寫

第五十九

一御廻村先ニ而浪人召捕候義ニ付御代官衆御届書寫

第六十

一浪士府中裏手泉町邊放火亂妨仕候義ニ付風説寫

第六十一

一浪士共舟ニ而乘出遁去候義ニ付廻狀寫

第六十二

一田中愿藏之義ニ付探索書寫

第六十三

一同斷

郡ハ何レモ村ノ誤ナラン　校訂者識

波山記事卷六

波山集屯始末

第三十六

浪士共ヨリ金策被申掛候百姓共村々評議之上一揆同樣罷成候義ニ付

探索書寫

河內郡邊村々之百姓等浪人ヨリ金策申懸ラレ候得共　公邊へ願出候而モ防方御人數モ御出張不相成近邊御陣屋へ願出候而モ御加勢差出呉不申候ニ付無據村々評議之上一揆同樣ニ罷成候由左ニ申上候

長竿村　柴崎村　大田村

堀川郡　桑山郡　駒塚郡

清水郡　町田郡　大沼郡

市崎郡　椎塚郡　寺田村

右拾貳ヶ村總代

太田村名主
平右衛門

柴崎村名主
半左衛門

右之者共義七月廿九日龍ヶ崎御陣屋樣へ愁訴ニ罷出御警衛被成下度段願出候者ニ御座候

右拾貳ヶ村之外高田村根本村半田郡(村カ)金江津郡(村カ)此外近郷貳拾ヶ村余之者共浪人參リ金策等其外亂妨之義有之候ハヽ駒塚村毘沙門堂之鐘ヲ鳴シ候ヲ相圖ニ致シ早速寄集リ鐵砲竹槍等持參ニ而其所へ押寄候筈取極候由ニ御坐候福田村名主板橋金藏方ニ罷在候浪人共右村々百姓共大勢參候由聞取候而七月廿九日八ツ時過福田村ヲ出立イタシ廿田村川岸ヨリ舟ニ乘安中八井田村へ引取夫ヨリ水戸御領宍倉邊へ逃去候由ニ御座候

然處村々之者大勢一揆致シ浪人共旅宿致シ居候福田村金藏宅へ押寄來候ニ付隣村幸田村名主幸助ト申者驅付立入差留候得共村々大勢之事故不聞入金藏居宅其外文庫藏酒造藏ニ至ル迄不殘燒拂候由ニ御座候外德龍寺ト申寺モ飛火ニ類燒致候由右者金藏家内之者寺へ逃込候趣聞取候ニ付燒拂候由之風聞ニ御座候

一右福田村金藏行衞相探見候處昨晦日朝五時過安中八井田村へ參リ庄右衞門宅ニ潛居リ八月朔日朝庄右衞門宅ヲ出立舟ニ乘リ逃去候ニ付多分者宍倉邊へ趣候由之風聞ニ御座候

神宮寺村　　堀之内村
羽生村　　柏木郡（村カ）
古渡村　　飯出村
三次村　　馬渡村
酒賀津郡（村カ）　　山來郡（村カ）

來柄〔栖カ〕村

右拾壹ヶ村之者八月五日神宮寺原ニヲイテ相談勢揃致候由之風聞專有之候趣ニ付阿波村之義先般浪人共留置諸方へ金策爲致右村役人共夫々取扱致候ニ付福田村之樣子ヲ聞驚入右一揆之村々へ詫入候由ニ候得共阿波村者何方ニ而モ仲間ニ入不申候由之風聞ニ御座候

一右ニ付同村之義浪人旅宿致候者其外浪人へ立入候者共日中モ戶ヲ締恐懼罷在候由之風聞ニ御座候

八月二日

第三十七

浪士田丸稻之右衞門等小川館へ引退候等之義ニ付探索書寫

一去月廿日頃筑波山屯之浪人大將分之內田丸稻之右衞門外山田喜八等ヲ始元水藩之分不殘同月廿九日迄ニ府中へ引取候由ニ候處同晦日府中へ〔十三字衍〕引取候由ニ候處同晦日府中ヲ出立致シ小川へ引退罷在候由然處當月朔

日夜ニ至小川ヨリ下手ヘ舟ニ而一同罷下候趣專ラ風聽御座候右者潮來ヘ罷下候哉ニ承申候其段種々風唱有之筑波山中ヘ怪物相顯レ候共申候或者右山上雲霧深ク相懸リ咫尺ヲ不辨由右者浪人共先船（舩カ）下妻戰爭後公邊ヨリ討手之御人數御多勢御出陣ニ相成ニ付全クハ恐懼致シ自分ヨリ右等之説ヲ唱引上候由風唱モ御座候

一右筑波山之義他藩ヨリ加リ居候浮浪之徒宇都宮左衛門外高橋上総介飯田軍藏三拾人余今ニ罷在候由ニ御座候

一府中ニ旅宿罷在候浪人之内竹内百太郎岩谷啓（敬カ）一郎等ヲ始凡貳百人余昨六日筑波山ヘ又々立歸候由筑波山下逆川ト申所ヘ先々築立候土手猶又普請ニ取懸リ候樣子ニ御座候府中不殘引拂ニ罷成候由ニハ候得共少々ハ相殘リ居候事ニ可有之奉存候何茂進退速ニ而誰義府中ニ殘罷在候ト治定モ不仕趣ニ御座候

八月七日

第三十八

浪士筑波退散等之義ニ付某ヨリ屆書寫

今日筑波邊聞拔之者歸村仕候ニ付承候處別而相替候義無御座候先日引拂ニ相成候浪人之者又々立戻候樣風聞仕候・（得脱カ）共全ク右樣之義者無之先日相殘居候飯田軍藏并大畑外記ト申浪人人數三十八人余ニ而相殘居見張等モ取拂追々殘品等引取申候由ニ御座候且又下妻邊模樣承屆候處　御公義樣御人數古河御著ニ相成同所ニ而御手配明後三日頃下妻御著ニ相成候由ニ御座候間此段共奉申上候以上

八月

第三十九

同斷ニ付探索書寫

一筑波山ヘ相屯候浪人兼而申上候通大將田丸稻之右衛門始先月廿七日廿八日兩日ニ荒増府中宿ヘ立去兩三日前小川邊ヘ退去仕當分相殘候者ハ

飯田軍藏之手貳拾五人是者筑波山役所へ止宿仕居申候外ニ大畑外記之手五人是者壹町目何某屋ニ止宿仕居申候外ニ浪人壹人モ相見不申候且飯田軍藏モ兩三日前府中宿へ罷越家來而已筑波へ殘リ未歸山不仕候

一筑波山麓沼田村大貫村之間ニ火打ケ池ト申候池御座候其池之左へ高六尺位之土手ヲ兩三日前築始今日抔者最中ニ御座候穴ヲ所々ニ明ケ置申候且左之方者昨日迄ニ仕立今日右之方へ築始是者臼井村ヱ築候ト申事〔脫アルカ〕ニ左之方貳三町位右村迄ハ凡拾四五町モ御座候壹兩月〔日カ〕位ニ而ハ築上リ申間敷哉ト奉存候

一筑波山本陣ト唱候役所ニ者兵粮澤山ニ御座候

八月八日

第四拾

浪士金策等之義ニ付探索書寫

一昨六日上野村金泉寺ト申禪寺へ浪人兩三人押込金子貳拾兩長刀奪取

立去申候由ニ御座候

一昨七日夜中菅沼村市左衛門ト申者之宅へ浪人金策致候ト申候金高相分
不申候

一今日大貫村彌惣兵衛ト申宅へモ右浪人ニ而モ候哉貳人押込居申候定而
金（策脱カ）・等ニ而モ可有之ト奉存候是者今晝時之事ニ御座候間其後者相分不申
候事

八月八日

第四十一

浪士小川館へ引退且金策係名前調

一筑波ヨリ小川へ引取罷在候者田丸稲之右衛門藤田小四郎竹内春雨岩谷
啓一郎磯山與右衛門等其外數人右小川館中ニ當時罷在候由

一筑波ヨリ府中へ罷越旅宿罷在候者金策方小林幸八後藤周吾加部東宗助
同赤城組三大將客分新地大和屋旅宿宇都宮左衛門昌木晴雄西岡邦之助

宇都宮家老之由青木善左衛門同客分新地井關屋旅宿高橋上総介同所正光寺旅宿薄井督太郎同町方旅宿屋ニ罷在候由千種太郎渡邊霞（マヽ）潮介

八月九日

第四十二

浪士共又々筑波山へ繰込候義ニ付探索書寫

筑波山籠徒之者共府中等へ出張人數之内過ル九日ヨリ同十一日迄又々筑波山へ繰込相成候人數左ニ

西岡邦之助　水野主馬

熊谷誠一郎　宇都宮左衛門

昌木晴雄

右者名前差顯シ候分ニ有之外追々繰込總人數既ニ五百人程之由見張所等別而嚴重臼井村下へ新土手凡三拾間程之間筑（築カ）立候由ニ御座候事

八月十八日

第四十三

浪士擧動之義ニ付探索書寫

一府中玉里小川玉造邊等ニ賊多勢罷在毎日繰出ニ而近村ヨリ人足ヲ引候由乍去此節ハ人足ニ罷出候者無之由ニ付亂妨致シ無體ニ百姓共ヲ捕押引連參候由ニ御座候金策追々手强罷成候由

一土浦船貳艘船頭共玉造沖邊ニ而浪人ニ奪取ラレ船頭共者浪人仲間ニ被加船者其儘兵粮運送等之用ニ被備置候由ニ御座候

一筑波ニハ壹人モ無之當時筑波下小幡ト申所ニ山國兵部ト申浪人貳百人計ニ而罷在候由右兵部者元山〔國脱カ〕喜八〔郎脱カ〕ト申候者ニ而前中納言樣ニ仕候軍師之由ニ御座候

一武田伊賀守事ハ本姓跡部ニテ武田家之跡部大炊カ子孫之由先頃前中納言樣思召ニ而武田ト改候由ニ御座候

一大炊頭樣御事一旦水府ヘ御入城之風聞御座候處全ク松川御陣屋歟磯之

濱新御臺場歟右兩所之内ニ罷在候由ニ御座候

八月十九日

第四十四

武田伊賀守之義ニ付府中驛大畑外記宿所へ張置候書付寫

耕雲〔齋脱カ〕事

武田伊賀守

右之者共義先君之御遺志攘夷ヲ口實ト爲シ逆謀ヲ企浮浪無宿之盜賊ヲ養ヒ立四方農民之膏血ヲ飽迄絞リ取ラセ表ニハ完靜謐ト號シ實者人數ヲ促シ威ヲ逞シ天下ヲシテ闔藩ニ目〔チカ〕シ賊ト云シメントス悲哉先君之尊名ヲ汚シ殊ニ當君ヲ劫シ奉リ不忠不義ニ陷レ奉リ剩ヘ君名ヲ受ケ賊寨追討ニ向ヘル忠良ヲ姦臣ト誣ヒ浮浪賊徒ニ密命シ御城ヲ乘取ラセヘクト逆亂ヲ爲候段　君上ニ對シ奉リ亂臣ナルハ勿論四海容ルヘカラス天刑遁サル之逆賊ナリ依而天下國家之爲メ罪科ヲ布告ナシ日ナラス天誅

加ル者也

甲子仲秋　　小石川政府

第四十五

浪士共筑波一宇退散之義ニ付探索書寫

筑波山模樣之義者一昨十七日關東御取締御出役石井鑵之助御人數四拾人程御召連御登山被成候處浪人體之者壹人モ住居不仕御同人樣義筑波役所ト申是迄田丸稻之右衞門ト申浪人住居仕候處ヘ旅宿仕昨十八日筑波山之內白瀧邊ニ而浪人之者三人御召捕被成候由ニ御座候

八月十九日

第四十六

同斷并其外之義ニ付探索書寫

一土屋樣御人數御繰出小田村北條村臼井村右三ヶ村ヘ出張止宿所々出口々々等ヘ見張所相建筑波山ヘハ迚モ通行相成兼候由過ル十七日ニ筑波

山代官ト唱候杉田豊一郎ト申者壬生殿之御人數洞ヶ下村出張所へ相越シ筑波山内ニ浪人之者等壹人モ居合不申候由申屆候由同廿二日壬生殿御人數不殘登山宇都宮殿御人數先手菅間村ニ止宿是モ登山致候由二本松殿御人數モ同日大寶村迄出張之由ニ御座候事

一筑波村大總代名主謙八ト申者過ル廿日宇都宮殿手勢ニ而召捕高道祖村ニ而吟味之上小山邊へ召連候由ニ御座候事

一府中町邊屯之浪人田丸稻之右衞門田中愿藏等凡三四百人モ止宿罷在候由同町出立呉候樣申入レ候者此度ニ而三ヶ度之由然ニ右愿藏悉ク立腹仕候由依而者放火之上立退候哉モ難計且者追討御人數所々へ御差向ニ付而者何レニ府中町無難ニ者被差置間敷見込之由ニテ府中町者不及申近村之者共ニ至迄無余義者計殘居老體女童子等一宇所々最寄々々之親類等へ立退候由差當龍ヶ崎町呉服渡世之佐野屋安兵衞ト申者之娘府中町へ緣組仕候由右之騷ニ付女童子共四人昨廿二日右佐野屋方へ罷越候

由ニ御座候事

一田中愿藏總人數三百人程ニ而出府致候ニ付驛々人馬無遲々合(令カ)繼立様ト之配符相通候由ニ付土浦様ヨリ御人數稻吉町迄御繰出三大將ニ而總人數貳百人程之由ニ御座候

一右愿藏壹人拔懸横濱邊迄見聞ニ罷越シ歸村致シ候由相唱申候事

八月廿三日

第四十七

浪士ト取合戰爭敵方兩人討取候義ニ付山口長次郎殿御届書寫

私領分常陸國新治郡村々へ先達中ヨリ度々浮浪之者立入及難義候ニ付兼而被仰出モ御座候ニ付同郡眞家村名主眞家源左衛門宅へ爲取締家來人數召連出張罷在候處去ル十八日亥刻頃右源左衛門前へ俄ニ浪士體之者凡五七十人程押寄門之窓ヲ打破砲發及亂入候ニ付早速同所詰家來取合戰爭敵方兩人討取其余散亂逃去申候尤兩人鉢卷ニ千種太郎鬼澤幸助

ト記有之右死骸者最寄寺院へ假埋申付置候間兩人著具其外場所ニ而取
上ケ候品々別紙之通御座候且家來人數之内足輕兩人手負申候旨在所表
ヨリ申越候此段御屆申上候以上

八月廿三日　　山口長次郎

覺

千種太郎 子廿四歳

著具

一白縮緬筒袖胴著　　一小柳萬筋襠高袴

一琉球竪縞帶　　一黑八丈脚半

一紺足袋　　一白羽二重下帶

一白縮緬鉢卷

但千種太郎平義照子ノ貳拾四歳ト記有之

一麾　壹本　　一刀壹腰身長貳尺五寸銘義定

但太刀拵熊毛尻鞘懸

一短刀身長九寸銘義家

但青皮透袋入一朱銀壹步貳朱小鍵入

鬼澤幸助 子ノ貳拾四五歲

著具

一白木綿筒袖胴著

一紺足袋

一白木綿鉢卷

但鬼澤幸助ト記有之

一淺黄紺小倉竪縞袴

一紺帶

一刀壹腰身長貳尺五寸

銘相州之住黑糸之柄

一脇差身長壹尺六寸

銘和泉守國定

但同斷

一鐵砲壹挺玉目五匁五分　一大砲車臺計
一脇指壹脇
右之通ニ御座候

第四十八

同斷之義ニ付探索書寫

一過ル十八日夜浪人千種太郎手勢三拾人余密ニ竹原驛ヨリ繰出シ牛久領分眞家村百姓源左衞門宅へ放火致候處右源左衞門宅ニ詰合之者牛久之御人數外百姓共宅内ヨリ鐵砲ヲ打出シ千種太郎鬼澤幸助外壹人都合三人打殺シ候由右千種太郎義者浮浪之内ニ而モ魁首タル者之由ニ而衣類等立派ニ候由頭上之鉢金者金滅金ニ而千種太郎何々ト申字彫付有之由

一一昨廿二日浪人千種組田中組人數貳百人余繰出之由ニ而人足先觸相出シ候處土浦ニ而先觸持參之者ヲ追返シ候由土屋侯眞鍋臺へ人數指出置

候趣ニ御座候右者眞家村之一條ニ而牛久へ怨ヲ含居候由ニ付右牛久宿
迄參候手筈ニモ可有之哉之由風聞ニ御座候
八月廿四日
第四十九
同斷幷其外之義ニ付探索書寫
一過ル十八日府中在眞家村源左衞門ト申者之所へ浪人トモ參リ具足貸呉
候樣相談ニ及候處百姓共打寄鐵砲ニ而貳人打殺候由壹人ハ千種太郎之
由
一十九日府中宿ヨリ浪人共貳三拾人繰合候處柿岡村ニ而壹人被召捕小野
越ニ而モ壹人被召捕土浦へ送候由
評ニ云百姓共起立中々金策強談等難相成形勢之由
一柿岡村邊五十三ヶ村百姓共貳千人余鬼越ト申所へ集屯罷在候由
一當所府中宿ニ六百人余旅宿罷在候由

一橋本屋泊　　　　　　　　潮來館詰之者

一正光寺　　　　　　　　　田中愿藏組

一東陽寺　　　　　　　　　貳百五十八余

(水)高提灯之印

一伊豆屋泊　　　　　　　　薄井組

一和田野屋泊　　　　　　　佐々木雄藏組

一鹽屋泊　　　　　　　　　大畑外記組

○○提灯之印

此外旅宿屋等不殘泊之由ニ御座候事

右之通ニ御座候府中ヨリ先々ハ通行難相成同所ニ而モ水戸之模様ハ一切相分リ不申候由ニ御座候以上

八月廿一日

第五拾

浪士共水戸書生ト爭戰之義ニ付探索書寫

一過ル十二日頃水戸ヨリ磯ノ濱道ニ而鹽ケ崎ト申村方ヘ天狗黨之者通リ懸リ書生ト爭戰ニ罷成候處武田彥右衞門（伊賀守子息之由）榊原新左衞門討死之由風聞御座候得共聢ト聞得不申候

一「十三日田丸稻之右衞門舍兄軍師山國兵部策略ヲ以藁人形ヲ船ニ取乘幕ヲ張那珂川上ヨリ乘下ケ敵ヲ欺キ候處書生共大勢之敵ト見受御臺場ヨリ總勢ニ而繰出シ候間其跡ヘ天狗黨打入湊御殿ヲ乘取候由ニ而書生等者水城ヘ引入候之由

一浮浪高橋上総介義（結城在沼ノ村」出生之神主）筑波山引拂候後水戸領玉造村ニ罷在候處先頃諸方之爭戰ヘ加勢モ不致手勢四拾人余ニ而玉造邊ヨリ行方郡邊迄金策ニ相掛居手下之者暴行致シ旅人ヲ劫シ農婦ヲ奪種々之惡行有之ニ付小川館ヨリ川股茂七郎ト申者捕方ニ趣高橋上総介手勢ト玉造ニ而取合ニ罷成上総介手下貳人即死六人深手上総介ハ生捕ラレ小川館ニ而縛

ヲ受候由ニ御座候多分割腹ニ可相成哉之風聞有之候水戸殿近々御國ヘ
御下向之由風聞御座候是モ聢ト聞得不申候
八月
第五十壹
所々百姓共申合卒爾ニ浪士金策不肯候義ニ付探索書寫
一當節ト罷成所々百姓共連判之上一圖ニ相擧金策之差紙申來候共卒爾ニ
罷越候者ニ無之用事モ候ハヽ此方ヘト申樣之心得ニ而村々五ヶ村拾ヶ
村ト申樣相擧何ソ出候節ハ其村ニ而太鼓半鐘之相圖ニ而申合之村々打
寄何モ鐵砲竹鎗等ヲ以テ押寄候由金策之浪人共右之勢ニ恐レ逃去候者
共粗相聞得申候此節鍛冶渡世之者共百姓共ヨリ鑓ノ注文ニ而無寸暇由
一筑波山廻合五拾三ヶ村右山根染谷村ト申ヘ相擧所々ヘ籏ヲ立右者府中
町ヨリ壹里ニ近ク右籏相見得候由且山根ニ山口殿御領分有之右ヘ警衞
人數被遣嚴重固有之由

一同所百姓共當年分之年貢被相免候上右御固メ主一警衛之趣尤頃日モ右手勢ニ而千種太郎等ヲ討捕候由ニ御座候事

八月廿三日

第五十二

柿岡村等百姓共鬼越山屯集仕候義ニ付風說書寫

一筑波山下柿岡村外五拾三ヶ村余相擧百姓トモ鐵砲鎗ヲ持千人餘ニ而染谷村近邊鬼越山ト申高キ所ヘ屯集致シ過ル廿日頃ヨリ右山上ニ而毎夜篝ヲ燒罷在候志筑之本堂樣ヘ鐵砲借用致シ度由願出五拾挺御遣シニ相成候由風聞御座候右ハ山上ヘ陣取候樣子中々一揆原之振舞ト者相見得不申候由定而武家モ加リ居指揮致シ候事ニ可有之由專風聞ニ御座候

八月廿四日

第五十三

新庄駿河守殿御手ニ而浪士御召捕之義ニ付探索書寫

一麻生之新庄様御手ニ而浮浪貳人生捕ニ相成候風聞御座候處過ル廿四日麻生御領分平賀村見張所ヘ天狗黨之者七人罷越新庄様御役人ヘ應接申入候處御同家御家中申様ハ浪人ナラハ元ヨリ應接ニハ不及何等之用向ニ候哉勝負之上ニ而事ヲ決シ可申由斷四方ヘ手配致シ取卷候間相手七人差出仕合ヲ申掛候處浪人ハ帶刀投出シ繩ヲ受生捕ニ相成候由府中屯之浪人千人余廿四日繰出シ染谷村ヲ放火致シ山根五拾四ケ村之百姓一揆ヲ攻擊手筈之由ニ而追々人數繰出候處實ハ志筑侯ヘ押懸候様子ニ付同家ヨリ土浦侯ヘ援兵御賴ニ相成同日八ツ時頃土屋侯御人數壹番手志筑近迄出張ニ罷成申候

八月廿五日

第五十四

土屋采女正殿等之御人數一同府中ヘ押寄候義ニ付風說寫

一一昨廿四日府中屯集之浪人共ヨリ染谷村ヘ人馬觸當遣候處右村ニ而人

足差出方不行屆之義ニモ有之候哉浪人共同所ヲ放火致シ追々志筑へ可押來樣子ニ付本堂家ヨリ土浦へ加勢相賴其外　公邊之討手へモ通達致シ候由ニ而土浦ヨリ二番手迄操出候由壬生侯人數者筑波山ヲ打越昨廿五日本堂侯陣屋下迄繰込ニ罷成候ニ付テ浮浪勢不殘府中へ引退候由之處今廿六日壬生侯土屋侯志筑侯之御人數共一同府中へ押寄一戰ニ罷成候由御座候右ハ聢ト承リ込候義ニハ無之候得共專風聞ニ御座候間此段申上候實說ニ候ハヽ天狗黨モ彌誅滅ニ間モ有之間敷ト奉存候

八月廿六日

第五十五

浪士西岡邦之佐等罷越休息相願候義ニ付飯沼弘經寺屆書寫

一今九日五時前　　浮浪人

西岡邦之佐

従者七人

水野主馬

従者壹人

永野芳之介

大山誠一

河内三郎

外四人

右之者共拙寺へ罷越頃日中府中表ニ而敗戰及ヒ引退掛猶又土屋釆女正殿人數ヲ以大砲ニ而被相惱漸々是迄遁來候得共何分疲勞殊ニ深手ヲ負候者有之致難義候間今一日休息爲致呉候樣相歎候ニ付兼而御觸達之趣ヲ以役僧共ヨリ相斷候處寺門之義幾重ニモ相願度旨ニ付無據朝飯爲給休息之義相斷拾六人之者共速ニ引取申候然處河内三郎ト申者殘居深疵ヲ受歩行難義之體ニ而致落髮弟子ニ相成養生差加度旨達而相歎候間再

三及利解可引取旨申聞候處自分ニ落髮致シ何卒觀音經壹部古衣壹枚珠數并單物壹枚申受度由ニ付無據其意ニ任セ差遣九時過爲引取申候猶又別紙之品々當人或ハ朋友之所持物故墓所之隅ヘ成共埋呉候樣申聞相斷候得共殘シ置申候此段御屆申上候以上

飯沼
弘　經　寺

九月九日

寺社御奉行所

別紙

一差添　壹本

但梻枝付

一紫縮緬夏羽織壹枚

一紅麻袷襦半　壹枚

一紅袖袷襦半　壹枚

一黑羅脊板守袋　壹ツ

一白木綿襦半　壹枚

但襟元ニ河内三郎藤原政晄ト姓名書

一黑八丈頭巾　壹ツ

一白紋綾小袴壹具
都合八品河内三郎所持
一著込襦半　壹枚
一草摺　貳枚
一黒木綿陣羽織壹枚
一縞帷子　壹枚
但肩當ニ西岡惣吉子ノ十八歳ト書記有之
一皮銃卯　壹ッ
一黒羅脊板紙入
但白呉呂外入付
一紺脚半
一黒木綿頭巾
都合八品
右之通御座候尤多分破損致シ居候得共其儘入御見分候宜御沙汰被成下候様奉願候以上

飯沼

九月九日　弘経寺

第五十六

浪士へ相與シ候百姓共召捕等之義ニ付護持院役者届書寫

一當院領常州筑波山百姓吉兵衛悴菊松ト申者浪士一條ニ付關東御取締中川孫市方へ出先方被召捕野州眞岡迄送候途中小貝川渡舟ヨリ飛込水死致候旨村役人共ヨリ届出申候

一同所百姓佐助義七月下旬致家出候ニ付尋方申付置候内當月八日立戻リ竹藪之内ニ隱居候風聞ニ付足輕共差向召捕一ト通相糺候處浪士梅村眞一郎ト申者之厩別當ニ相成居當月七日水戸御領小川出立ニ而立戻候旨申出候ニ付直樣御討手石川若狹守殿御警衛之方へ引渡申候

一當月十日浮浪之徒藤田秉吉ト申者當領之内臼井村六所大神宮裏山ニ而同所神子夫左近百姓類三郎定右衛門悴貞治右三人之者差押村役人同道本防（坊カ）迄召連候ニ付一ト通糺之上石川若狹守殿之御警衛之方へ引渡申候

一當月八日浮浪之徒百人餘府中宿へ相越筑波ヨリ四里半計同所少々致放

火夫ヨリ最寄澤邊村ヨリ大形村へ出御討手之御人數ト戰ヒ浪士拾壹人程討死之由同日夜分ニ相成候間諸方へ散亂致シ近郷村々早鐘ヲ打明松竹槍等ニ而百姓共相固候ニ付當領モ貳里近ニ付在所役人共ハ不及申領內百姓共本防ヽへ相詰三ヶ村共篝火相燒山中山下口々嚴重ニ相固罷在且石川若狹守殿御人數モ一同本防ヽニ而陣揃罷在候

右之通宿繼狀ヲ以昨日申來爾今最寄散亂罷在候間若筑波山へ立戻候義モ難計一同心配仕只今以・（不脫カ）一方混雜ニ御座候依之此段御届申上候以上

護持院役者

九月　　月輪院

　　　　日輪院

寺社御奉行所

第五十七

浪士共所々ニ而被召捕候義ニ付探索書寫

一昨八日朝浪人共六拾人余府中邊ヨリ參リ申候哉田手部村渡場ヲ渡リ藤澤村ヘ通懸リ候處右村方百姓共ト打合浪人共之内三人程竹鎗ニ而突殺其段土浦新屋敷ヘ注進仕候處御家中衆三拾人余御出張ニ相成候旨浮浪之者共栗原村ヘ參リ金策ヲ致候積ニモ候哉貳三軒ヘ火ヲカケ其内土浦樣御家中衆追付一戰ニ罷成浮浪之者七八人程打殺追々一ノ矢村邊ヘ逃去候ニ付追驅二ノ矢ト申所ニ而壹人打殺候得共右邊松雜木山多ニ而被逃去候由ニ御座候

一昨八日夜今ケ崎村之内宿ト唱候村端ニ而千吉ト申酒店ヘ浪人共貳拾人余參夕飯之仕度申付荒増仕度仕年拾五六歲之者壹人殘置出立候趣早速名主方ヘ相屆夫ヨリ人足相集候内又候浪人五人參リ候間人足共ニ而五人之内貳人捕押殘リ三人被逃去候ニ付大勢ニ而追駈候得共夜中之事故行方相分リ不申候由ニ御座候

一同夜之内沼崎村正林寺ヘモ浪人貳拾人余參申候ニ付同村ニ而モ早鐘ヲ

打人足相集候内是又何方へ逃去候哉相分不申候由ニ御座候
一同夜川原崎村之寺へ浪人共拾四五人泊大刀等捨置今早朝何方へ參候哉是又相分不申然處同夜仕出村之渡場相渡浪人三拾人余水海道村邊へ趣候由宗道河岸御詰合松平下総守様御人數へ御注進申上候ニ付下総守様御人數并下妻様御人數凡百人余御出張ニ相成候内浪人トモ水海道村へ參リ今朝鬼奴川ヲ渡飯沼村之大寺へ立寄朝飯支度爲仕罷在候内水海道村御百姓ヲ始近郷之者大勢右等ヲ取巻申候由ニ御座候
一昨日栗原村邊之山中ニ而浮浪人之内大將分宇都宮左衞門ト申者自殺仕同人之著込甲等今ケ崎村へ持參リ右村千吉方へ捨置申候由ニ御座候長高野村御百姓共者今朝篠崎村邊之松山ニ而浪人壹人見出シ捕押へ申候處腰ニ鐵砲疵ヲ受ケ歩行相成兼候者之由ニ御座候
一今早朝ヨリ上合村ヲ始近村御村々早鐘ヲ打御百姓共大勢ニ而竹鎗等持參所々相尋候處金村雷神之邊ニ而浪人捕押申候角内村ニ而モ壹人捕押

然處今七時今ヶ崎村之南大崎原ト申所ヨリ浪人貳拾人余追出シ上合村邊ニ而ハ只今頃所々へ追駈候最中ニ御座候由ニ御座候

九月九日

第五十八

浪士共所々放火致シ遁去義ニ付風說寫

今朝浮浪人共同勢貳拾壹人程水海道ヨリ鬼奴川スリ合之渡ヲ押渡リ大生江村ニ而百姓壹人ヲ殺害致シ飯沼村弘經寺へ押込食事致シ夫ヨリ古間木村へ參猶通行倉持村へ移夫ヨリ杉山村へ參名主左源太ヲ剛勢ニ召連ラレ原中ヲ通リ鴻之山村迄案內爲致同所ニ而浪人トモ二手ニ分レ拾壹人ハ茅ヶ谷村へ參リ火ヲカケ同所ヲ出平塚村へ取移リ又々火ヲカケ同所之沼ヲ相越シ逃去行衞不相分一組拾人程岡田新田ト申原山ヲ逃行是又行衞不相知右追手松平下総守樣御人數三拾人余御村々御百姓共大勢ニ而所々相尋候得共一圓行衞不相分無余義一同引取申候風聞ニ御座

候

九月九日

第五十九

御廻村先ニ而浪人召捕候義ニ付御代官衆御屆書寫

浪人

粉川幸藏 子四拾五歲

小堀啓次 三拾七歲

山口杉松 貮拾九歲

坂本力之助 拾八歲

船頭

三五郎 三拾三歲

疵受罷在候

同斷

是者當月二日乘船ニ而常州信太郡大山村地元通行懸候ニ付船頭一同召捕相糺候處同國小川村ニ有之候小川館ヨリ脫走之者之由

召捕之節手餘リ候ニ付打留申候

是者當月八日乘船ニ而右大山村へ上陸致候ヲ召捕壹人ハ手向致候間打留申候相糺候處同國鹿島ヨリ脱走之者之由

渡邊龜吉 二拾三歲

姓名不相分 貳拾歲位

大川仙之助 貳拾九歲

堀幸藏 貳拾六歲

高柳清兵衞 五拾五歲

栗原新之丞 貳拾五歲

山口清三郎 貳拾八歲

賴朝平藏 三拾四歲

吉兵衞 二拾九歲

熊之丞 拾八才

是者當月八日乘船ニ而下総國加藤淵村先通リ懸候ニ付召捕相糺候處常州鹿島ヨリ脱走之者之由

藤ヶ崎重次郎 五拾二歳

是者當月七日常州上戸村ニ而召捕相糺候處同國小川村ヨリ脱走之者之由

右者私廻村先々ニヲイテ召捕申候委細之義者追而可申上候得共先此段御屆申上候

九月

小笠原甫三郎

第六拾

浪士府中裏手泉町邊放火亂妨仕候義ニ付風説書寫

鹿島筋ヨリ逃來候浪人竹原驛ニ罷在候由之處過ル八日五ツ時府中之裏手ヘ俄ニ押來泉町邊ヘ放火致候處思ヒ懸サル事ナレハ市中之動揺一方ナラス老若男女共號呼之聲天地ニ震候程之有様ニ而家財ヲ打捨逃迷候

由之處浪人共追々入來リ町方所々ヘ一時ニ火ヲ付馳廻リ官軍之殘シ置候武器兵粮等不殘燒拂候ニ付陣屋ヨリモ繰出シ防禦致候處終ニ敗走之由ニ而逃去候ニ付官軍之蠟燭梅干之類ヲ盡ク持去候樣子且折柄大雨中之事ニ候得ハ市中大火ニハ不罷成候得共土浦邊ヘ逃來候男女之類何モ雨衣之用意モ無之濡候儘ニ而稻吉在ヨリ土浦邊ヘ逃延候體中々言語絕シ候有樣ニ御座候由浪人共之內府中ヨリ土田村迄罷越栗野村田土部村ヨリ櫻川ヲ打越栗原村ヘ相懸リ候處土浦藩之內ヨリ七八人飛出シ栗原村ニ而打合ニ相成浪人凡貳三拾人之內ヘ纔七人ニ而切込拾人程打取長持鐵砲ヲ奪取其外壹人生捕候趣右者何モ陣羽織ヲ著候者之由手疵ヲ爲負候者數多相見得候土浦藩之方ニハ怪我無之由ニ相聞得申候右之內宇都宮左衞門ト申大將分之浪人御座候由風聞ニ御座候

九月十日

第六十壹

浪士共舟ニ而乗出遁去候義ニ付廻狀寫

急廻狀ヲ以申上候秋冷之砌各様益御安康被成御勤役奉珍賀候然者一昨日八ツ時頃當組合深芝村地先海岸へ浮浪散走之者都合拾三人上陸仕候ニ付卽刻責寄村々人數差出追々攻寄息栖村地先松山へ卽刻追詰候處右徒共無余義寄手之人數之內へ切込下幡木村組頭壹人息栖村人足壹人殺害夫ヨリ夜中ニ相成夫々手配致シ貳人差押候處同夜中下総小見川內田様御人數御差詰被成昨三日曉壹人御召捕被成追々探索仕候處作小船ニ而乗逃行方郡大須村へ罷越拾人連ニ而食事仕夫ヨリ右舟へ米眞木等用意仕二日曉乗出候趣就而者何レ之河岸へ著仕候モ難計候間此段爲御報御達置如斯御座候以上

平泉村惣代名主

源左衛門

十月三日

大舟津村ヨリ鉾田村迄

北浦川附村々

御役人衆中

右追々新治郡田伏ト申所へ漂著上陸之砌貳人鐵砲ニ而打留殘八人ハ生捕候由ニ御坐候

第六十二

田中愿藏之義ニ付探索書寫

十月五日頃常州眞壁郡小栗村へ賊徒百人程押參余程之金策右徒何方ヨリ押來何方へ參候哉不相知由然ニ同州久慈郡八溝山ニ田中愿藏大將トシテ六百人程モ集屯之風聞專ラ有之右等之類黨ニモ可有之哉ニ相唱申候且右故ニモ可有之哉土浦ヨリ水戸へ之往還土浦領中貫ト申所へ過ル八日ヨリ見張所相建同所ニハ是マテ見張所無之候處車臺付大砲等ニ而嚴重之固ニ御座候

第六十三

同断

田中愿藏義住居那珂川之萩口ト申村ニ御座候處先日武田伊賀守之親同意致主従四拾人計ニ而助川ヨリ小舟ニ取乘奥州歟但越後ヘ逃去候趣然ニ書生組追駈入シケント申山ニ而出合及取合處終逃延候由ニ御座候右愿藏義度々逃去候趣申觸候處全ク衆人ヲ欺キ先達而吉田戰爭之砌討死之趣士卒ヘ申含實ハ内々出府ニ而甲冑用意致シ罷歸候趣ニ御座候

十月

波山記事巻六終

波山記事

波山記事卷七

目次

一眞鍋町爭戰始末
第壹
一田丸稻之右衞門等宇都宮宿迄罷越候趣ニ而先觸指出不意ニ土屋釆女正殿御領分へ討入候義ニ付御代官衆ヨリ御屆書寫
附田丸稻之右衞門先觸寫
第貳
一土浦眞鍋町燒失之義ニ付某ヨリ屆書寫
第三
一同斷
第四

一同斷探索書寫

第　五

一同斷

第　六

一浪士共眞鍋町放火之義ニ付風說寫

第　七

一同斷探索書寫

第　八

一同斷放火等之義者牧野越中守殿御旅中ヘ對シ相敵候樣之風說寫

第　九

一同斷等之義ニ付探索書寫

第　拾

一同斷步兵方被指向候義ニ付某ヨリ之書簡抄

第十一

一浪士破獄之義ニ付風說寫

第十二

一土屋釆女正殿御人數浪士共ト爭戰生捕等之義ニ付探索書寫

第十三

一浪人取締等閑之義ニ付土屋釆女正殿御家來ヘ御達書寫

一小金原集屯始末

第壹

一武田伊賀守等府中驛ヘ繰出候義ニ付風說寫

第貳

一武田伊賀守ヘ浪士隨從之義ニ付探索書寫

第三

一武田伊賀守等小金原ヘ繰出候義ニ付土屋釆女正殿御領分ヘ懸合等

云々某ヨリ書簡抄

第四

一同斷之義ニ付探索書寫

第五

一小金原屯集之者ヨリ金策呼出狀申來候義ニ付御代官衆ヨリ被差出候書付寫

附

金策呼出狀寫

一浪士共小金最寄ヘ集屯ニ付利根川筋御取締之義ニ付被　仰渡候御書付寫

第七

一水戸樣御家來小金町松戸御關所通行之義ニ付田中鉦之助殿書簡抄

第八

一同斷之義ニ付淺野又右衞門殿書簡抄
附
同斷探索書寫
第九
一小金原集屯浪士之義ニ付探索書寫
第拾
一浪士小金町集屯追々　御府内へ立入候樣子之義ニ付大岡兵庫頭殿御屆書寫
第十壹
一浪士　御府内へ立入候樣子ニ付御人數被差出方之義云々松平飛驒守殿へ被仰渡候御書付寫
第拾二
一小金町集屯之浪士之義ニ付探索書寫

第拾參

一小金町ヨリ江戸水戸御屋敷ヘ繰込候人數名前調寫

第十四

一小金集屯浪士策略之義ニ付探索書寫

第十五

一浪士共百姓共呼出候等之義ニ付探索書寫

第十六

一水戸樣御家中佐野久太郎於小金原被梟首候罪狀書寫

第十七

一小金出張之武田伊賀守之義ニ付探索書寫

第十八

一水戸樣江戸御屋敷ヘ御家中多人數罷登候一條大略寫

波山記事卷七

眞鍋町爭戰始末

第壹

田丸稻之右衞門等宇都宮宿迄罷越候趣ニ而先觸差立不意ニ土屋采女正殿御領分ヘ討入候義ニ付御代官衆ヨリ之御屆書寫

附

田丸稻之右衞門先觸寫

常州筑波山ニ罷在候田丸稻之右衞門義當月廿日夜同所出立ニ而宇都宮宿迄罷越候趣ヲ以人足四百人馬百疋之先觸同廿一日朝常州小栗村ヨリ眞岡町ヘ繼來候處右者追々被　仰出之趣モ有之旣ニ今般追討ヲモ被仰付候義ニ付彌眞岡町ヘ罷越候ハヽ不殘討取候積ニ而右先觸ハ差留置援兵之義戶田越前守方ヘ及懸合且小栗村ヨリ先々道筋ヘハ物見之者差

出專防戰之覺悟ニ而待受罷在候處全策略ト相見先觸而已ニテ一切通行之樣子無之然處同日朝土屋采女正領分常州北條町固場所へ浪人共多人數打入猶城下近邊モ放火致候趣追々注進ニ而相分申候右體之義ニ候得ハ此上何樣之擧動可有之モ難計甚心配仕候間右先觸本紙相添此段申上置候以上

子六月　　山内源七郎

別紙先觸寫

先觸

水戸
田丸稲之右衛門内
川崎忠兵衛

覺

一人足　四百人

一馬　百　疋

右者今廿日夜八ッ時筑波山出立ニ而宇都宮迄罷越候條書面之人馬驛々

無滯早々繼立可被給候以上

水戸

田丸稲之右衛門内

川　崎　忠　兵　衛

子ママ

六ママ月

大島　海老ヶ島　拾ママ里

小栗　眞岡　宇都宮迄

右宿々村々問屋

役人中

猶以時宜寄休泊致候間都而無差支樣可被取計候以上

第　二

土浦眞鍋町燒失之義ニ付某ヨリ屆書寫

今朝五ツ時分土浦邊ニ而大砲之音四五發相聞得申候處俄ニ火煙リ立上リ何トナク物騷敷相見得候間村方地境邊ヘ罷出見屆申候處土浦町ヘ相當リ火ノ手倍烈敷立上リ相見得候間通行之者ニ承候處風聞ニハ浪人共土浦眞鍋町ヘ上下ヨリ火ヲカケ燒立候由申候趣土浦町方モ追々燒立候哉之取沙汰ニ而殊之外混雜仕俄ニ在方ヘ家財取運ヒ等ニ而旅人通行不相成由ニ御座候趣火ノ手四時分ニ至リ烟薄ク相見得申候右ニ付見屆之者差出候由拙者宅ヨリ申越候間不取敢此段申上候猶追々可申上候以上

六月廿一日

第　三

同斷

今廿一日晝九ツ時近在馬士之者共上町源三郎方へ參申聞候間今朝五時頃土浦へ荷物付送候處御門口ヨリ通行相成兼候ニ付承候處眞鍋町家へ浪士共ヨリ大筒ヲ打懸出火ニ罷成殘リ家之分者松明ヲ付廻リ眞鍋町ハ不殘燒失致候由土浦町大騷動ニ付引返申候間承屆候段上町御百姓善兵衛申聞候間右之段申上候以上

六月廿一日

第四

同斷探索書寫

一沓懸村ヨリ啓上致候然者浮浪人水戶道中筋亂妨致候始末猶探索之處右黨等小金原ニヲイテ勢揃之積ニ付土浦城下無滯通行爲致呉候樣領主へ懸合候處不承知ニ付田中愿藏組凡百五拾[人脫カ]計ニ而眞鍋村幷同村地內住居之家中放火致シ取合ニ相成候由聢トハ不相分候得共雙方怪我人有之死亡ハ無之趣相聞申候右黨共引上候途中貫宿ハ凡八分通燒拂府中宿へ引

上候義之處稻吉宿ハ全無難之由ニ御座候

一北條村地内字立山并平澤山へ引上同山ヨリ府中宿迄人足四百人馬百疋之先觸差出置候得共今ニ通行不致最拾四五人ツヽ日々通行致シ候由ニ御座候

一昨廿一日朝五ツ半時頃土浦御領分眞鍋町へ浪人共放火致シ候事ニ八ツ半時相聞候ニ付探索仕候處浪人之内頭分田中愿藏ト申者馬止(上カ)ニ而緋紋羽之筒袖ヲ著シ其他惣人數歩立ニ而矢張緋紋羽之筒袖一樣之出立ニ而白旗ヲ指土浦目付門北入口ニ而螺之合圖有之候則木筒ヲ一同ニ相發候否浪人共町家へ踏込火ヲ放シ燒立家財ヲ扒金子ヲ奪取候事ニ有之由大凡貳千兩余ニ有之哉ニ相聞得候由

六月廿二日

第五

同斷

昨廿一日八ツ半時頃土浦御領分眞鍋ト申所ニ浪人共大勢罷越右同村へ放火致シ不殘燒拂亂妨ニ及候段相聞候ニ付拙者共直々右へ出張見屆猶樣子承候樣被　　仰渡承知仕候然ニ水戸街道土浦通リ悉ク混雜仕通行相成兼候ニ付御領分竹來村へ之道筋罷越昨夜四半時頃右竹來村へ罷越尤同所之義ハ土浦町へ壹里余之御場所ニ御座候間樣子承申候處今晩者迚モ通行相成不申由第一御門ハ締切御番之者大勢見張居申候由申聞候間無據右竹來村へ一宿仕今廿二日早朝土浦町へ罷越右眞鍋村見屆申候處壹軒モ不殘燒拂殘居候分ハ土藏貳三ケ所外無之風唱ヨリモ大變之事ニ御座候間立戻親類町名主入江政之助方へ罷越昨日之次第承屆候處朝五ツ半時頃ニモ候哉浪人田中愿藏組ト相唱申候者先立ニ而凡百人以上眞鍋村へ木筒大砲三挺程持參土浦御城下ヲ見當一時ニ放發致候由右之內壹ハ其儘ニ相成居貳挺ハ破損捨置申夫ヨリ一同ニ而眞鍋村へ放火致シ家每ニ火ヲ付家々ニ主タル者へ有合候金子者不殘差出候樣嚴敷申付余

程金子奪取夫ヨリ府中邊ヘ引返シ申候處途中中貫ト申所ヘ又々放火致
右同樣燒拂稻吉ヘ止宿仕候由御座候右眞鍋村卽死之者兩人怪我人之義
者何程御座候哉聢ト相分兼申候且又笠間牧野樣御義昨廿一日中村宿御
寓ニ而野陣之御模樣ニ御座候處今朝五ツ半時頃土浦町ヘ御著相成先々
ヘモ御越可被成置候處右騷動ニ而今日モ殊之外混雜仕夫故今晩土浦町
ヘ夫々御用意ニ而御逗留ニ相成申候由今日ハ土浦樣ニ而モ壹番手御人
數大砲貳挺眞鍋臺ヘ相備候由御城下ハ南北共入口々々ニ御門御固鐵砲手
鑓等持參時々刻々御廻之御人數百人以上ニ而嚴重ニ御座候昨廿一日浪
人ヨリ之廻シ人之由御召捕ニ相成今廿二日又々壹人御召捕ニ相成御吟
味之筋者相分兼候得共何爲入牢相成候由ニ御座候間右之段相達申候以
上

六月廿二日

第　六

浪士共眞鍋町放火之義ニ付風說書寫
浮浪之者共水戸武田伊賀守差圖ヲ以多分府中ニ相集土浦井笠間城之內ヲ乘取根城ニ構ヒ事ヲ發シ候策略ニ而先土浦眞鍋へ放火致候由專風唱有之候

第七

同斷探索書寫

當六月廿一日曉田中愿藏組壹手凡人數百七八拾人餘土浦城下通行成サントセシ所眞鍋之入口ニ而堅相斷候ニ付色々懸合ニ及ヒ申候所更ニ埒明不申田中組ニ而鐵砲貳三發放候處土浦方ヨリ大砲玉込ニ而打出候ニ付田中組ニ而モ又候木筒貳發打懸候處筒破レニ而田中組怪我人五六人有之向ヘハ更ニ不相當再度備立返シ土浦ヨリ石火矢ヲ眞鍋之方へ向ケ打懸候處少々空へ向候ニ付人々ハ不當右眞鍋之人家へ當リ火移リ候ニ付寄手火起候上ハ燒拂候ト而所々へ火ヲカケ候處ニ不殘燒失怪我人多分

有之由但新屋敷迄燒失田中組者夫ヨリ水戸海道ヲ府中之方へ引返ス眞鍋ハ（トカ）稻吉之間中貫村凡貳拾四五軒計之村へ火ヲカケ拾八九軒燒ル府中へ立去同所在萬福寺へ宿陣ス廿二日府中出立竹原宿伊勢屋方へ宿替其日水府ヨリ武田修理（伊賀守ナリ）殿ト申親子四人外ニ總勢合四拾人計ニ而水府ヲ立退府中幸丸橋本屋退（滯カ）宿ス其沙汰聞候哉小川館ヨリ見舞トシテ來ル人々入替リ立替リ引モ不限其混雜大方ナラス同廿二日府中へ馳參候浪士凡六百人余四ケ寺ニ宿陣ス萬福寺東養寺慈玄寺法龍寺右四ケ寺ニ而壹ケ寺ニ付人數百五六拾人翌廿三日武田府中出立小川館へ引取老人者駕籠ニ乘セ修理殿ハ馬上子息貳人并小川館之勇士貳百人計軍出立ニ而是ヲ守護ス尤廿日夜笠間侯土浦止宿然處曉頃右之騷動ニ而出立延引ニ相成廿一日ニ出迎トシテ家士凡百五十人計府中迄罷出候處同所右之混雜ニ而浪人ト應接有之候得共其趣意柄一向ニ不相分出迎ニ罷出候者直樣笠間へ引返ス同廿三日又候笠間ヨリ出陣之用意ニ而壹番手ヨリ二

番手三番迄總軍貳百人余土浦邊出張ニ罷成候得共其後之樣子聞及不申候事

一田中愿藏土浦へ出張ニ相成候事ハ笠間侯江戸表ヨリ歸城ト聞土浦へ出張相待居候而應接之上品ニ寄候ハヽ一戰ニモ及之心底ニ而罷在候處右土浦入口之手違ニ相成遂ニ存念通リ參不申由相唱申候事

第八

同斷放火等之義ハ牧野越中守殿御旅中へ對シ相敵候樣之風說寫

前略然ハ土浦亂妨之義ハ相違候通ニ御座候處追々注進ニ而ハ土浦南ヨリ之入口高津ト申町モ燒立土浦町兩入口ヲ浪人共立切居仝牧野越中守殿昨夜松戸泊ニ而今夕土浦泊之取調故右御同人へ敵對之樣相聞得御同人先手之者被討取候ニ付牧野殿ニハ牛久泊ニ相聞得候得共風唱故治定者不仕候得共只ナラヌ有樣ニ御座候

第九

同斷等之義ニ付探索書寫

一昨廿二日笠間侯土浦ゟ御寓土屋侯へ御逢有之御國元へ御下罷成候由ニ候處笠間ヨリ御迎之人數三百人計府中町ニ而浪人田中愿藏ニ被指留通行相成兼候ニ付一旦笠間へ引返シ候由ニ御坐候處浪人田中愿藏義手勢一同廿二日夕方府中ヲ立去竹原宿へ引取候由笠間樣御迎之御人數ハ昨日追々土浦へ著致候由尤府中へ相懸リ候者モ有之又者宗道筋へ相懸リ通行致來候者モ有之由ニ御座候

一土浦町モ殊之外嚴重ニ相固罷在風聞ニハ　公邊ヨリ加勢之人數千貳百人程モ今明日中ニ參著ニ可相成哉之由ニ御座候右ニ付浪人共方ニ而モ必死ヲ極メ罷在候由ニ付何方へ亂妨仕候モ難計既ニ土浦町固居候中へ浪人共廻之者之由商人或ハ職人體ニ出立參婦人ニ而壹人浪人ニ被仕入込來候類モ有之由日々土浦ニ而壹貳人ツヽ搦捕候由ニ御座候右等之次第故何方へモ立廻リ可申候間申上候モ恐入候得共當御町へ御固御人數

御指出被成置往來ニ怪敷者等御改ニ相成候様不罷成候得者如何様之變
事俄ニ出來候モ難計事ニ御座候

六月廿三日

第拾

同斷歩兵方被差向候義ニ付某ヨリ之書簡抄

古河宿ヨリ致啓上候然者此度水戸殿人數先陣致候ニ付援兵有之度旨御
目代へ談判有之諸家へ人數繰出方急達相成申候然處筑波黨彙而府中屯
之黨ト一手ニ相成土浦町續眞鍋村へ押出放火及亂妨品ニ寄小金原ヲ心
懸候含ニモ可有之歟之風聞専ニ付佐倉人數七百人下館町へ差向候都合
之由貳百人ハ取手宿へ爲指向其余五百人ハ下館へ爲繰出候積御目代ヨ
リ是又急達ニ相成江戸表ヨリ改而歩兵方五百人余被指向候大隊壹隊ハ
明晩幸手泊明後晩古河著之積之處俄ニ模様替明晩幸手ヨリ直々下妻通
宗道村水海道村へ向陣取候積古河宿へ到著之三兵方ハ勿論水戸殿人數

御目付方ニ而モ不殘明後日下館町之方へ發向之筈ニ治定相成申候以上

六月廿三日

第十壹

浪士破獄之義ニ付風說寫

今日土浦城內へ取押置候浪人之內囚獄ヲ破リ七人程逃去候由ニ而同所取騷候樣子ニ御座候

七月七日

第十二

土屋采女正殿御人數浪士共ト爭戰生捕等之義ニ付探索書寫

一昨廿二日浪人共三百人余筑波山ヨリ稻吉宿へ繰出シ志筑之本堂內膳樣御陣屋へ押寄候旨風聞御座候處昨廿二日朝土浦御領分筑波最寄之村々へ人足三百人余馬數拾疋爲差出武器長持數棹木砲數挺玉藥簞司用意致シ稻吉宿へ通行縣北條村へ罷越軍用金可指出旨商人共へ申聞違背之者ハ

燒拂候ニ而金策致シ候追々土浦へ注進有之候ニ付昨朝五ツ時頃ヨリ御人數繰出御用意御座候由然ル處右北條村ニ而金子四百兩余爲指出最早稻吉宿へ向段々通行致シ候由又々同日九ツ時前注進有之候ニ付土浦藩士之内眞鍋ヨリ新屋敷住居之方何モ壯年血氣之人々三拾人余浪人共通行筋澤邊村邊へ打廻リ候處長井村ト小野越之間ニ而浪人共ニ出會候ニ付何方之御家來ニ而何等之次第有之土屋家領分之百姓共數百人人足ニ爲差出候哉之儀懸合ニ及候處水戸殿家來ニ而急用向有之府中迄通行致候由答へ鐵砲一發相放シ通リ過候ニ付土浦方之人々二野村迄追懸參リ浪人之内騎馬之者へ鐵砲打懸候處右之者驚ナカラ馬ヨリ飛下リ逃出候ニ・〔付脱カ〕乘馬ヲ奪取長持等へ附居候浪人四人生捕追々攻寄候而戰ニ罷成候由之處土浦ヨリ北條へ向ケ繰出ニ相成候人數大將分杉村幸之丞西川左近等手勢百五拾人余北條道之途中藤澤村ヨリ打廻リ其場へ馳付猶又中貫宿へ向繰出候御警衛人數大將磯矢弓之進波多野才八原田源左衛門等手

勢百五拾人余兩勢一時ニ馳付一手ニ罷成浪人共之跡ヨリ鐵砲ヲ打懸ケ押詰候處浪人共周章致シ小荷駄長持木砲等ヲ打捨散々ニ罷成小野越へ逃登候ニ付嚴敷鐵砲ニ而追懸候得共日暮之事ニ而物色モ相分兼候節之事故浪人方ニモ即死之者モ無之怪我人モ多分ハ相見得不申候由其外浪人之内壹人土浦人數へ紛レ込候者有之生捕候由其節夜ニ・〔入脱カ〕候故御人數者早速東城寺ト申所へ引揚野陣ニ罷成浪人共義ハ其夜片野村邊へ逃參り今廿三日朝府中へ罷越候由ニ相聞得申候生捕之外雙方怪我人無之由且浪人方名前相分リ兼候趣千種太郎之由申者モ御座候生捕之者白狀ニ及候ハヽ相分リ可申候猶追々可申上如斯ニ御座候以上

七月廿三日

覺

一生捕五人　一長持六棹

一手鎗三本　一鐵砲數挺

一小荷駄四駄　　一提灯三拾張㊗印之由
右者聢ト取調附不申候得共荒々如此ニ御座候趣ニ付此段申上候以上

第十三

浪人取締等閑之義ニ付土屋釆女正殿御家來へ御達書寫
釆女正領分眞鍋村森沖新田等へ浪人共相越及放火亂妨候義ニ付届書之趣承置候浪人共討取方之義ニ付而ハ兼而相達置候趣モ有之候處届書之趣ニ而ハ等閑之事ニ候以後取締向等無油斷嚴重相心得右様之者共ハ速ニ討取候様可仕旨釆女正家來呼可達事

七月廿九日

小金原屯集始末

第壹

武田伊賀守等府中驛へ繰出候義ニ付風説寫
武田伊賀守并悴孫（彥カ）右衛門當時小川館ニ罷在候哉之處去ル廿日伊賀守ハ

駕籠孫右衞門ナラヒニ伊賀守末子之由拾五六歳ニ相成候者ハ乘馬ニ而銘々鎗具足櫃等爲持上下貳拾人計ニ而府中宿ヘ相越候右途中竹原片倉邊迄黨共迎トシテ罷出候由ニ有之候以上

六月廿三日

第貳

武田伊賀守ヘ浪士隨從之義ニ付探索書寫

前略然處先々申上候水藩之元家老武田伊賀守義兼而蟄居被　仰付置候由之處今般小川邊ヨリ府中邊ニ罷在候由ニ而贈大納言樣御遺書ヲ以申觸シ橫濱征伐ニ出陣之趣諸方ニ屯致居候浪人共ヘ申遣候處何レモ隨從可致由ニ而一昨廿二日ヨリ潮來村屯所其外ニ罷在候浪人共凡千六百人余ト申皆甲冑ヲ著得物ヲ携小川之館中ヘ高瀨舟ニ打乘寄集候由筑波ヨリハ一昨廿二日夕方府中町ヘ繰出參其人數凡四百人余ト申候右土浦町通行爲致候哉之趣懸合中ニ御座候由專風聞ニ御座候

一一說ニ武田伊賀守自分義始終本藩ニ安住相成兼候樣成行候ハヽ斯計ヘ可申手段ニ而浪人共頭分兼而趣意柄諭置軍用之タメ金策等ヲ爲致候由彌此度伊賀守義浪士ヘ相加リ必死之者千人余之大將分ニ相成候ニ付而ハ行々何樣之大變ニ至リ可申哉モ難計由表向ハ橫濱征伐ヲ口實致居候得共內實ハ笠間歟土浦ヲ最初ニ乘取先一ツ之堅城ヲ得候上ニ而事ヲ發シ候手段ニ御座候由兼而上方筋ニモ相圖之者御座候由右ハ不容易風聞ニ御座候間不取敢此段御含迄ニ申上候旣ニ眞鍋町燒拂申候田中愿藏義武田方ヘ一昨廿二日隨身致度由申入候處決而取敢無之立歸候由專申候得共皆謀ヲ設ケ世間ヲ計候策略之由實ハ武田方ニ而申付候而眞鍋町放火致候由抔風聞有之候事

六月廿四日

第三

武田伊賀守等小金原ヘ繰出候義ニ付土屋采女正殿御領分ヘ懸合等云

々之義某ヨリ書簡抄

一昨廿三日浪人共五拾人余土浦城下へ使者ヲ以申立候由明日横濱征伐之義　公邊へ相願出候ニ付頭取武田伊賀守外小金原へ繰出ニ相成ニ付而者土浦町へ懸リ通行之義差支申間敷哉之段懸合有之候ニ付土屋侯ニモ笠間侯ニモ御談判之上手强相斷候由ニ御座候間浪人共品々申立不得止事由ニ而土浦城下へ不相懸同所裏通リ眞鍋町ヨリ田中村へ縣リ沓掛橋ヲ渡リ錢龜〔橋脱カ〕向へ通行ニ相成筈ニ而其日右五拾人之先勢通行仕候處今日右伊賀守頭分ニ而手勢千人ト申俄ニ小川ヨリ繰出來壹番貳番武田彥右衛門親子之由三番手伊賀守跡へ何爲農兵郷士之類付添前書之間道ヲ通行仕小金原へ差向候由ニ御座候土浦町之義ハ追々嚴重ニ取締罷在候由今朝右浪人土浦近邊へ參候節笠間侯モ眞壁通ニ而御國入之處右浪人繰出參途中ニ而行逢詮方ナク又々土浦へ笠間侯ハ御引返シニ相成浪人通行相濟候而御發足ニ相成候由ニ御座候右ニ付筑波其外府中小川潮來之

所々浪人共余程相減候由ニ而一時之所靜ニ罷成候由ニ付今朝ヨリ諸方ヘ見屆之者差出候處木原邊ヨリ安中筋江戸崎古渡共浪人當時壹人モ相見得不申趣ニ付此段申上候尤一昨日迄ニ江戸崎邊之金策ハ相濟候由木原古渡之間ニ而凡金貳千兩余引上候由ニ御座候其内調達ニ相成兼候者ハ玉造迄四五日之内持參致筈有之由風聞ニ御座候間此段申上候

六月廿四日

第四

同斷之義ニ付探索書寫

一水戸武田耕雲齋今廿四日晝九ツ時過頃總勢大凡四百人余ニ而横濱征伐之爲メ出張之由ヲ以土浦城下ヘ差懸候處城下市中難相通尤人馬繼立モ差支之趣相斷候由之處脇道通行致度申聞候ニ付其義ハ勝手次第之旨及挨拶候ニ付城下町裏通仕錢龜橋ヘ相出夫ヨリ本道罷登リ今夕方ハ先手之者ハ藤代若柴後レ候分ハ牛久荒川邊迄泊リ相成候由土浦ヨリ中村之

間ニ所々ヨリ人數相加リ五百人余ト相成候由先手騎馬之者ハ過ル廿日龍ケ崎ヘ罷越候龜屋保之允ト申者之由何茂支度ハ天狗組常體之由耕雲齋者駕龍ニ有之其外妻子ニモ可有御座候哉婦女子駕籠ニ而耕雲齋ニ引續候由右保之允之外ニモ龍ケ崎ヘ一同罷越候者兩三人ハ見受候由ニ御座候事

一此頃小金原ニ浪人貳百人余集居候聞濟御座候處右ヘ一同ニ相成松戸御關所ヲ押通リ御府内ヘ相入候ト之説モ有之又ハ小金原ニ而討手ヲ待受一戰之覺悟ト申説モ有之所々ニ而何ヲ是何ヲ非ト辨ヒ兼候事トモニ御座候事

一昨廿三日浪人體之者兩人駕籠ニ而藤代ヨリ繼送來町役人ヘ申斷ニハ水戸下目付之由ヲ斷是迄駕籠ニ而罷越候得共藤藏河岸迄之義ニ而間近之事ニ候間歩ニ而罷越候由ニ御座候處追々承リ候得者小金原集屯之内ヨリ罷越候事ニ相聞得當所出立生板村其外浪人居候所ヘ立寄夫ヨリ藤

藏河岸へ相出舟ニ而潮來へ下候由マツタクハ耕雲齋出張ヲ浪人共へ相觸候義ニ可有御座候由勿論藤藏河岸ヨリ之注進之趣ハ昨日三拾人程ツヽ乘候船三艘罷登候由ニ御座候間耕雲齋へ一同相加リ候哉ト相見得申候事

六月廿五日

第五

小金町集屯之者ヨリ金策呼出狀申來候義ニ付御代官衆ヨリ被差出候書付寫

昨廿六日水戸道中小金町へ水戸殿家來追々相集候樣子其外注進之趣申上候後猶又千人程著致候趣之風聞有之然處小金町御同家御旅館守リ日暮玄蕃ヨリ別紙之通リ廻文ヲ以旅宿被申付右ハ御同家鷹之義ニモ有之候間無余義引受候趣訴出申候私義ハ松戸流山廻村之上花輪村へ罷越止宿仕候且右最寄村々へ専ラ筑波山浮浪之徒ヨリ金策之書付差越候段訴

出申候委細之義ハ取調追而可申上候得共不取敢廻文寫相添此段申上候
以上

子六月廿七日　　　　　　　　　　　　　佐々井半十郎

別紙

覺

右者此度名附之村々名主へ申談義御座候間此狀見次第小金御旅館へ可
罷出候若不罷出候而ハ拙者水戸殿役人共同道ニ而罷越候而ハ其方トモ
差支可申候ニ付此書狀見次第可罷出候前書達之通早々可罷出候以上

水戸

子六月廿五日　　　　　　　　　日暮玄蕃

子中刻出

小金町拾ケ村

右村々

名主中

別紙書狀不相得略ス

第六

浪士共小金最寄ヘ集屯ニ付利根川筋御取締之義ニ付被　仰渡候御書付寫

兼而相達置候利根川筋取締之義猶又別紙之通堀田相模守ヘ相達候間木下河岸邊ヨリ下手銘々領分最寄之義ニ付人數差出相模守打合取締之義嚴重可被取計候依之別紙相模守ヘ相達候書付寫爲心得相達候事

別紙寫

覺

堀田相模守

兼而相達置候浮浪之徒追々小金最寄ヘ集候趣相聞候間何ヘ暴發可致哉モ難計候ニ付利根川筋木下ヨリ上手迄持場ト相心得右等之手配致置候

樣可被致候勿論右川筋最寄諸家之人數差出方相違候間打合取計候樣可被致候依之水戸殿ヨリ追討人數へ後援之義ハ被成御免候

六月

第七

水戸樣御家來小金町松戸御關所通行之義ニ付田中鉒之助殿書簡抄

以再宿繼申進候然ハ小金町松戸御關所水戸殿御家來多人數通行之趣ニ付拙者義暮六時頃馳付樣子承候得ハ通判申進候通ニ而勤番頭兩家柔弱故御關所番微力ニ不及段ハ無余義次第尤水藩士通リ方ハ至而穩便之趣ニ候得トモ前日千人余之人數通シ置又何程トモ多寡不相知通行爲致候而ハ御奉行所衆御沙汰之趣不相用ニ當リ恐入候義ニ付御關所面番所へ水野監物殿番頭呼出夜明候共關關門相鎖置御指圖無之內ハ跡勢不相通積聢ト談判及ヒ漸々說得行屆差留候ニ付否急速御報有之候樣致度此段可得御意如此御座候以上

六月廿八日　　　　　　　　　　田中鉒之助

青木新左衛門殿

福田又左衛門殿

鯰江鉞次郎殿

第八

同斷之義ニ付淺野左衛（右カ）殿書簡抄

附

同斷探索書

御用狀致拜見候然ハ昨廿七日申進候水戸殿家來通行之模樣其外共可申進旨致承知候然處未巨細之義不相分候得共先手之者關門通行方之義御老中方へ相伺差留候義ト相見得新宿町へ引返候由ニ御座候其余之義ハ急速相分兼候間市郎兵衛ヲ以承糺候處別紙之通申立候間其儘差進申候右爲御報如此御座候余ハ承次第追々可申進候以上

六月廿八日　淺野又右衛門

追而水戸人數之内小梅村引船通リ通行致候者多分有之由ニ而殊之外混雜致候由之風聞ニ御座候

別紙

一新宿町之義昨日ヨリ出張人數凡四千五百人程龜有村其外最寄近村ニ屯集罷在候姓名等者更ニ不相分候得共小金町へ出張罷在候武田伊賀守其外ニ御座候哉之由

一千住御番所本多修理樣昨夜御引上相成庄内樣爲御同樣相成候哉之由酒井樣堀田樣兩御人數凡貳百人程

一昨日通行相止候水戸家來鳥居瀨兵衞榊原新左衞門兩人通行可爲致旨御番所へ御下知有之哉之由乍去未通行不仕候

一新宿町へハ追々人數相集候哉之由當宿へ向ケ通行可致樣子モ無御座候

一五町目入口者御兩家ニ而悉嚴重御固相成候右之通口上書ヲ以奉申上候

以上

日光道中千住宿
問屋
秋場市郎兵衛

子六月廿八日

第九

小金原集屯浪士之義ニ付探索書寫

一子六月廿六日小金町止宿之侍凡七千人程

一同日小金町丸屋彦右衛門ト申方ニ泊ニ相成候

水戸表
寺社奉行之由
中山民部
上下拾六人程

右翌廿七日同所出立之節人馬繼立等差支可申ニ付相對ニ而雇上ケ小石

川迄相極メ是ハ具足而已ニ有之手代リ共貳三人相越賃錢等之義速ニ相拂候趣

一廿七日小金町出立之時松戸宿へ泊ニ相成同宿ハ殊之外込合候由ニ而隣村ニ而貳合半領小向村樋ノ口村河岸ト申へ人數貳百人程泊ニ相成候由

一同日松戸小金町御關所前渡舟凡人數千八九百人通行致候由

一同日小金町出立之節左之名前之人出立之觸出候得共多人數一同出立ニ相成候越

大久保　甚五右衞門
鳥居　瀨兵衞
榊原新左衞門

一同日小金町ヨリ松戸宿迄大筒四五挺繼立候趣

一同日小金町へ殘人數止宿ハ凡左之名前之人重立候哉ニ而壹人上下凡三四拾人程ツ・一軒ニ致シ何ゝ丸水之紋付幕張有之趣

水戸表重役之由
岡田新太郎
武田彦右衞門
白井織部
同御目付方之由
小池源左衞門
外ニ
此人數四拾人程
一郡方ト申候東組西組南組北組ト凡千五百人程外ニ千貳三百人程之内廿七日ニ出立松戸宿ヘ向候趣
一廿七日ヨリ逗留罷在候趣下総國平賀村本上寺ト申寺ニ凡人數四五百人止宿罷在候由
一同日ヨリ逗留罷在候趣小金町東漸寺ト申寺ニ凡人數五六拾人之由

頭分

三木左太夫

岡部忠藏

一六月廿七日夜中小金町通行松戸宿之方ヘ向參候侍凡五百人程何モ白裝東ニ相見得銘々持鎗ハ鞘ヲ外シ通越候趣

一同廿八日小金町徘徊之侍衣類ハ區々ニ而不宜尤裁付又ハ袴抔モ著シ往來ニ鎗爲持候侍モ自身ニ而持候侍モ少々ハ相見得候得共鐵砲抔ハ相見得不申候

一昨廿七日ニハ鎗貳拾本位持候而通行致候モ有之趣

一同廿八日東組ト申候天狗組ト唱候侍人數千五百人程我孫子宿ヨリ出立ニ而小金町ヘ通行致候風聞專有之候

一同廿六日小金町逗留之侍八人流山村加納屋ト申候煮賣茶屋ヘ參油味噌醤油四樽注文明廿七日小金町貳番組ヘ相屆候樣申付代料相拂候由外ニ

青物類并草鞋千足程其外鹽壹俵琉球之表四拾枚程買入候ニ付一同馬ニ附廿七日附送候趣

一八幡町ニ而モ止宿之侍有之宿ヘ幕張泊居候風聞モ御座候

子六月廿九日

第拾

浪士小金町集屯追々　御府内ヘ立入候樣子之義ニ付大岡兵庫頭殿御屆書寫

先達御屆申上候浮浪之徒爲取鎭御代官木村董平支配所并其最寄廻村ニ付私人數武器等差出シ警衛爲仕候處浮浪之徒小金原ヘ凡三千人余モ集屯罷在追々　御府内ヘ立入樣子ニ而松戸千住兩御關所ヘ入ントト押掛候由其外所々旅宿致居不容易義千住宿ヘ向出張致候間私人數一同差添申候依之猶又人數武器等モ卽日指出候旨在所表ヨリ申越候此段御屆申上候以上

六月廿九日　大岡兵庫守頭カ

第十壹

浪士　御府內へ立入候樣子ニ付御人數被差出方之義云々松平飛驒守殿等被　仰渡候御書付寫

松平飛驒守
松前伊豆守

水戶殿御家來之由　御府內へ立入自然暴行可致哉モ難計由ニ付時宜ニ寄急速人數指出候積相心得尤人數差出方幷場所等之義ハ其節ニ御使番可相達候旨御書取被　仰出候事

六月廿九日

第十二

小金町集屯之浪士之義ニ付探索書寫

一小金ヶ原へ押出候浪徒筑波山之者計ニモ無之水戶御領之內小川潮來湊

右三館ヨリ押行群集仕居候由ニ御座候右ハ去月廿九日頃ヨリ追々　御
府内ヘ相入候様子ニ相聞一體之形勢一橋様ヘ應接ニ無相違既ニ今日ト
罷成水戸闔國一致之程モ難計様子ニテ此等故カ水戸様一手ノ追討御蒙
ニ相成堀田様始追討後援御免ニ相成候事ニ承知仕候處何様成行可申哉
朝夕變革之義實ニ厤ヲ亂カ如キ時勢ニ而難計知形勢ニ御座候
一先般小金ヘ罷出候水戸御領農兵體之者四五日以前ヨリ罷下候様子ニ而
土浦町ヘ懸リ四五拾人位ツヽ通行御座候由承知仕候
一小金驛ヘ罷出候者今以不絶通行仕候由尤歸候者モ有之由ニ御座候
一小金ヘ出張致居候武田伊賀守殿四五日以前江戸ヘ繰込ニ相成候由ニ専
風唱御座候
一武田氏ハ宍倉村茂右衛門ト申方ヘ參リ罷在候由ニ御座候始終何方ヘ立
越申候哉未相分兼申候
一小金集屯一條全ク之水戸様御家臣之分ハ小石川御屋敷ヘ御引入ニ罷成

殘黨ハ貳三拾人位ツヽ散亂仕候事ニ風唱相聞候處是ハ程遠之場所故別
而虚實相知兼申候

第十三

小金町ヨリ水戸御屋敷ヘ繰込候人數名前調寫

三木左太夫　榊原新左衞門
大久保甚五右衞門　飯田忠次郎
岡田忠藏　武田伊賀守
朝比奈美衞吉　白井忠左衞門
加藤八二郎　中山民二郎
大田原傳內　武田彥右衞門
岡田彥四郎　岡田新太郎
右拾四人長棒之由
鳥居瀨兵衞　大關彥右衞門

柏　菊次郎
永井茂四郎
柿岡市藏
門原三左衛門
木村良平
寺門新右衛門
丹橋高之助
長谷川道之助
齋川治三郎
渡邊原田右衛門
會（檜カ）山金之助
野島佐三郎
飯田総藏

井上保右衛門
菊池臨藏
松浦儀左衛門
岡本勇之助
小池安之丞
飯村臨藏
入表六郎右衛門
三好右衛門
中村忠次郎
大比谷榮吉
里見四郎左衛門
新井八右衛門
梶　清右衛門

菊池忠之助　立花源太郎
畠田三保之助　木村新四郎
下野源次郎　村島萬次郎
総　三左衛門　横山角右衛門
杉葉常之助　中田忠藏
椎名治部右衛門　内藤長壽麿
眞木彥之進　太田辻谷
（重出カ）長谷川道之助　大津彥右衛門
新井源八郎　原　熊之丞
野中三五郎

第十四

小金集屯浪士策略之義ニ付探索書寫

一小金出張之浪人大將分以下未小金驛ニ逗留罷在候由右ハ土浦城ヲ攻拔

候策略相違ニ而小金へ無據出張致候樣子ニ候得共筑波山浪人寄手ニ打
勝候ハヽ直々小金ヨリ引返シ參リ土浦城ヲ打潰シ候內々計策モ御座候
由承知仕候油斷ハ相成申間敷事ニ而土浦町モ殊之外嚴重之事ニ候猶追
々可申上如此御座候以上

七月十六日

第十五

浪士等百姓共呼出等之義ニ付探索書寫

水戸御領分ハ御郡奉行ヨリ廻文ニ而百姓共帶刀ニ而不殘小金へ可罷出
由兼而相觸レ置候處罷出候者モ有之又不罷出者モ多分有之由ニ付早速
罷出候樣申渡候由若彼是ト申罷〔出脱カ〕候義ヲ拒候者ハ嚴重之曲事ニ可申付由
ニ而此節モ矢張リ土浦邊へ懸リ小金へ通行有之由

一咋廿二日小川詰合之浪人太齋〔マヽ〕清右衛門ト申者五拾人余ニ而立派ニ出立
小金へ罷越候由

第十六

水戸様御家中佐野（藤カ）久太郎於小金原ニ被梟首候罪状書写

佐野（藤カ）久太郎　廿五歳

此者義佐藤圖書朝比奈彌太郎市川三左衛門等同腹一味之書生ニ而水戸表願入寺ヘ集會結城寅壽遺志ヲ受繼種々姦謀密策候ノミナラス江戸表ヘ罷登内々兼而打合致國賊ヘ力ヲ戮セ志ヲ協セテ各其意ヲ逞ント之處萬ケ一其意貫兼候節ハ恐多モ奉迫
君上　公子ヲ以御跡目ニ奉居各一身之榮利ヲ遂ケ可申ト逆意ヲ企候段搦捕候上再三遂吟味候處前文ニ相違無之段拷問之上白状恐入候旨申出候得共和漢古今不可宥免之大逆無道不屆至極ニ付逆磔ニモ可掛之處名教之一助ナラント存令斬罪梟首者也

右七月中於小金原斬罪板ニ書付有之由

第十七

小金出張之武田伊賀守之義ニ付探索書寫

一小金へ出張罷在候武田伊賀守義去ル二日ヨリ荒川中村兩驛へ止宿罷在
土浦町表通リ通行之義懸合候由ニ而彼是ト混雜仕候處郡中ヨリ罷出候
農兵同様之者ハ裏通リ通行爲致候得共浪人之分ハ案内相付錢龜土手ヨ
リ裏手へ相廻通行仕候由ニ御座候

一伊賀守義土浦ヨリ稻吉へ通行致シ同所ニ二夜泊候由夫ヨリ宍倉へ罷出
當分同所寺ニ止宿罷在候由ニ御座候

一其外小金松戸新宿等ニ罷在候水藩幷浪人農兵之類水府ヘ下リ兼候者今
般大炊頭様御通行之跡へ付罷下リ候由ニ而今日大炊頭様御人數大勢府
中泊リニ而土浦ヲ通行御座候一説ニ水府表鎭靜之爲メ御名代ニ御下リ
之由水戸御城へ御入城ニ罷成候由風聞ニ御座候尤書生組之者水戸近邊
所々へ罷出居通行之浪人ヲ相捕へ候由ニ付天狗組之者共ハ迚モ水戸へ
ハ下リ兼可申由風聞ニ御座候

八月九日

第十八

水戸樣江戸御屋敷へ御家中多人數罷登候一條大略調寫

此度水府ニ而騷立候ハ段々御承知モ可被爲有鎭論激論奸黨ト三黨此度互ニ競候由ニ御座候鎭論ト申ハ先年烈公之御用被成候人物ニ而鎭激之名目之付候ハ午ノ年　勅諚水府へ下候節　勅命ヲ奉シ　幕府奸吏ヲ征討可然ト之議論有之候ヲ烈公ニハ宗室御尊敬之主意ニ而始終疎妄之義不被成右へ基正敷進退仕候者共右激論ヲ鎭撫仕候ト申所ヨリ鎭論激論之名目相付候由奸黨トハ烈公ヲ罪ニ陷候結城寅壽ト申者之黨ニ而烈公之御政事御改革被成候ヲ惡ミ其頃登用セラレ候輩ヲ鎭論共押並テ天狗黨ト名目ヲ付時ヲ待天狗ヲ黜ケ度ト覗居候處大平山之騷ヨリ鎭激二論ニ分候時ニ乘シ激論之末葉ナル大平山へ屯集之徒實ハ同類ナリト申事ニ申觸シ五月末頃奸黨トイヒル者共多人數出府致シ水府公へ建言

仕候ハ浪人ト唱候者共追々徒黨ヲ語ラヘ近國隣領押借等致シ富商豪家ヘ立入軍用金ト稱無理無體ニ金銀ヲ爲差出不肯者ハ無實之名目ヲ付天誅ト號シ猥リニ生民ヲ害シ遂ニ野州大平山ヘ屯集致シ其近傍之村落ヲ剽掠シ都而暴虐之所業而已有之打捨置レ候而ハ此上如何樣之患害ヲ釀スモ不相知御家之御爲ハ勿論先君ヘ御對シ被遊候而モ御不孝　天朝幕府ヘ被爲對候而者親藩ヨリ如此之暴虐ヲ相出シ候而ハ御不忠是非屹度御取締被相立御討取無之候而ハ御後悔難及事出來可申ト之趣ニ而舌ヲ振テ建言仕候ニ付御尤ト被思召其說ヲ御用大平山追討之事ニモ罷成去月中旬頃歟御家老人數ヲ引連罷下　公邊ニモ諸侯方ヘ追討ヲ被命候樣ニ相成候續而攘夷之御說モ薄ク成候御樣子ト左右之御家來朝夕御模樣相伺居候處御登營ニ而閣老方始ヘ御逢御談ニモ兼而攘夷家之元祖タル水府公當節柄迚モ攘夷之鎖港ノトイフコト容易ニ出來候モノニ無之ト說ヲ變シニ相成川越侯モ議論不合之故ヲ以御引カセ是迄之御家老始

要路之役々モ黜ケ鎭激二派之內ニモ才力有之者計拾八人程召捕揚屋入
等之御沙汰有之死刑ニモ可所樣子大平山征伐トシテ罷下候御家老實ハ人數ヲ引レ御國元ヘ參リ十八人之者ヲ打候積
之由右故征討之方埒明不申模樣ニ相聞得申候ニ付鎭激共憤然ト怒ヲナシ此邊之事柄ヨリ太田老侯ヘ三十九人推參君公ヲ欺
カレ候由ニ而廻リ候事ト奉存候是ハ大平山之徒ヲ取鎭候ニハ無之先年之宿怨ヲ報スル之
所爲ナラン其儘指置候而ハ水戶之大亂ト相成不可振之勢ニ至ラン捨置
難シト一同ニ罷登君公ヲ直諫シ奸黨ヲ黜ケ候事今日之急務ニシテ大平
山之方ハ後ニナスヘシト鎭激共我先ニト駈登リ大勢ニ而君前ヘ出奸之
奸タル所ヲ委シク建言致候所君公又其通リニ相成昨今奸大夫黜ケラレ
追々本ヘ復シ候萌ニ罷成此步ニ而參リ候ハヽ先內丈者鎭リ可申ト申事
ニ御座候
但右ニ付　公邊ヘ中頃被仰立候事モ有之說ヲ被變候義ニ付　天朝
ヨリ之御撮當如何ト夫ヲ悉ク恐レ　公邊之方モ全奸大夫之所置ニ而
水府公之罪ニ無之事ニ取直シ相成候ハヽ夫ニ而鎭激共此度之大擧ハ

引取可申歟ト水藩人申居候由
私曰奸大夫之所爲トシテ取直シ水府之罪ニ無之事ニナサハ水戸ニ而ハ宜敷歟
公邊ニ而如何
右之通之次第ニ而委曲之所ハ迚モ行屆兼候得共大勢押テ參リ候處ハ大略前文之通リ之由ニ承候太田老侯ヘ罷出申立候口上書ヘモ御取合御覽被下候得ハ大凡相分リ候樣ニ御座候併一體ハ策略家ニモ御座候間ケ樣ニハ表向ハ申候而モ內實ハ如何樣之義御座候哉モ難計ト疑候而ハ果シカ付不申候間先此位之處ニ而大抵實事ニ可有之ト押付候間左樣御含御覽被成下度候扨又大平山之黨ハ外ニ大分嚴重ニ相成徘徊モ六ヶ敷相成候折ヘ右之騷キ出來其騷ニ乘シ水戸ヘ這入亂妨仕候ニ付是迄激論之內ニ而恩諭致居候者迄モ今度ハトテモ是ニ而ハ嚴ニ所置致候外無之ト心付畢竟右奸黨ニモ被出斯之騷ニモ至候抔ト鎭激相恨和シテ大平山黨ヲ

惡ミ敵ニ致候樣子ニ罷成候由ニ御座候
七月

波山記事卷七終

波山記事 一

日本史籍協會叢書 170

大正 七 年四月二十五日發行
昭和四十八年四月 十 日覆刻

編 者 日本史籍協會
代表者 森谷秀亮
東京都三鷹市大澤二丁目十五番十六號

發行者 財團法人 東京大學出版會
代表者 福武 直
一一三 東京都文京區本郷七丁目三番一號
振替東京五九九六四電話(八一一)八八一四

印刷・株式會社 平文社
本文用紙・北越製紙株式會社
クロス・日本クロス工業株式會社
製函・株式會社 光陽紙器製作所
製本・有限會社 新榮社

日本史籍協会叢書 170
波山記事 一（オンデマンド版）

2015年1月15日 発行

編　者　　日本史籍協会
発行所　　一般財団法人　東京大学出版会
　　　　　代表者　渡辺　浩
　　　　　〒153-0041　東京都目黒区駒場4-5-29
　　　　　TEL　03-6407-1069　FAX　03-6407-1991
　　　　　URL　http://www.utp.or.jp

印刷・製本　株式会社 デジタルパブリッシングサービス
　　　　　TEL　03-5225-6061
　　　　　URL　http://www.d-pub.co.jp/

AJ069

ISBN978-4-13-009470-2　　Printed in Japan